參與式預算
一本公民素養的全攻略

陳敦源、黃東益、董祥開、傅凱若、許敏娟 —— 主編群

方凱弘、胡龍騰、曾冠球 —— 校閱群

方英祖、林德芳、曾丰彥、陳揚中 —— 助理編輯群

五南圖書出版公司 印行

推薦序

參與式預算建立理性討論民主新契機
官學聯盟開創學術與實務合作新模式

臺北市長、臺北市政府公民參與委員會主任委員　柯文哲

「民主就是人民作主」，台灣民主化推動已經幾十年，我們在1950年開始推動地方自治的選舉，到1996年首次總統直選，2004年舉辦公民投票，經過多年選舉的洗禮，民眾對於政治運作已十分熟悉，民主政治一路發展過來，民意已經可以決定整個台灣政策的制定。

在2014年市長選舉時，我提出「開放政府、全民參與、公開透明」的想法，為了落實此一理念，上任後就開始推動參與式預算，第一步我們是把整個市府的預算公開透明放在網路上，讓市民了解，接著我們開始由內而外辦理教育訓練，從市府公務員開始推廣何謂「參與式預算」，並嘗試開始建立標準作業程序，在這個時候，我們就想誰能來教導民眾如何操作？這時，臺北市得天獨厚的高等教育資源，開創了新的合作模式的重要基礎，以「信任」為基礎，從2016年開始，由民政局、12區公所領頭，每個行政區搭配大專院校或社區大學，成立「參與式預算官學聯盟」，這是一個嶄新開創的模式，從學術的層面，教導行政機關和市民來推動參與式預算，藉由學術的力量進來讓它發展得更好。從理想出發，有想法，我們就開始做，在過程當中慢慢修正，逐步朝建立制度這個目標去實踐，現在臺北市已經成為台灣第一個以制度化、模組化的方式推動參與式預算的城市。

走過這些年，截至2022年上半年為止，已辦理參與式預算提案說明會183場、住民大會269場、提案審議工作坊192場，錄案提案共477案，在執行的案件中，已經完成超過9成的提案，規劃提案執行預算達22.8億元，臺北市民已經有超過121萬人次參與推廣教育課程、

提案審議程序、提案票選及走讀活動等各項活動。尤其由市民建立公民審議團，審議通過者才進入 i-Voting，而非以專家學者或行政機關審查市民提案，更爲創舉。藉由各項程序的參與，所有參與過的民眾、提案人與審議團員，從接受服務者的角色，成爲推動制度的重要成員。

民主政治是一種實踐，一種理念，慢慢做不見得馬上會看到成績，不要幻想一天改變這個國家，但是每天做一些，持續地累積成果，我相信我們今天做的這些事情，能夠更深化台灣的民主。參與式預算也是有成績的，像香港的市議員非常羨慕臺北市政府和人民有這種關係，我常常到地方去，有很多里長跟我講「這個參與式預算提案是我做的！」，這就是民主深化的例子。

今天這本《參與式預算：一本公民素養的全攻略》專書，由官學聯盟發起的著作，說明參與式預算理念緣由和臺北市推動的起因，並介紹包含住民大會、審議、預算編列和執行等流程，同時討論利害關係人的參與，如誰來參與？公務人員、里長、公民參與委員的角色與協助，也詳實說明參與式預算與代議政治間，以合作代替對抗，不否定議會的監督機制，而是主動邀請議員參與討論，更反思評估課責、數位轉型的可能，到最後談到臺北市實際運作執行的內容。各章節的作者都是官學聯盟的專家學者，本書在除了學術上的卓越貢獻外，也記錄了臺北市推動參與式預算的點點滴滴。我們推動政策，產官學的合作常常是一個口號，口號與現實常有落差，但參與式預算就做得非常好，讓大學進來參與，在整個過程當中，具有學術的基礎，這本專書更是具體的實踐！

2019 年，臺北市舉辦「現代直接民主在臺北的實踐—臺北民主城市高峰會」，臺北市成爲國際民主城市聯盟的發起城市之一，開始跟世界上的民主國家、城市共同在民主化領域進行交流。同一年香港立法會議員來訪時，他們對於臺北市最有興趣的就是參與式預算，認爲參與式預算是眞正落實民主的方法。雖然民主政治已經發展幾十年，可是事實上選舉、罷免、創制、複決，大部分還是只有選舉，政府跟人民的關係

每四年就只有投票的那一天，除了那一天可以說沒有什麼交集。但民主政治不應只有四年一次的投票，更重要是參與討論，不是每次喊「凍蒜」，只有喊「凍蒜」不是民主政治，民主是需要學習的，政府跟人民的關係如果只有投票那一天，在其他時間完全沒有連結，政府跟人民很容易變成對立面。

而爲了讓參與式預算能永續發展、持續注入年輕活力，自 2017 年起試辦高中職學校推廣教育課程，並在 2019 年訂立《臺北市參與式預算「攜手校園」執行計畫》，培養具公民素養的臺北市民。讓高中職學生「從做中學」，在模擬演練中，學習審議式民主精神，讓參與政策成爲生活的一部分。引領學生開始關心並參與公共事務，希望他們在未來的世界裡，能成爲負責任、具民主素養的公民。參與式預算已經深入到臺北市的高中職，我相信這個制度一定會再流傳下去，因爲當每個地方，每位高中生，都知道原來對社區有想法，是可以透過提案找到其他人來贊同我們的意見，再跟公務員討論，最後還可以有預算實現。這是一個很大的成就，因爲會引發學生去討論，在年輕時就開始關心他們的社區，關心學校，更可以發現在臺北市，只要有想法，都可以透過參與式預算機制去實現，這才是眞正民主政治的培養訓練，高中生們也已經實際參與住民大會，成功提案錄案 16 案，由市府編列預算執行，相信未來還有更多新世代想法的提案，等著我們去實現。

臺北市推行參與式預算還有更大的好處，公務員走到第一線跟市民溝通，讓政策更契合民間的需求，這非常重要，過去公務員都很怕和市民討論，可是參與式預算，我們要求公務員到更前面去，在提案審議階段，他就必須要參與，討論提案到底可不可行？不可行的話哪個地方要修改會比較符合實際，而不僅僅是讓它走完全部的流程。參與式預算固然是民主政治的培養，其實從另外一個角度來講，也讓我們的公務員更勇敢的和市民溝通，這是雙向的往來，慢慢地政府與民間不再會是對立的關係，而是實現公、私協力的政治文化。

「開放政府，全民參與，公開透明」，臺北市已經把政治口號變成真正的實踐，落實在人民生活的每一天。8 年參與式預算在臺北市已經有不少的成果，應該要給它一個正面的嘉獎，未來持續努力！民主繼續前進！

推薦序

參與式預算回首來時路

臺北市政府公民參與委員會委員兼參與預算組召集人、
台灣社區營造學會前理事長
洪德仁

　　2015 年 4 月 1 日，柯文哲市長親自主持臺北市政府公民參與委員會成立大會，15 位府外委員及市長、周麗芳前副市長、市政府局處長共 10 人，組成委員會，柯市長擔任主任委員，周前副市長、劉昱亞先生（府外委員）擔任副主任委員，設置有公民參政組、參與預算組、資料開放組，我從那時候一直受聘迄今，共有 6 屆 8 年，一直在公民參政組、參與預算組，這幾年擔任參與預算組召集人，可說是元老級委員，也把公參會參與預算組視為第二個孩子，全心呵護、用力極深、參與極廣。其實在第一次會議時，我心想 4 月 1 日不是愚人節嗎？懷疑這個社會進步的體制能夠維持多久？回首整個過程和來時路，感觸良深。

　　一個新制度的推動，需要市民的宣導、市議會的溝通、公部門及公民的教育訓練，還有參與式預算 SOP 的訂定，全部都是台灣開創的經驗，沒有華人社會模式，可以參考。特別是參與式預算具有直接民主的精神，雖然是在市議會的監督執行的市政工作，難免會造成是市議員認知的疑慮，因此，在預算的編列，市議會只同意保留項目，而刪除相關經費，市政府只能夠應用各局處與社區有關的經費，做為執行的預算來源，也開創出臺北市獨特的參與式預算運作模式。參與預算組、市政府同仁，積極研究規劃提案流程，依序為：教育推廣、提案審查、預算編列、計畫執行和議會監督，隨時進行滾動式修正。

　　教育推廣是最重要的基礎工作，市政府成立專業師資輔導團、官學聯盟，我是輔導團團長，因此與 12 行政區陪伴輔導的大學和社區大學

教授專家學者密切互動，除了教育市政府公部門同仁，輔導陪伴市民進行相關提案，乃至於進入高中職校園進行教育推廣，讓高中職的公民教育不只是課堂的學習，師生看到的社區生活問題，經由參與式預算的提案、審議，成為政府施政的內容，更是年輕學子團隊行動學習、重要的學習履歷，年輕的學生感性的說：「沒想到，改變能夠成真。」

市民的提案反映出真實的問題，雖然在範疇尺度，大多為生活周遭環境的問題，例如：鄰里公園改造、綠色標線型人行通道、彩繪河堤圍牆、活動空間、高齡樂活、托幼照護等等，從個案當中，看到市民關心的重點，參與預算組和公民參政組合作，將很多市民重視的個案轉換為市政府施政的通則，像公園的改造、綠色標線型人行通道等，進行通盤的檢討後，訂定通則或原則，為進步的城市奠定深厚的基礎。

市民提案經過審議、投票後，通過的提案在執行階段，有時候會遇到公共性、適法性、預算可行性的窒礙難行之處，提案人、市民、里長等相關利害關係人，往往非常堅持和熱情，要求和主責機關（Project manager, PM）多次協調，仍然無法形成共識，這時候參與預算組的工作會議就會邀請兩位委員，另行擇期以公正人的角色，進行協調，讓計畫可以順利執行。

我非常敬佩官學聯盟的學者專家用心以審議式民主、參與式預算相關的論述、國際發展脈絡、臺北市推動的模式、相關利害人溝通模式等，全力合作，編撰成為這一本專書，我相信這是審議式民主及參與式預算重要的文獻，對於台灣持續推動審議式民主活動、參與式預算，進而優化公民參與，深化台灣的公民社會，一定有深遠的影響和貢獻。

推薦序

世新大學行政管理系教授、前財政部政務次長　徐仁輝

　　在公民社會時代，開放公民參與政策制訂，廣納各方意見，讓政府決策更能反映民意與公開透明，係邁向優質公共治理的基本模式。而各式各樣的新興媒體與資訊平台，更讓公民得以較低的成本參與公共事務，同時參與的管道與方式亦更多元化。

　　政府預算的編製歷來皆屬官僚體系內閉門造車的產物，最為人詬病的就是對人民偏好的「無感」（apathetic）。查公民參與預算決策的方式依參與程度高低，可分為四個層級：資訊分享、諮詢、聯合決策與公民創制。「資訊分享」係指政府將預算書內各項計畫與金額資料皆予以公開，讓人民了解政府施政進而監督預算執行；「諮詢」則係政府在預算編製期間透過各種公聽會、民意調查等方式蒐集人民對預算的需求偏好；「聯合決策」係指公民不只提供諮詢，還可以藉由各種不同管道如審議式民主、公民投票方式參與部分預算的決策；「公民創制」則更進一步的將政府的部分預算直接交由公民代表編製與作成決策。這四層級的參與方式，在後兩層級的參與，公民對預算編製的決策始較具主導權，亦是近二十餘年來方興未艾的參與式預算制度所關注的議題。

　　巴西愉港市（Alegre）採行的參與式預算制度，可謂是全世界較早採用，且最具創意與發展完整的制度；不僅全巴西眾多都市相繼效仿，其後十餘年亦風行多國數千個城市。愉港市的做法主要分成四大步驟：1. 各社區公民會議討論確定該區計畫需求，並選出區代表；2. 召開全市代表會議討論各區提案、市府各機關提供各項諮詢、選出全市的「參與式預算市議員」；3. 參與式預算市議員實地勘察各區的計畫需求、討論票決計畫與編製「參與式預算」；4. 參與式預算經正式議會討論完成法定程序，交由市府有關機關執行、各區代表負責監督執行。本人曾於2014年間分別在財稅研究與主計月刊撰文介紹。

　　2015 年臺北市柯文哲市長為兌現其競選政見，責成民政局負責推動參與式預算；該局許敏娟副局長特率團來請教本人，並邀請本人到該局作專題演講。臺北市政府隨後即展開試行，首先是在 12 個行政區分別與不同大學相關系所或社區大學作為陪伴學校，由陪伴學校與各區公所共同負責規劃辦理各區的參與式預算推廣教育課程、住民大會、審議工作坊等，透過這些流程，讓各區居民提出來他們需要的公共工程、服務或人文計畫等，接下去將這些計畫送交各相關局處評估，並辦理全市市民的 i-Voting，以確認該等計畫是否採納辦理，若通過即編入各該局處的單位預算，成為市府總預算的一部分，送議會審議完成法定程序。

　　比較臺北市與巴西愉港市的作法，可以發現臺北市做了第一步即各區住民大會決定公共計畫提案，而無召開全市的代表大會以及選出參與式預算市議員，亦無單獨編列參與式預算。因此各區議決的計畫是否能順利編列預算，最終決定權仍在各局處首長。

　　臺北市雖然未採用巴西愉港市的全套作法，但無疑的已就傳統預算決策過程跨出了一大步，其意義仍值得肯定。首先是，各區參與式預算會議的召開，讓公民實地體驗預算決策過程，提供了公民社會的最佳實驗平台，提升了公民素養。其次是，在此制度下公民有機會提出一些急需的社區基礎建設或施政計畫，經議決後編入市政府下一年度的預算，此做法讓原先「無感」的預算編製，多少能反映公民偏好與需要；再其次是，各區參與式預算會議皆有陪伴大學的參與，不僅提升會議的品質，同時亦讓學術界多了實地參與觀察研究的機會。

　　參與市預算制度鼓勵公民直接參與各項公共計畫預算的辯論，讓封閉的預算編製過程多了公民的聲音，不僅讓政府施政更能反映民意，更因為公民的參與而產生制度性的規範，讓預算更公開透明與課責。本人認為成功推動參與式預算制度至少需要有：成熟的公民社會、首長的大力支持、市議會的包容、財政資源的彈性、透明的預算過程、傳播媒體的宣導等因素。又參與式預算並非取代正式總預算，因此其實施範圍亦

需要慎選，宜以與公民日常生活息息相關的「社區營造」、鄰里小型工程計畫，以及公益性社會服務支出項目爲主。期待未來新任市長可以在柯市府現有基礎上更進一步深化現行制度與做法，也希望有更多的縣市能採行。

　　本書以參與式預算爲例，探討其如何提升公民的素養。從介紹審議式民主與公民會議等民主政治的實驗，衍生出推動參與式預算制度的理念；從介紹官僚預算決策過程的諸多問題，讓讀者認知到參與式預算的必要性。本書對於有哪些利害關係人會參與會議，如公民、利益團體、鄰里長、議員、行政官僚與陪伴學校師生等，其參與的動機、熱忱與行爲等，皆做了相當深入與有趣的探討。本書也針對預算實施過程中，面臨的跨域衝突與行政摩擦，進行分析研究；最後則就該制度的整體流程、制度評估、績效管理、培力與配套計畫等進行綜合檢討。總之參與式預算制度從理論到實務面，本書皆有詳盡的說明與完整的呈現，係相當值得推薦閱讀參考的論著。

不斷革命論下的參與式預算，成功了嗎？

〈主編群〉

陳敦源、黃東益、董祥開、傅凱若、許敏娟

在二十一世紀初花一整年的時間催生一本關於臺北市政府推動「參與式預算」（participatory budgeting）的專書，到底有什麼意義呢？台灣民主化已進入第三個十年，年輕一輩對於美麗島事件、開放報禁，以及 1996 年首次總統直選等轉型重要事件，只能從教科書或 Youtube 上去想像，民主早已成為新世代年輕人的生活方式；不過，這些年來台灣民主所受到的內外挑戰卻從來沒有停止過，因此，它也在持續改變之中，特別是人民當家作主是否名符其實，是民主不斷革命論者們，最想知道問題的答案。本書最重要的目的之一，就是要詳細記錄這段台灣人民努力操練民主的故事，以供有識之士未來的學習與反思。

參與式預算這套制度，顧名思義就是一種公共決策程序，其中最重要的特色，乃是主政者願意讓公民更積極地涉入、並開放大家一起來決定公共資源使用的優先順序，以期能夠符合在地民眾的真實需要；因此，如果單純從程序的角度來看，這個決策流程必須包含下列五項要件：其一，它談論的主題必須是政府預算使用；其二，它必須要選定某一個政府層級的決策場域（市、區、鄉等）；其三，它必須是一個年復一年長期存在的正式程序；四、它的運作必須包含與審議式方法相關的流程與活動；五、因它涉及公共預算的使用，必須存在某種課責程序（Sintomer, Herzberg, Röcke, & Allegretti, 2012）。

這樣的一個行政參與程序運作，應該無法只從操作的層次來完全理解其真正的價值，事實上，本書的出現也希望讀者有機會，從全球民主化的大歷史框架中，一起來理解這個臺北個案的意義；這樣的關照對不

論是學界的旁觀評估、參與者的自我理解、推動者的反思檢討，甚至從高中生、大學生、研究生到公務人員訓練的課堂上，一個讓所有接觸到這個個案的人，可以從中學習思考，以至於在關於參與式預算的理論與實務兩方面，經過研讀本書以及相互激盪之後，可以找到「哪些工具與方法、在什麼情境與條件下、經過如何的推行之後、最終會對民主政治的深化與優化，做出什麼樣的貢獻？」之答案。

二十一世紀的民主政治，進入一個盤整時期？

臺北市的這個在地的故事，如果從民主化的大歷史中來檢視，1990s 年代是一個非常關鍵的時期。首先，美國學者杭廷頓（Samuel Huntington）親見 1989 年柏林圍牆倒下，提出第三波民主化理論，西方對民主的擴張充滿信心；再者，美國學者福山（Francis Fykuyama）於1992 年以《歷史的終結與最後一人》（*The End of History and the Last Man*）一書，宣稱民主市場體制從冷戰勝出，是地球上最強勢的體制；其次，這樣的樂觀配上網際網路及全球貿易的發展，讓傳統民主國家在世界各地更積極地推動並維繫這個單一化的政經體制，更因著配合上人權與繁榮的理想發展願景，民主政治的全球化似乎勢不可擋。

不過，從二十一世紀的 2020 年回頭來看，包括福山本人都不太確定自己當年的樂觀，是否只是一種天真的想像。他在 2014 年出版了一本名為《政治秩序與政治衰敗：從工業革命到民主全球化》（*Political Order and Political Decay: From the Industrial Revolution to the Globalization of Democracy*），以美國為首的民主先進國家之治理體制，都陷入永無止境的「否決政治」（vetocracy）泥沼，政府在黨同伐異的環境中，犧牲了解決棘手問題的能力，但環境能源危機、傳染病風險，與社會問題等卻不斷擴大，在在都需強大政府治理能力的長期投入，以及跨國的通力合作，才能真正扭轉國家不致墜入不可治理的境地。

　　更甚者，2010 年左右，社群網路興起，一方面啓動了阿拉伯之春的民主革命，但同樣也讓傳統民主社會的意識形態鬥爭，在「同溫層」（echo chamber）的網路效應中被激化，導致民主運作在政治極化、民粹主義與網路爭議信息流竄中，失去了希望與方向！至此，悲觀一點的學者出版《民主是如何死亡的？》（How Democracies Die?），堅持一點的學者出版《妖風：全球民主危機與反擊之道》（Ill Winds: Saving Democracy from Russian Rage, Chinese Ambition and American Complacency），無論從什麼面向來評估，目前全球民主政治的發展，儼然進入一個前途未卜的盤整時期，不論你是樂觀還是悲觀！

台灣這樣的後進民主國家，可以做些什麼？

　　對應前面那股民主發展樂觀又悲觀的世界潮流，台灣的民主發展如果從 1996 年第一次總統直選起算，我們是在杭廷頓口中第三波時期完成民主化的初階改革，算起來是民主家族中的晚輩，如果更保守一點，到 2000 年第一次政黨輪替以及 2008 年第二次政黨輪替後，我們才眞正進入所謂民主鞏固的階段，民主改革走回頭路的機會大大降低；不過，選舉只是民主政治一種最基本款的制度要求，從早期法國革命時代「民有、民治、民享」的高標準來看，公民在民主政治所扮演的角色，絕對不應該只是四年才覺醒一次會投票的驢而已，還必須成爲知情且積極參與公共事務的「好」公民才是。

　　事實上，這個從只有投票到全面性公民參與的民主優化改革，即便是在老牌的民主國家也是非常晚近才發生的事，學者 B. E. Cain, R. J. Dalton 與 S. E. Scarrow 稱之爲從 1990 年代才開始，由老牌民主國家所推動的「倡議式民主」（advocacy democracy）改革風潮，比起直接與代議民主，一個不切實際，一個太過保守，倡議式民主強調公民團體與個人進入政治過程的實質參與；加上「審議式民主」（deliberative democracy）理論的興起，補足了民主優化改革的倫理基礎，這樣的潮

流，彷彿明示，「公民參與」（citizen participation）之於民主政治，好似「自由放任」（laissez-faire）之於市場經濟一樣地不可分割！

事實上，"laissez-faire" 是法文，其意為「讓他們決定、別過度干涉」，剛好對應過去民主選舉決定哪些菁英可以代表大家做決定後，公民自主權在重重法令與程序中已經被壓縮到無法呼吸之民主危機；這是一個不論從體制設計或是從倫理價值來思考，必然要面對的制度性運作問題。不過，為了讓當代兩種人類體制「民主政治」與「市場經濟」都能夠名符其實地生存下去，有識者需要對其內涵進行更深入的理解與學習，對應於台灣的民主發展，臺北市政府參與式預算的個案，不論從在地的操作經驗出發，或是從世界上的民主深化持續發展的視角來省思，都是個彌足珍貴且值得被書寫的經驗。

民主不能只有選舉，需要從下到上的參與？

有趣的是，1973 年兩位美國學者 J. Pressman 與 A. Wildavsky 創作了一本有史以來副標題最長的專書：《執行：華盛頓的滿滿期待，是如何在奧克蘭破滅的；或是說，令人吃驚的是，聯邦政府的方案是根本不可能成功的嗎？這是一個由兩位充滿同情心且想找到政府成功運作基礎精神的旁觀者，對於聯邦經濟發展署所訴說的故事》，美國聯邦政府從上到下的執行體制受到嚴格檢視；四十多年後的 2016 年，當年被檢視的加州奧克蘭市，成立了一個非營利組織「參與式預算計畫」（The Participatory Budgeting Project, PBP），致力於在美國與加拿大境內，推廣從下到上的參與式預算程序，落實倡議式民主的改革精神。

根據該組織的網站上的一個資料圖像化的儀表板顯示（如下圖1），自成立以來，已經推動總額達到 3 億美金的公共預算通過這個參與程序，其中有近 74 萬的在地公民參與其中，更有超過 1,600 個社區獲得補助方案做他們自己想做的公共支出，後來這個組織也快速開啟其紐約辦事處，根據紐約時報對其中一位名叫 Shari Davis 的積極推動者

PB BY THE NUMBERS

$386M

in public funding allocated through PB.

739K

PB participants across the US & Canada.

1,630+

community-generated winning projects.

圖 1　美國參與式預算計畫組織推動績效統計

資料來源：美國參與式預算計畫網站：https://www.participatorybudgeting.org/，檢索日期：2022 年 8 月 30 日。

的訪問，他在紐約市的社區推動參與式預算的這些年來，最深的信念就是：「我不認為民主只被能限縮在選舉」，這個信念不但與近年民主政治盤整中，選舉至上主義之下，功能不彰的代議民主運作受到質疑有很大的關係，當然也與前述倡議式民主的精神不謀而合。

　　對台灣來說，除了 2000 年因為中央政府推動二代健保改革而出現過審議民主實驗，造就包括公民會議、願景工作坊，與審議式民調等運作經驗，但是，這些寶貴的實驗活動因為過度昂貴而沒有能在實務上真正保留下來；直到 2009 年參與式預算出現，台灣從中央到地方政府才開始經常性地推動，其中以臺北市政府的努力最持久與完整。根據類似美國 PBP 的運作數據，臺北市政府至今已推動 8 年（2015-2022 年），總共有新臺幣 22 億 7,959 萬 375 元的預算通過這個參與程序，其中又有近 121 萬 1,057 人（統計至 2022 年第 2 季為止）的在地公民參與其中，共有 477 個提案，完成自己想做的公共支出。

不斷操練公民參與，可以讓民主恢復健康？

　　無論如何，結合了學術界、社運界、教育界、行政界，與政務領導們一起推動的臺北市政府參與式預算，是台灣民主發展史上一個難得的個案；然而，本書的出版除了前述留下紀錄的意義外，讀者也可以很容

易地從理論或實務來反思這個努力的意義，或是從行動者（包括社會運動者或是政府行政人員）的角度出發，本書都是非常不錯的參考資料。本書內容大致可以分為三個部分來看：第一篇的五章是理論思考的良伴；第二篇到第四篇是以議題討論的方法，從流程、參與者與評估等三方面來檢視其在臺北的操作經驗；最後，第五篇則可以被視為一個完整的操作標準作業手冊，是行政管理者的實作寶典。

當然，不論這一本書未來可以滿足什麼類型讀者們什麼樣的需求，編者們最希望達致的目標就是台灣參與式預算的改革，不但可以持續操練下去，還能夠為推動者或參與者的反思、分析與評估的能力加值。特別是公民參與這受到高度關注的民主深化議題，其操練是由兩個相互衝突但卻高度依存的論述所構成：「公民參與是永遠不足夠的」及「公民參與是永遠無法被落實」；未來，不論您是站在「永遠不足夠」一方，忽略「永遠無法落實」的議論，不計代價的推動；或是站在「永遠無法落實」那一方，挑剔「永遠不足夠」一方推動時的大小漏洞，過程中都能因本書提供的知情內容，而能夠持續進步。

本書出版要感謝在各階段協助本書出版的好朋友們。首先，本書36位的作者群，包括來自北部九校十一系所的25位教授、5位公務人員、4位博碩士生，以及2位社大校長，沒有您們案牘勞形的鼎力相助，本書無法如期完成；再者，三位校閱老師：世新大學方凱弘、臺北大學胡龍騰，以及臺灣師範大學曾冠球教授，感謝您們在校閱上的細心付出，而助理編輯群臺北市政府的方英祖、前市府官員曾丰彥、世新大學行政管理學系博士生林德芳，與政治大學公共行政學系的博士候選人陳揚中，沒有您們的協助本書編務不會這般順利；最後，五南圖書的劉副總編靜芬小姐，隨時提供高品質的編務協助，是本書出版美夢成真的重要推手。

末了，臺北市政府參與式預算的網頁上，有呈現「改變成真，從你我開始：參與政策，讓夢想延伸」的口號，不過，從本書編纂的過程中

我們發現，這兩段文字是民主在最接近人民的場域中操練時，最佳的座右銘；因此，希望這份熱忱可以隨著本書的出版，在臺北市甚至台灣其他的公共事務決策場域中，能夠永續且務實地發展下去！

2022 年 8 月 30 日

筆於國立政治大學貓空山下

參考書目

1. Cain, B. E., Dalton, R. J., & Scarrow, S. E. (Eds.). (2006). *Democracy transformed?: Expanding political opportunities in advanced industrial democracies*. Oxford University Press on Demand.

2. Colin, Chris. (2022). "What if Public Funds Were Controlled by the Public? Through the dry-sounding Participatory Budgeting Project, Shari Davis is pushing a quietly radical idea: Democracy shouldn't be confined to voting." *The New York Times*, April 18.

3. Diamond, L. (2020). *Ill winds: Saving democracy from Russian rage, Chinese ambition, and American complacency*. Penguin.

4. Fukuyama, F. (2006). *The end of history and the last man*. Simon and Schuster.

5. Fukuyama, F. (2014). *Political order and political decay: From the industrial revolution to the globalization of democracy*. Macmillan.

6. Huntington, S. P. (1993). *The third wave: Democratization in the late twentieth century* (Vol. 4). University of Oklahoma press.

7. Levitsky, S., & Ziblatt, D. (2018). *How democracies die*. Broadway Books.

8. Pressman, J. L., & Wildavsky, A. (1984). *Implementation: How great expectations in Washington are dashed in Oakland; Or, why it's amazing*

that federal programs work at all, this being a saga of the Economic Development Administration as told by two sympathetic observers who seek to build morals on a foundation (Vol. 708). Univ of California Press.

9. Sintomer, Y., Herzberg, C., Röcke, A., & Allegretti, G. (2012). Transnational models of citizen participation: the case of participatory budgeting. *Journal of Public Deliberation*, 8(2), Article-9.

作者群簡介 （按撰寫章節排序）

陳敦源 博士（Dr. Don-Yun Chen）

美國羅徹斯特大學（University of Rochester）政治學博士，國立政治大學公共行政學系教授。研究領域是民主治理、數位治理、官僚政治、公共政策分析與管理，以及健保政策等。曾任臺北市政府市政顧問（公民參與組），台灣公共行政系所聯合會學術交流委員會召集人，曾經為臺灣數位治理研究中心於 2008 年舉辦「2020 年電子化政府願景工作坊」，參與「2019 臺北民主城市高峰會」、主持「2020 年臺北市政府參與式預算國際論壇」。在 *Public Administration and Development*, *Administration & Society*、《行政暨政策學報》、《東吳政治學報》以及《文官制度季刊》發表過包括健保決策參與、網路輿情分析、公民參與、民主治理等議題論文。

范玫芳 博士（Dr. Mei-Fang Fan）

英國蘭開斯特大學環境變遷與政策博士，國立陽明交通大學科技與社會研究所特聘教授、藥科院食品安全暨健康風險評估研究所合聘教授、*Environmental Science & Policy*（SCIE）期刊副主編。研究領域包括環境政治、審議式民主、科技社會與公民參與、風險治理。著有 *Deliberative Democracy in Taiwan: A Deliberative Systems Perspective*（Routledge, 2021），研究成果發表在 *Environment and Planning C: Politics and Space, Public Understanding of Science, Environmental Politics, Policy Studies*、《臺灣民主季刊》、《人文及社會科學集刊》、《台灣政治學刊》等期刊。近期研究主題包括審議系統理論、部落的能源正義、淨零碳排公民審議、參與式預算。

蘇彩足 博士（Dr. Tsai-Tsu Su）

　　國立臺灣大學公共事務研究所及政治學系之合聘教授，曾擔任臺大政治學系系主任、臺大公共事務研究所所長、科技部政治學門召集人、「台灣公共行政暨事務系所聯合會」（TASPAA）會長、臺灣公共治理研究中心主任等職。教學和研究領域包括政府預算與財政、公共治理、政策分析等，目前為多份國內外學術期刊之編輯委員，同時也擔任多個政府機關之諮詢委員和顧問。蘇教授自美國卡內基美倫大學（Carnegie Mellon University）取得公共政策博士後，先在紐約州立大學石溪分校（State University of New York at Stony Brook）政治學系任教，1991 年返回國立臺灣大學服務迄今。

林國明 博士（Dr. Kuo-Ming Lin）

　　國立臺灣大學社會系教授兼主任，曾任台灣社會學會理事長，研究專長領域為政治社會學與審議民主理論、制度論與歷史社會學、醫療與社會政策和教育社會學。林教授長期致力於審議民主的研究與實踐，從辦理台灣第一個公民審議會議，到深耕鄉里的參與式預算，以及近年在全台各地舉辦超過百場、兩三千位高中師生、家長和大學教授參與的學習歷程檔案審議，二十多年來持續執行重大公共議題的公民審議，推動社會對話與民主深化。也研發各種適合台灣本土條件的公民審議方法，包括設計參與式預算的操作程序，並透過編寫操作手冊和培訓工作，推廣審議民主的實作。

許敏娟 副局長（Deputy Commissioner, Min-Chuan Hsu）

　　世新大學行政管理學系碩士，國立中興大學地政學系學士，現為臺北市政府民政局副局長，亦為 2015 年迄今，臺北市政府公民參與委員會參與預算組「市府總 PM」，統籌參與式預算政策之規劃、執行、協調、管理等工作，及「臺北市政府精實管理府級種子師資」。曾任臺北

市政府民政局主任秘書、臺北市中正區區長、臺北市政府研究發展考核委員會專門委員兼綜合計畫室主任、管制考核組組長等職，及行政院人事行政總處公務人力發展學院「公民參與研習班」、「政策影響預評估研習班」等課程講座，並於臺灣民主基金會主辦之「2017 參與式預算在臺灣：國內與國際對話」研討會、臺北市政府主辦之「2017 參與式預算國際研討會」擔任專題演講主講人。

方凱弘 博士（Dr. Kai-Hung Fang）

美國匹茲堡大學（University of Pittsburgh）公共與國際事務博士，世新大學行政管理學系副教授兼系主任，目前亦擔任台灣公共行政與公共事務系所聯合會理事、台灣透明組織監事、社團法人台灣地方治理研究學會理事，與社團法人春芽公益創新發展協會理事等職務。主要研究領域包括公民參與、地方政府與財政，以及非營利組織與社會企業管理等領域，著有《建構區自治的議題與選項：美國地方自治與行政專業化的啟發》，並曾在《公共行政學報》、《臺灣民主季刊》、《台灣政治學刊》、《行政暨政策學報》與《文官制度季刊》等期刊發表相關論文。

蔡素貞 博士（Dr. Su-Chen Tsai）

中國文化大學史學系博士，現為基隆社區大學校長。主要領域在台灣史、地方學、社區營造、終身教育。曾任教輔仁大學全人教育課程中心兼任助理教授 8 年。長期投入社區大學及終身教育之運作與發展，於 2003-2021 年間先後擔任中山及松山社區大學校長，2021 年 3 月轉任基隆社大服務。並曾擔任社區大學全國促進會副理事長及理事長（現任）；臺北市社區大學永續發展聯合會第一、二屆理事長；教育部終身學習推展委員會委員、教育部非正規教育課程認可委員會委員。協助臺北市政府推動永續願景、健康城市、參與式預算，擔任臺北市永續發展委員會委員、松山健康促進協會理事長、參與式預算官學聯盟陪伴學

者。曾獲頒中華民國教育學術團體 106 年度木鐸獎、教育部 102 年度全國社教有功個人獎、臺北市政府 101 年度社教有功個人獎。

謝國清 校長（Kuo-Ching Hsieh）

國立清華大學數學碩士，現任臺北市北投社區大學校長、臺北市北投區「參與式預算」官學聯盟陪伴學校代表、基隆社區大學教育基金會董事。曾任社區大學全國促進會理事長、台灣家長教育聯盟理事長、全國家長團體聯盟理事長、教育部 108 課綱課審大會委員、教育部終身學習推展會委員、教育部經費審議委員會委員、基隆社區大學主任秘書、基隆市社區營造推動委員會委員、資訊工業策進會工程師、中正理工學院資訊科學系講師。

席代麟 博士（Dr. Dai-Lin Hsi）

國立政治大學政治研究所博士，銘傳大學公共事務與行政管理學系專任副教授。曾任國會助理、中原大學助理教授、銘傳大學公共事務學系所主任。主要研究領域為地方制度、公共政策、政府服務品質與創新管理。曾在 2004 至 2010 年擔任臺北市政府研考會研考委員，多年來亦擔任中央與地方政府的人力評鑑委員及服務品質評鑑委員。2018 年迄今，擔任臺北市公民參與式預算推廣課程專業師資輔導團教師。

郭昱瑩 博士（Dr. Yu-Ying Kuo）

美國紐約州立大學奧本尼校區（State University of New York at Albany）公共行政暨政策學系博士，國立臺北大學公共行政暨政策學系教授，數位治理研究中心的研究員。專長領域包含公共政策、政策分析、政府預算與成本效益分析。編著 Policy Analysis in Taiwan（Policy Press, 2015）一書，合著《行政學》與《政策分析》專書，近年研究聚焦於公共政策課程設計、疫情後財政政策及各國年金制度比較。

林德芳 博士生（Ph.D. student, Ter-Fang Lin）

現爲世新大學行政管理學系博士生，曾任臺北市政府研究發展考核委員會聘用副研究員、研究員及企劃師。曾負責業務領域是組織再造、數位治理、公民參與、人力盤點、員額評鑑、政府預算與審議、中長期計畫規劃及公部門人力訓練設計等；曾爲臺北市政府公民參與委員會參與預算組工作組成員，負責參與式預算政策之規劃、執行、協調等工作，亦擔任臺北市政府參與式預算初階及進階課程講師及臺北市政府公訓處「公民參與」、「RCA」及「精實管理」等課程講座。

徐淑敏 博士（Dr. Shu-Ming Hsu）

國立政治大學中山人文社會科學研究所博士，臺北市立大學社會暨公共事務學系教授兼人文藝術學院院長、台灣海峽貿易交流協會副理事長、國家政策研究基金會憲政法制組特約研究員、台灣公共行政與公共事務系所聯合會監事。主要領域爲兩岸關係研究、中國大陸政治經濟研究、公共政策分析等。曾執行臺北市政府之「推動參與式預算的借鏡與體制磨合之研究研究計畫」與「臺北市參與式預算住民大會桌長角色功能之調查研究」等計畫案。

許耿銘 博士（Dr. Keng-Ming Hsu）

國立政治大學公共行政學系博士，臺北市立大學社會暨公共事務學系教授兼系主任。主要領域是都市與地方治理、危機管理、永續發展、氣候治理等；曾任臺北市公民參與式預算推廣課程專業師資輔導團教師，行政院人事行政總處公務人力發展學院、國家文官學院課程講座，Future Earth Taipei 都市工作小組成員；並在 *International Journal of Public Sector Management, Journal of Asian Public Policy*、《調查研究》、《政治科學論叢》、《臺灣經濟預測與政策》、《都市與計

劃》、《思與言》發表相關論文。近期研究包括都市氣候治理、風險溝通等議題。

李天申 博士（Dr. Tien-Shen Li）

國立臺灣大學政治學研究所博士、國立臺北大學公共行政暨政策學系碩士、國立政治大學財政學系學士，臺北市立大學社會暨公共事務學系助理教授、台灣地方治理研究學會副秘書長、臺北市公民參與式預算推廣課程專業師資輔導團教師。曾任桃園市政府研考會專門委員、政府服務獎評選與輔導委員、智慧臺北創新獎評審，於國家文官學院、公務人力發展學院、臺北市政府公訓處兼任講座。研究興趣涵蓋市政管理、行政法人與政府捐助之財團法人管理、數位治理等。

黃東益 博士（Dr. Tong-yi Huang）

美國德州大學（University of Texas at Austin）政府學系博士，國立政治大學公共行政學系教授，臺北市政府參與式預算信義區、文山區陪伴學校教師、數位治理研究中心主任、臺灣民主季刊、文官制度季刊主編。主要領域為審議民主、民主行政、數位治理、民意調查。曾任臺北市政府交通局顧問、研考會民意調查諮詢委員，廉政肅貪中心委員。長期擔任臺北市政府參與式預算相關諮詢、培訓，及在地陪伴活動。曾在 *Taiwan Journal of Democracy, Public Administration and Development*、*Social Science Compter Review*、《政大公共行政學報》、《東吳政治學報》以及《文官制度季刊》發表審議民主、民主行政、數位治理等議題論文。

董祥開 博士（Dr. Hsiang-Kai Dong）

美國喬治亞大學（University of Georgia）公共行政暨政策博士，國立政治大學公共行政學系副教授兼台灣政經傳播研究中心文官網調小組

召集人。主要研究領域包括公部門人力資源管理、公民參與、組織理論與行為、公共政策分析、個人風險篇好與決策等。曾於亞利桑那州立大學（Arizona State University）公共事務學院擔任講師／博士後研究員，執行美國全國行政研究計畫（National Administrative Study Project）。研究成果曾發表於 Review of Public Personnel Administration, Nonprofit Management & Leadership, Administration & Society, International Journal of Environmental Research and Public Health、《東吳政治學報》、《行政暨政策學報》以及《文官制度季刊》等期刊，最新研究議題包括公部門多元掄才制度、政府資訊公開，以及核能議題公眾溝通等。

高于涵（Yu-Han Kao）

國立政治大學公共行政學系碩士（2022 年 1 月畢業），目前擔任國立政治大學公共行政學系計畫專任助理。主要研究領域包括公務人員考選及分發制度、非營利組織志工管理、公民參與、氣候與環境治理等。碩士就讀至今，研究成果曾發表於「臺灣社會福利學會年會暨國際學術研討會」、「國立臺北大學企業管理學系學術研討會」等學術研討會，以及《國家菁英季刊》、《文官制度季刊》等期刊，最新研究議題為公務人員分發制度、多元選才制度。

吳建忠 博士（Dr. Chien-Chung Wu）

國立臺灣師範大學政治學博士，台北海洋科技大學通識教育中心副教授。主要領域是中國大陸民主化、威權轉型、公共政策等；曾任臺北市政府市政顧問（公民參與組），台灣民主創新與教育發展協會祕書長，並且參與多次「臺北市參與式預算高中職推廣教育課程模擬提案審查」、及臺北市市級參與式預算審查，並陪伴多位新北市議員執行參與式預算，並在報章媒體有數篇參與式預算的評論撰寫。

施聖文 博士（Dr. Sheng-Wen Shih）

東海大學社會學博士，國立臺北醫學大學通識教育中心助理教授兼一般通識組組長。主要研究領域是在歷史社會學、原住民研究、社區營造與發展、社會實踐與溝通等相關領域。畢業後，因加入科技部「人文創新與社會實踐」的計畫擔任博士後研究，開始進入公民社會的研究，一腳踏入參與式預算的推動工作，並曾擔任臺中市參與式預算計畫主持人，桃園市移工參與式預算計畫主持人等實務工作。研究成果曾發表於《新實踐》等期刊。最新研究議題為公民社會中介團體的研究，以及原住民狩獵自主管理相關政策的社會溝通研究。

陳俊明 博士（Dr. Chun-Ming Chen）

美國水牛城紐約州立大學政治學博士，世新大學行政管理學系副教授、臺灣民主季刊執行編輯、台灣透明組織理事。研究興趣：民意與民主治理、軍隊和文人政府及公民社會關係、政府廉潔指標建構。著作可見於 Journal of Contemporary China, Crime, Law and Social Change、《政治科學論叢》、《臺灣民主季刊》、《公共行政學報》、《政策與人力管理》、《人事月刊》、《研習論壇》等期刊；以及 Policy Analysis in Taiwan (Policy Press), Public Administration in East Asia (CRC Press), Preventing Corruption in Asia (Routledge), Urban China in Transition (Blackwell)、《廉政：從觀念到實踐》（國防部）、《如何衡量公共治理：臺灣經驗》（國發會）、《廉政與治理》（智勝）、《民主、民主化與治理績效》（浙江大學）、《東南亞的變貌》（中央研究院）等書專章。

陳揚中 博士候選人（Ph.D. Candidate, Yang-Chung Chen）

國立政治大學公共行政學系博士候選人，國立暨南國際大學公共行

政暨政策學系碩士，主要研究領域為官僚研究、民主治理、公民參與、Q 方法論。自 2015 年便持續參與臺北市政府參與式預算的相關活動，為臺北市公民參與式預算推廣課程專業師資輔導團教師之一，曾擔任臺北市公務人員訓練處之公民參與理論與實務課程講座。近年研究成果曾發表於《公共行政學報》、《行政暨政策學報》、《臺灣公共衛生雜誌》、《社會科學論叢》等期刊，主題包含審議過程評估、台灣公務人員的為官之道、職業倦怠、組織配適度與工作滿意度等。

陳欽春 博士（Dr. Chin-Chun Chen）

國立臺北大學公共行政暨政策學系博士，銘傳大學公共事務與行政管理學系助理教授。主要領域包含社會資本與信任、社區發展、政策分析與行銷、民意調查、策略管理等。為臺北市公民參與式預算推廣課程專業師資輔導團教師，主要輔導內湖區推動參與式預算，並曾於 2016 年主持「臺北市市級之新移民參與式預算提案工作坊」，擔任 2017 年「臺北市參與式預算國際研討會」、「2021 臺北市參與式預算論壇——官學聯盟未來發展與轉型」等會議與談人。同時也長期投入社區發展工作，協助桃園各地區社區發展之輔導與評鑑。

彭佩瑩（Pei-Ying Peng）

國立臺北大學公共行政暨政策學系碩士，有多次參與新北市社會福利參與式預算辦理的經驗，並以陪伴學校角色從旁協助活動推行，輔導各式人民團體活動提案申請、活動成果研究的參與。碩士畢業論文並針對臺北市參與式預算制度進行研究，題目為：「參與式預算制度的目標與衡量指標建立——以臺北市的情境為例」。

李仲彬 博士（Dr. Chung-pin Lee）

國立政治大學公共行政學博士、佛羅里達州立大學 Fulbright 訪問

學者，臺北大學公共行政暨政策學系副教授。專長領域包含數位治理、政策創新與擴散、政策學習、公民參與、民意調查等；曾任淡江大學公共行政學系副教授兼系主任、臺北大學民意與選舉研究中心主任、新北市政府社會局顧問、桃園市政府研究發展考核委員會研考委員、國家通訊傳播委員會政府資料開放諮詢小組委員、國防部政府資料開放諮詢小組民間代表、財團法人商業發展研究院顧問等；亦曾協助國家文官學院撰寫「創意思考」教材與擔任授課講座。

李俊達 博士（Dr. Chun-Ta Lee）

國立臺北大學公共行政暨政策學系博士，臺北市立大學社會暨公共事務學系副教授，並擔任台灣公共行政與公共事務系所聯合會「政策與治理研究委員會」委員。主要研究領域是公共人力資源管理、公共組織行為，以及社會科學研究方法等。協助臺北市政府民政局推動參與式預算相關工作，包括住民大會及高中職推廣教育、提案審議工作坊、優秀論文發表暨獎勵計畫評審、i-Voting 審查，以及執行「住民大會桌長角色功能之調查研究案」。

傅凱若 博士（Dr. Kai-Jo Fu）

美國佛羅里達公共行政與政策學系博士，曾於上海財經大學公共管理學院任教，目前任職於國立政治大學公共行政系副教授。同時擔任臺北市信義區、文山區參與式預算陪伴學校老師，從 105 年起積極參與臺北市參與式預算公民培力課程，讓臺北市行政機關同仁與社區團體民眾了解新型態的民主創新參與模式。近期的研究著力於觀察台灣各地參與式預算的發展，如何帶來民主創新並邁向地方創生的目標。目前發表數篇與台灣參與式預算相關的文章在《臺灣民主季刊》、《行政暨公共政策學報》，也將臺北市的參與式預算成果發表於 *Journal of Asian*

Public Policy，其他研究成果於《文官制度季刊》、*Public Administration Review, Public Performance and Management Review, Public Personnel Management* 等。

胡龍騰 博士（Dr. Lung-Teng Hu）

美國羅格斯大學（Rutgers University）公共行政學博士，國立臺北大學公共行政暨政策學系教授兼系主任暨公共事務學院副院長，同時也是數位治理研究中心研究員。主要研究領域包括政府績效管理與評估、公務人力資源管理、官僚行為、數位化治理與電子化政府、跨域治理、政府部門知識管理等。長期擔任國家文官學院、行政院人事行政總處公務人力發展學院、臺北市政府公務人員訓練處等訓練機構講座。著有《公共組織成員知識分享之實證研究》、《公僕管家心：制度環境、任事態度與績效行為》等書，其他主要研究成果發表於 *Government Information Quarterly, Crime, Law and Social Change*、《臺灣民主季刊》、《公共行政學報》、《行政暨政策學報》、《東吳政治學報》等學術性期刊。

曾冠球 博士（Dr. Kuan-Chiu Tseng）

國立政治大學公共行政學博士，國立臺灣師範大學公民教育與活動領導學系教授，亦為數位治理研究中心兼任研究員、國立政治大學社會科學院兼任教授，以及新臺灣國策智庫諮詢委員，並於行政院人事行政總處公務人力發展學院、考試院國家文官學院，以及臺北市政府公務人員訓練處等訓練機構兼任講座。在臺北市參與式預算活動中，自 2015 年起擔任北投區陪伴學校老師。主要研究領域為公私協力、公共組織，以及數位治理等，並於 *IGI Global, Government Information Quarterly*、《臺灣民主季刊》、《公共行政學報》、《行政暨政策學報》、《東吳

政治學報》，以及《文官制度季刊》等出版機構與期刊發表論文，最新研究包括服務價值共創、複雜契約管理，以及政府科技幕僚職能架構等議題。

藍世聰 局長（Commissioner, Shih-Tsung Lan）

高雄醫學院藥學系畢業，現爲臺北市政府民政局局長，並兼任臺北市孔廟管理委員會主任委員、臺北市選舉委員會總幹事等職，亦爲2015 年迄今，臺北市政府公民參與委員會委員，並督導推動參與式預算制度，促使達成模組化、制度化的目標。在臺北市政府任職期間，爲落實保障同志伴侶權益，聲請婚姻平權釋憲，獲司法院大法官作成釋字第 748 號解釋，爲婚姻平權跨出決定性的一步，促我國成爲亞洲第一個同性可結婚登記的國家。亦在 2017 年擔任臺北世大運人力資源部部長，秉持全民參與精神，籌組「熊蓋讚親善團」，讓熱情的民眾能一同加入行銷行列。曾任第 3 屆國民大會代表、臺北市議會第 9 屆議員。

張德永 博士（Dr. Te-Yumg Chang）

國立臺灣師範大學社會教育系博士，國立臺灣師範大學社會教育系專任教授，中華民國社區教育學會理事長。研究專長包括社區教育、終身教育、教育社會學、高齡學習等，曾任國立臺灣師範大學社會教育學系主任、成人教育研究中心主任、非正規教育課程認證中心主任等。張教授長期投入終身學習、社區大學以及高齡學習等理論與政策研究，並協助臺北市參與式預算之推動，主要協助萬華區參與式預算推廣輔導。

方英祖 科長（Division Chief, Ying-Chu Fang）

國立政治大學公共行政學系碩士，曾任中正區戶政事務所科員、臺北市孔廟管理委員會編纂、臺北市政府民政局人口政策科股長、臺北市

政府自治行政科視察及專員，現爲臺北市政府民政局自治行政科科長。主要負責業務爲地方自治、參與式預算、里鄰長福利研習、里鄰基層建設、公民會館、區民活動中心及協辦公職人員選舉罷免等事項，自臺北市推動參與式預算以來，爲參與推動的人員之一。

呂育誠 博士（Dr. Yu-Chang Lue）

國立政治大學公共行政博士，國立臺北大學公共行政暨政策學系教授。研究專長領域：地方政府管理、人事行政、公共管理、跨域治理。著有《地方政府管理》（元照）、《地方政府與自治》（空大）等，並參與編輯《公共人力資源管理：理論與實務》（五南）。呂教授長期參與臺北市參與式預算之執行，並與該系教師群共同擔任臺北市中山區、臺北市大同區參與式預算之陪伴教師與顧問。

黃琬瑜 研究員（Researcher, Wan-Yu Huang）

國立臺北大學公共行政暨政策學系碩士，現爲臺北市政府公務人員訓練處研究員。2016-2018 年曾任臺北市政府民政局股長，期間協助臺北市政府公民參與委員會參與預算組「市府總 PM」製作參與式預算政策說帖、協助成立「參與式預算官學聯盟」及專業師資輔導團、推動臺北市參與式預算培力課程及認證機制、辦理「2017 參與式預算國際研討會」等工作。

陳思先 博士（Dr. Ssu-Hsien Chen）

美國佛羅里達州立大學（Florida State University）公共行政暨政策學博士，國立臺北大學公共行政暨政策學系副教授兼民意與選舉研究中心主任、國立臺北大學全球變遷與永續科學研究中心研究員。主要領域是地方治理、公共政策、跨域合作、永續環境治理等；曾任臺北市政

府參與式預算培力初階及進階課程講師及公務人員訓練課程講座等。並在 *Journal of Urban Affairs, Journal of Asian Public Policy, International Journal of Urban Sustainable Development*、《公共行政學報》、《東吳政治學報》等發表論文，最新研究包括跨域治理與永續發展、地方政府永續環境行動與政策執行、城市行銷等議題。

曾丰彥 組長（Division Chief, Feng-Yen Tseng）

國立臺北大學公共行政暨政策學系碩士，現爲新北市政府研究發展考核委員會研究發展組組長，2014 至 2019 年間，是臺北市參與式預算推動人員之一，負責程序、計畫、發展規劃、政策論述研擬及流程執行等工作；曾任新北市政府青年局綜合規劃科科長、新北市政府研究發展考核委員會股長、臺北市政府民政局副局長辦公室秘書，並於臺北市政府主辦之「2017 參與式預算國際研討會—圓桌會議」進行專題報告。

黃榮護 博士（Dr. Jong H. Huang）

美國南加州大學（University of Southern California）公共行政博士，世新大學行政管理學系教授。專長領域包含公共行政理論發展、公共管理、城市治理、非營利組織管理。編著《公共管理》（商鼎，1998）、《政府改造》（雙葉，2006）等書，著《公共部門行政主管工作習慣、核心價值關鍵行爲、與領導管理能力之研究》（世新，2010）專書，近年教學研究聚焦於組織理論與行爲。

CONTENT 目錄

PART
1

▼

理念緣由的起底

參與式預算與其他所有公民參與活動一樣，都是根源於民主治理理論的一個實務運作的活動，因此，本書第一篇中的五個章節的寫作目的，是協助讀者一方面藉由簡單的理論引介與反思，理解參與式預算的根基所在，另一方面帶領讀者從多元專業的角度，進行系列的宏觀回顧。

　　第 1 章由專門研究民主治理的陳敦源教授執筆，針對民主政治中自由意志與全意志的緊張關係出發，引領讀者思考參與式預算的審議民主基因，是否真能緩和前述的緊張，本章是以較為理論反思的眼光來看參與式預算的推動。

　　第 2 章由審議民主專業的范玫芳教授執筆，從審議式民主的正當性前提出發，討論參與式預算作為一種民主優化程序的變革益處所在，與第 1 章形成了完美的對話形式，期待讀者能夠從更開放的觀點來觀察參與式預算的推廣。

　　第 3 章到第 5 章是從三個面向討論參與式預算治理層次的議題，它們分別是：政府預算、社會運動，以及行政管理之利害關係人的觀點。第 3 章由國內專精政府預算的蘇彩足教授執筆，從政府預算觀點引領讀者思考有沒有公民參與的預算程序，到底有什麼差異，且更進一步思考其推動的條件與最終效益的問題。

　　第 4 章是由國內參與式預算最重要推手林國明教授執筆，將參與式預算當作一種全球性的改革浪潮，從其發展的歷程回頭檢視台灣發展的內涵與意義，並且展望這個在地改革運動的未來。

　　最後，第 5 章是由臺北市政府內的最重要推手許敏娟副局長執筆，從利害關係人分析的角度，檢視臺北市政府經驗的實況與變遷，並且針對不足之處提出改善之道。綜括而言，第一篇的五個章節，可以協助讀者在進入參與式預算的實務環節之前，有機會先充實民主政治與良治善理的知能，進而能夠在後續篇章的閱讀中可以獲得更多。

Chapter 1

更多的審議可以優化民主嗎？
參與式預算的反思

陳敦源

> 「民主是一個非常差勁的制度，
> 但與其他已經嘗試過的體制比較起來，它還算是不錯的了！」
> （Democracy is the worst form of government,
> except for all the others that have been tried.）
> ——英國前首相邱吉爾（Winston Churchill, 1874-1965）

壹、前言：民主政治是自由意志與全意志的兩難拔河？

民主政治（democracy）是當今世界最接近普世價值的一種政治制度，比起其他非民主的替選方案，民主的主要特點有二：其一，它保障個人「自由意志」（free will），人可以勇敢地不一樣，一種尊重個人離心力的價值；其二，在此不同且平等的基礎上，以程序建構「全意志」（general will）作爲國家最高的主權，一種集體向心力的建構工程；然而，2020 年以降的 COVID-19 肆虐全球期間，民主政治尊重個人選擇自由的離心力價值，與一體防疫之向心力善治價值產生衝突，以人權而自豪的西方民主國家，小到戴口罩這種基礎的防疫作爲，大到經過科學驗證的疫苗施打等公共政策，都受到來自於個人自由的挑戰。因此，本章一開始英國前首相邱吉爾所稱民主政治

> **全意志**
>
> 法國十八世紀哲學家盧梭所提出國家主權正當性來源的學說，意指國家必須遵循全體國民所凝聚出來的集體意志，其統治才有正當性。

的「非常差勁」之處，就是在關鍵時刻需要全民一心共同防疫時，制度上受到個人自由意志的拉扯，導致政府治理的全意志形成頻頻受到阻礙，但弔詭的是，這自由意志卻是邱吉爾所言，民主與非民主的比較優勢所在！

事實上，從制度運作正當性來說，民主政治一方面努力保障個人自由意志，但另一方面經過全意志的集體選擇過程，產生人民保有選擇與控制（包括解除權力）領導者最終權力的現實，而「公民參與」（citizen participation）是落實這制度正當性的唯一途徑。為此，終身研究民主政治的學者 Robert A. Dahl，曾對民主政治做了如下的定義：「民主政治是政府對公民的偏好（preference），不斷做出回應（responsiveness），而為了使政府能回應公民偏好，政府有責任（responsibility）讓人民具備下列不可剝奪的權利：1. 自由思考以形成個人偏好；2. 自由表達個人偏好，經私下或公開，傳遞給大眾或政府；3. 不論個人偏好的內容與來源，都應被平等地對待。」歸結來說，民主政治的良善運作，需要一群理性、知情，以及了解並支持公共利益的個人，在特定的遊戲規則之下參與公共決策，以期達成共同治理的目標，不過，這個自我統治理想下的理性模式，可以在現實世界當中被完美落實嗎？

貳、公民參與能夠聚合大眾的多元偏好嗎？

就實務面來看，民主與非民主國家都會碰到需要政府從上到下介入並處理危機的時刻，因此，要如何尊重民眾個人自由意志，又要能一起找出落實專業治理的全意志，讓民眾免於遭受危害，是落實前述那個理想的關鍵所在；因此，民主政治尊重個人自由意志，常以高舉「多元主義」（pluralism）的信念上展現出來，而全意志建構以公民參與為核心的程序，正是以多元主義為其起點的，我們可以從圖 1-1 當中那個「多頭多物種」的怪獸身影，看見中古歐洲領導者面對多元群眾，展現需要某種統合彼此差異機制的重要性所在。

圖 1-1　文藝復興時期畫家 Pieter van der
　　　　Borcht 於 1578 年所繪，名為「統
　　　　治多元國家之難」的版畫。

　　無論如何，公民參與機制的設計與運作，一方面，這是基於程序
正義的必要，民主國家需要建構可持續性運作的公開參與機制（選舉或
公投），通常，學者喜用「一個國家是否擁有定期舉行並且反對黨有能
夠推翻執政黨的選舉」，來判斷該國是否擁有健康的民主政治；另一方
面，公民參與也不能只重視程序正義，集體行動也要能夠有效地解決公
共問題，因此，理想上民主政治希望：「公民參與除了滿足正當程序，
亦能帶來良善治理的結果」。然而，參與程序與其治理成效之間未必都
是調和的，比方說，台灣蚊子館遍地開花的現象，往往可以解讀爲政府
爲「選舉目地下的政治可行性超高，但是實際維運上經濟可欲性超低」
的公共建設作爲，通常是因政治人物爲滿足民眾「別選區有，我們也要
有」的需要，忽略專業而產生公帑的浪費。從前述對於公民參與理想落
實的兩難問題，我們還可以從「可能性」的角度來討論。諾貝爾經濟學
獎 1998 年得主，印裔美籍的森恩（Amartya Sen）教授從社會選擇的角
度稱此問題爲「自由的矛盾」（liberal paradox），在自由意志與全意志
的兩難之間，民主參與制度的設計遇見兩個瓶頸：「程序的不可能」與
「結果的不可欲」，讓我們來逐一討論。

首先，在程序的不可能方面。民眾的多元意見要如何經過適當的民主程序整合，這個程序是可能的嗎？1950 年一位美國的經濟學家雅諾（Kenneth J. Arrow），討論民主政治的集體選擇過程，能否在自由意志的基礎上，整合出全意志的問題；經過一連串數理邏輯的推演，他歸結出著名的「（集體選擇）不可能定理」（impossibility theorem），認爲任何制度都有被握著議程設定權力者操控的瑕疵，這個研究一方面阻斷民主實務論者，追求完美民主制度的可能；另一方面，該定理也讓雅諾教授獲得了 1972 年諾貝爾經濟學獎。

雅諾教授
Kenneth Joseph Arrow
（1921-2017）
資料來源：維基百科

再者，結果的不可欲的方面。民眾是否有能力做出正確的公共選擇，亦所謂「公民能力」（citizen competence）的問題。根據美國早期的民調研究發現，民眾對於大多數的公共議題，要不是沒有意見，再不就是不具備相關知識或信念去做出正確決定，民眾面對民主程序中公共選擇的責任，一方面需要處理「資訊不對稱」（information asymmetry）下資訊透明的問題，民眾還會因爲專業知能的不足產生「專業不對稱」（professional asymmetry）的問題。根據美國政治學者康福士（Philip Converse, 1964）的研究，選民通常是「不知情」（uninformed）與「偏差」（bias）的，需要一個信念體系（belief system）來協助其了解和參與公共事務；當然，這樣的現實也讓意識形態、政黨認同、媒體報導、政治人物的個人魅力、甚至網路假新聞成爲民眾參與公共選擇的主要影響因素，並非個人的理性抉

> **資訊不對稱與專業不對稱**
>
> 資訊不對稱指某些資訊被屏障，無法獲得，一旦開放，人們就會清楚真相，如成績；但專業不對稱指某些資訊即便被公布，人們也未必能藉由那些資訊而了解真相，如病歷。

擇。

　　基於前述「程序」與「結果」面的討論，我們對民主政治的可行性產生兩點懷疑，其一，因爲完美集體選擇的不可能，尊重個人自由所產生的多元偏好，無法藉由公共選擇制度進行有意義的整合；其二，即便前述的不完美整合相對可以接受，但是因爲個人能力所產生的不知情與偏誤，民主的集體選擇仍有著「垃圾進與垃圾出」（garbage in, garbage out, GIGO）的風險，導致民主自由意志與全意志之間的調和困難重重。因此，公民參與可行性備受質疑的狀態下，近年民主政治受到以菁英領導爲主的貴族及寡頭政治之挑戰也就不足爲奇了。

參、審議民主是解決公民參與兩難的救星嗎？

　　二十世紀的下半葉，「審議式民主」（deliberative democracy）的概念從學界誕生，其英文 "deliberative" 與 "delivery" 一字相近，有「表達」與「送達」兩個動作的意思，因此英文中郵差送信或是在會議中演講，都是用這個字，比起「審議」這個翻譯讓人感覺有從上到下的意義，更好一點的翻譯應該是「充分討論」或「審愼思辨」的意思。這個概念源自德國當代哲學家哈伯瑪斯（Jürgen Habermas），他認爲一般民主的議論，大多圍繞在「工具理性」（instrumental rationality）的面向；但是，一個完整的人應該還有「溝通理性」（communicative rationality）的面向，換言之，民主除了聚合人民偏好，也應該是人們互動、溝通、與相互兼容調和的活動，大家可以在公共場域中獲得集體生活的滿足，因此，公共參與者在提議、贊成、反對的互動中，必須提出可說服人的理由來進行溝通，以哈伯瑪斯的話

哈伯瑪斯教授
Jürgen Habermas
（1929-）
資料來源：維基百科

說：「（公民參與）除了更好的論點沒有其他的力量在其中運行」（No force except that of the better argument is exercised.）。因此，充分討論關注集體決策的溝通面向，決不單純是偏好的加總而已。這個哲學上的發想，開啟了當代最蓬勃且充滿爭議的民主改革運動。

圖 1-2　美國著名畫家 Norman Rockwell 所繪「言論自由」（1943），場景就是美國立國傳統下自治城鎮的住民大會。

資料來源：維基百科

當然，民主政治中的審議元素並非新鮮事，我們可以從三個案例來談談：自治城鎮、立法機關與公共場域。首先，許多美國的學者就認為，十八世紀歐洲清教徒移民北美十三州的殖民地開始，就存在「自治城鎮」（self-governing township）的治理模式，直到 1776 年美國獨立之後仍然被保存下來。通常，該城鎮上並沒有專職的政治人物，大家輪流擔任各種屬於城鎮的公共服務工作，而且，很多公共的決策都是在週日禮拜後大家一面吃飯一面討論出來的，而社區集體參與公共事務的溝通模式，就是富含審議元素的一個可行的治理模式（請參圖 1-2）。

再者，民主憲政體制中三權分立的立法機關，也常被稱為最早的「審議（政權）機關」（deliberative branch），相對於行政部門有層級節制的組織來引導公共事務，立法機關內的委員都是投票選出的代議士，其地位都是平等的，因此，為了保障代議士可以在議場充分討論的能量，各國憲法也有賦予國會議員言論免責權。我國憲法第 73 條明定，立法委員在院內所為之言論與表決對院外不負責任，以增強立法機關民主審議的憲政功能，這樣平等公開並且受到保障的民主審議環境，是民主良善治理的基石之一。

最後，民主社會需要一般民眾在關鍵時刻做出重要的選擇，因此，資訊公開與言論自由是民主生活運作的先決條件，這個部分牽涉到民眾對於特定候選人或政策之偏好形成（preference formation）的過程，傳統上是政治傳播所關心的領域。不過，2010 年後因

> **公共領域**
>
> 是人們日常生活的一環，肩負著國家與社會互動的一個場域，人們在其中發展出對於公共事務的意見，也藉此展示有別於私利之公共事務的價值與意義。

社群網路的蓬勃發展，民眾應用低廉的網路互動進行對話的空間大增，也就是說，由哈伯瑪斯所提出的「公共領域」（public sphere）概念中，人民自主地相互討論公共事務的機會增加，一度給民主改革者帶來直接民主美夢成真的期待，奈何假新聞、網路中立性與同溫層等網路的問題漸次浮現，初期線上審議民主的熱潮才逐漸褪去且回歸現實。

綜言之，傳統以來在結果與程序兩者之間擺盪的公民參與程序，是否會因為審議元素的加入，而能完美調和兩者的衝突？從圖 1-3 當中可以得知，審議元素的加入，對於民主政治兩難困境具有三個意涵：第一，民主政治下的治理作為，不全含有公民參與的程序，比方說，警察執法不會需要公投來決定；第二，公民參與未必具有審議的元素，但民主審議一定是一種公民參與機制，比方說，不知情的選民盲目投票，有參與但無審議；第三，公民參與的審議元素，包含程序與結果兩個面向，通常關注參與式預算的推動流程是否完備，就是一種程序性的關注，而推動參與式預算是否能讓民眾因理解而更願意花時間參與公領域活動，就是一種結果性的關懷，因此，審議民主是一種「既非程序也非結果，但又可以是程序也是結果」的民主變革元素，它的導入讓傳統公民參與在程序與結果的兩難中產生了調和的可能，更重要的，審議式的參與變革在圖 1-3 中亦是一個從 A 到 B 的雙元同步變革：「從非公民參與到公民參與」再加上「從非審議與到審議的公民參與」。接下來，本章要以本書的核心議題——參與式預算為例，來反思審議元素是否真能給公民參與的兩難困境帶來調和的希望。

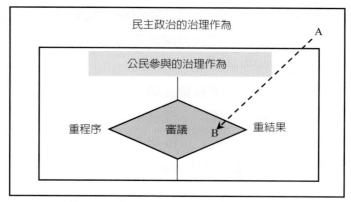

圖 1-3　審議在民主治理作為中的定位

資料來源：作者自繪

肆、參與式預算爲公民參與帶來了什麼？

　　預算在一個民主國家中是權力運作的核心，它代表學者芬諾（Richard Fenno, Jr., 1926-2020）口中「（管）錢包的權力」（power of the purse），也是議會機關每年開議最重要的工作之一，這就是「錢帶著權力說話」（money speaks with power）的眞相；反過來說，不論政治人物說自己看重什麼，如果沒有從政府預算編列展現出來，都只是說說而已；這就是美國總統拜登（Joe Biden）曾說：「別告訴我你看重什麼，讓我看看你編的預算，我就可以告訴你，你眞正看重的是什麼！」（Don't tell me what you value, show me your budget, and I'll tell you what you value.）的意義。因此，預算不但展現政治資源配置的圖像，也是落實公共政策的重中之重。

　　然而，民主政治過去在預算制度上的安排，大多是以國會通過代議民主（非公民參與）的形式來進行審議，一般民眾不但鮮少接觸，甚至面對預算或決算的文件時，充滿了專業的不對稱的無知。根據一份美國政府的調查顯示，一般民眾與政府領導者間，對於預算程序的看法存在重要差異（表 1-1），當中最有趣的，是不論民眾還是官員，都認爲特

殊利益團體的活躍份子，主導了這個預算審
議的大秀；另外，研究國會政治的學者，很
早就清楚從個別議員甚至到敵對政黨間，藉
著審預算進行政治分贓的作法，這也是所謂
「豬肉桶政治」（pork barrel politics）一詞
的由來，而這種種關於民主運作的陰暗面，
已經與民主政治的初衷背道而馳。

> **豬肉桶政治**
>
> 國會議員個人或政黨間，
> 藉著審議的權力，對預算
> 資源進行政治配置的一個
> 作法，好像一群當權者逐
> 一到肉桶去拿自己那一份
> 的圖像，隱含對國家沒有
> 甚麼長遠與專業的規劃。

表 1-1　民眾與官員心中對於政府預算程序的看法差異

分類	一般民眾	政府官員
看法	是一個「黑箱」的決策過程	民眾什麼都要但卻不願出錢
	充滿強大利益團體與政黨活動	非知情的民眾無法協助做決策
	對於面對重大挑戰沒有幫助	冷漠的民眾沒有參與意願
	專家主導的一場舞台劇	活躍份子藉公共對話綁架決策

資料來源：Yankelovich and Wooden (2004).

　　因此，參與式預算的出現，理論上就是將含有審議元素的公民參
與，應用到這個關鍵性的公共決策場域，以深化公民參與來優化民主。
事實上，早在 1980 年代末這一波參與式預算從巴西的愉港市（Porto
Alegre）開始之前，以歐美為首的西方國家就從社區發展的角度，討論
並實踐過許多公民參與的可能性，常以都市規劃、學區預算、政府裁
員，以及社區安全等議題為焦點，主要目標就是讓一般公民，能有回饋
甚至參與政府政策預評估的機會。有些時候是應用住民大會的場合蒐
集意見，又有些時候採用「公民調查」（Citizen survey；陳敦源、李仲
彬，2010）的方式，當然也有讓社區及社會運動團體代表參加政府的內
部會議表達意見，藉著這些活動，政府決策者得以蒐集民意進行通盤考
量，一方面，這些活動都是非系統性地出現在地方以及社區層級的治理

現場，另一方面，公共政策決策的參與標的，雖有小規模社區資源配置的決定，但是與政府傳統預算過程交錯的機會較少。

　　相對起來，在過去三十多年間，參與式預算所形成的一個全球公民參與改革的風潮（請參圖 1-4 的統計）。根據統計，至 2019 年止，全球總共產生一萬多個案例，約 51% 在歐洲，25% 在南美洲，而亞洲國家約占 14%；而 1990 年後進入民主轉型的台灣政府，從 2014 年臺北市長柯文哲當選後，將參與式預算納入政府常態運作開始，也在全台各地方政府與部分中央部會的政策活動當中擴散開來，形成一個本土的公民參與深化風潮。當然，對於期待民主不斷優化的人士來說，除了新的治理形式被廣泛應用之外，最重要的問題是，這樣一個全球民主改革的風潮，到底給公民參與乃至於民主政治的發展，帶來些什麼影響呢？

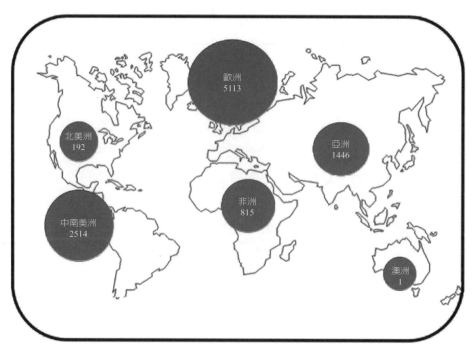

圖 1-4　世界各國參與式預算執行狀況圖（2019 年之前）
圖片來源：參考改繪自 Participatory Budgeting World Atlas (2020-2021), 18-19。

　　下面有三個相關研究，可以提供大家省思。首先，根據兩位西班牙的研究人員的觀察（Ganuza & Baiocchi, 2012），參與式預算之所以在全球流行，主要有三個原因：其一，實施的範圍被限縮在非常小的資源配置場域，避免與原本複雜的預算程序糾結不清；其二，在運作上特別對行政部門保持模糊，不會刻意去修改現行行政流程，以免橫生枝節；其三，以公民直接參與為訴求，強調是一種直接民主的改革作為。再者，兩位美國學者從公共行政領域的觀點進行反思（Rossmann & Shanahan, 2012），發現其運作的實況有三：其一，參與式預算運作的焦點，仍是重程序的公民參與，深化結果面控制的公民參與部分還是稍嫌不足；其二，參與式預算的成功，與其他行政作為一樣，仍須領導者與行政規範的有效引導；其三，參與式預算的推動，仍然需要面對民主的離心力，整合個人或團體多元價值衝突的問題。最後，台灣的參與式預算風潮中，根據一份 2015 年的政府研究報告顯示（蘇彩足等，2015：VII），台灣推動參與式預算碰到行政成本高、傳統代議與行政體制的磨合、民眾參與意願低落、活動被少數操控，以及跨域和全國議題不適用等問題，因此，該報告提出台灣的推動參與預算的三點建議原則：「第一，實施場域的人口數目及地理規模不要太大；第二，預算金額不宜太高；第三，儘量結合既有在地公民團體（如社區大學）的力量，建立夥伴關係。」綜括來看，從倡議的角度觀察，這新一波全球風潮引領下的公民參與行動改革，在激起大眾的知覺與創造新的審議決策環境來說，是非常成功的；不過，如果從結果的面向上來反省，因其刻意降低與現狀體制的直接衝突，而限制了許多公民參與的程序與規模，導致審議元素能否發揮創造知情、主動、與更為接近公共利益的結果部分，還有待更多的新事證來驗證與發掘。

伍、結語：審議優化是一種「厚積薄發」的民主改革嗎？

　　回到本章一開始對於民主政治兩難困境的討論，衍生出來提問就

是公民參與的倡議經過審議的洗禮，到底只是一種程序正義的創新？還是真有治理結果的優化？自 1980 年以降，審議式民主理論對於民主參與的優化倡議形式，不能說不多，從公民會議、願景工作坊、公民陪審團、到本書的重點參與式預算等，已經在世界各地包括台灣在內，取得了許多操作的機會，但是這些新興的審議模式，除了在程序上增加很多授課、討論與互動的空間，並且與傳統公民參與單純表達行動的流程產生差異之外，推動者仍然需要證明，這樣的審議參與程序，的確對於民主政治的兩難困境，產生系統性的正面的影響。

　　通常，有兩種用來檢視民主審議影響的評估標準：第一種通過個人對審議程序的主觀認知，因著參與者對某項公共政策的知能與理解都有所增加，以致於認為他們的選擇是基於知情下的民主行動；第二種則是觀察到參與者對公共政策偏好的真實改變，也就是一個人在參與審議程序之前與之後的改變，來客觀地檢視審議對於公民參與的影響，不論是哪一種改變，都可藉由美國學者費許金（James S. Fiskin）所創造的「審議式民調」（deliberative poll）來測量，這種民調經過蒐集團體審議之前與之後差異的「知情民意」（informed opinion），期待能與傳統民調進行本質的區隔；雖其成本高昂難以普及，但過去這些年還是有不少國家團隊願意嘗試應用（黃東益等，2006）。因此，這個測出的改變，無論是從無知到知情，或是從一種偏好改變成為另一種偏好，都可以理解為民主審議對公民參與的正面影響，一般就將之當作審議式民主對於公民參與優化的結果面成效；然而，這樣的評估還是未能充分回應前述公民參與的兩難困境，特別是民眾真的可以藉由參與而能實現共同治理的良善結果嗎？事實上，學界在審議式民主的風

費許金教授
James S. Fiskin
（1948-）
資料來源：維基百科

潮下，一直試圖回答這問題，通常有樂觀與悲觀兩種答案。

　　樂觀的部分，學者發現，一般民眾經過公民參與的洗禮之後，讓他們產生自主決定的想像，如果加上審議式的參與，更可已讓公民在意願與知能上產生「賦能」（empowerment）的覺醒，如果應用前述審議式民調，就可簡單展現親身體驗參與式預算者，會有當家作主的主觀感受；另外，也有研究指出，審議的活動的確可以減緩公共政策決策過程中的菁英主導程度，也算是一種向平民知情參與的一種進步（所有樂觀研究結果的整理，請參 Curato & others, 2017）；相對而言，另一邊悲觀學者認為，審議式民主需要一個不同於個人平等為評斷標準的「政治平等」，它是一種擁有資訊傳遞（媒體）、專業保障（專業組織），以及各種決策資源充沛狀態下的「廣意政治平等」，有時甚至因此不需要追求個人的平等，反而需要有效的代議民主與有能力的官僚體系，才是落實審議式民主的關鍵所在（Knight & Johnson, 1997），但是，由於這些決策規則與治理知識仍是由政治菁英們所掌控，公民參與的審議行動，通常都只能在某種「鳥籠」的實驗場域中被不完全地實踐，事實上，連當初倡議溝通理性的哈伯瑪斯教授，都在這股審議風潮的當口，提出類似看法：「請大家注意這個非個人與不對稱的大眾傳播結構，公共領域只有在環境條件許可下，才會產生知情（有同理）的民意，這裡我特別使用有條件性的概念就是要告訴大家，公共領域的權力結構，會讓大眾傳播的結構失真，並且干擾（審議式民主）動員議題關聯性、資訊需求，以及各方貢獻的規範性條件。」（Harbemas, 2006: 418）

　　最後，2015 年臺北市政府開始推行參與式預算，2016 年起 12 個行政區各和一所大學聯合推動參與式預算，增加了推動經驗知識生產的可能，而 2020 年臺北市的高中配合加入參與式預算的行列，也增加了教育扎根的管道，如果就公民參與的倡議與擴大實驗的角度來觀察，臺北市政府在台灣搭上世界民主化潮流列車的努力中，的確占有重要的先鋒地位；不過，為了避免讓這樣重要且嚴肅的改革，淪為只有程

序操作但缺乏實質結果優化的「借殼遊戲」（shell game; Nabatchi and Leighninger, 2015: 312），也不願見到從大量的表象活動中卻積累不出公民參與系統性進步的「厚積薄發」現象，推動者除了具備舉辦審議活動的能力與資源之外，也必須更有效地找出參與式預算不斷改革的策略路徑，本章提出下列三點給大家參考，當作一個不算結束的結束：

第一，系統性評估各種審議活動的知識框架，不但有程序、也有結果指標；

第二，從行政框架中尋找擴大的突破點，以免在原地踏步中失去進步動力；

第三，面對既有政治利害關係人的影響力，尋找誘因相容的權力分享機制。

參考文獻

1. 黃東益、陳敦源、蕭乃沂（2006）。政策民意調查：公共政策過程中的公共諮詢，研考雙月刊，第 254 期，30 卷 4 期，頁 13-27。

2. 陳敦源、李仲彬（2010.10）。探索公民心靈：「公民調查」技術的理論與實務，研考雙月刊，第 279 期，34 卷 5 期，頁 53-66。

3. 蘇彩足、孫瑋、蔡馨芳（2015.7）。政府實施參與式預算之可行性評估，國家發展委員會委託報告（編號：NDC-DSD-103-020-005）。臺北市：國家發展委員會。

4. Converse, Phillip. (1964). "The Nature of Belief Systems in Mass Publics," in *Ideology and Discontent*, ed. David Apter. New York: Free Press, pp. 206-261.

5. Curato, Nicole, John S. Dryzek, Selen A. Ercan, Carolyn M. Hendriks and Simon Niemeyer. (2017). "Twelve Key Findings in Deliberative Democracy Research." *Daedalus*, Summer, pp. 28-38.

6. Ganuza, Ernesto and Gianpaolo Baiocchi. (2012). "The Power of

Ambiguity: How Participatory Budgeting Travels the Globe." *Journal of Public Deliberation*, 8(2): 1-8.

7. Jürgen Habermas. (2006) "Political Communication in the Media Society: Does Democracy Still Enjoy an Epistemic Dimension? The Impact of Normative Theory of Empirical Research," *Communication Theory* 16, pp. 411-426.

8. Knight, J. and Johnson, J. (1997). 'What sort of equality does deliberative democracy require?' in J. Bohman and W. Rehg (eds) *Deliberative Democracy: Essays on Reason and Politics*, Cambridge, MA: MIT Press.

9. Nabatchi, Tina and Matt Leighninger. (2015). *Public Participation for 21st Century Democracy*, New York: Wiley Publishers.

10. Rossmann, Doralyn, and Elizabeth A. Shanahan. (2012). "Defining and Achieving Normative Democratic Values in Participatory Budgeting Processes." *Public Administration Review*, 72(1): 56-66.

11. Yankelovich, Daniel and Ruth Wooden (2004), Rethinking Public Engagement and Countering Mistrust, Viewpoint Learning, La Jolla, California, presentation at the Comptroller General's Forum on the Long-Term Fiscal Challenge, Government Accountability Office, Washington DC, 2 December, Appendix VI, 請參：http: www.gao.gov/new.items/d05282sp. pdf。

Chapter 2

審議式民主有何不同？

范玫芳

壹、前言

　　審議式民主與其他民主有何不同？好在哪裡？所以我們選擇審議式民主？審議式民主理論自 80 年代初期發展至今持續不斷地演進，基於審議式民主概念的民主創新和審議設計在全球各地蓬勃發展，展現了在不同治理尺度的公民參與和審議實踐的諸多可能，不僅形塑政策制定過程，並帶來在政治上和社會面的影響。有別於代議民主將「投票」作為政治運作的中心，審議式民主乃是將「對話」置放在民主核心。審議指人們在溝通的過程中基於平等、相互尊重，在獲得充分資訊的情況下，共同討論政策議題，並以較好的論證一起說理，權衡並反思不同的偏好、價值與利益，共同決定影響人民切身相關的政策（Bächtiger, et al., 2018）。

　　審議式民主（deliberative democracy）提供一般民眾公平的發聲機會，使得深思熟慮的公民意見，可以投入在政策制定過程中。審議式民主除了具有社會學習、增進知能與公眾教育的功效，公共領域的審議可以發揮「論說的力量」（discursive power），對抗權力宰制以及訊息的操弄（Curato, et. al, 2019）。進一步來說，審議式民主的系統取

審議式民主

也譯作審議民主、商議式民主、協商民主。為 1980 年代在政治哲學領域興起，希望改善傳統民主理論和當代民主政治的問題。在民主的概念和代議制之上加入「公共審議」的元素，要求在依民主程序做決策前，先經過適當的集體討論（華文哲學百科，2018）。

向主張跨尺度的溝通活動與各場域間的連結性，將公民審議連結到民主政治體系的運作，能改善代議政治中公民和民意代表之間、公眾之間、民主意志與政治行動之間的斷鏈（disconnections）（Hendriks, et al., 2020）。

　　參與式預算乃是結合公民參與和審議式民主理念的一種民主創新形式。延續第一章探討審議活動是否優化公民參與，以及對參與式預算的反思，本章進一步說明審議式民主理論持續壯大，並在世界各地形成審議風潮；探討審議式民主如何不同於「加總式民主」（aggregative democracy），以及如何能深化民主並健全公民社會發展。第二節說明審議式民主與加總式民主的差異；第三節說明審議式民主的重要元素與準則；第四節介紹審議式民主的系統取向與功能，以及如何回應外界質疑和不斷演進；第五節簡介審議式民主在國際上廣泛推行且公認具影響力的主要模式、案例以及國內實務經驗。

貳、審議式民主與其他民主形式的差異

　　審議式民主與當代「加總式民主」之最大差異在於民主程序之前必須經過集體審議的公開討論過程，並且公共政策的集體討論是基於公共利益的考量。公民必須為自己支持的立場提出辯護理由，並權衡不同理由的合理性和優缺點，使最後決議具有正當性。相較之下，「加總式民主」僅依賴多數決的投票程序，且未要求公民或立法者對自己的偏好提出合理的理由，公民不見得能在充分了解政策資訊下做出深思熟慮的判斷，導致政策決議可能產生違反少數人權利的結果（吳澤玫，2018）。

　　根據「誰決策」以及「如何決策」這兩個面向，可以將民主概念區分以下四種基本的模式：「加總式自由民主」、「加總式參與民主」、「自由審議式民主」、「參與式審議式民主」（見表 2-1）。

　　（一）「加總式自由民主」（aggregative liberal democracy）結合了代議政治與多數決原則；（二）「加總式參與民主」（aggregative

表 2-1　民主概念的類型化

面向		面向二：決策模式（如何決策）	
		多數決	審議
面向一： 決策者 （誰決策）	代議 （由民意代表替公民做決定）	加總式自由民主	自由審議式民主
	參與 （由公民直接做決定）	加總式參與民主	參與式審議式民主

資料來源：Elstub, 2018: 191。

participatory democracy）結合了參與式和多數決的民主過程做成決策；
（三）「自由審議式民主」（liberal deliberative democracy）乃是代議
政治以審議方式做決策；（四）「參與式審議式民主」（participatory
deliberative democracy）乃是公民以審議方式做出集體決策。參與和審
議兩者可以相容並相得益彰。更多的公民參與和多元的政治參與機會，
有助於增進審議式民主所強調包容各種立論理由。另一方面，涵蓋多元
人口組成屬性的公民審議能使得參與更具有教育上的影響，並藉由促進
公共理性以減少不公平。也有文獻指出參與和審議兩者不見得相容。此
外，實務上有多種結合以上四種型態的民主形式，例如瑞士常態性的
公投，乃是結合了「加總式自由民主」和「加總式參與民主」（Elstub,
2018）。

參、審議式民主的要素與重要準則

公共理性是審議式民主的要素，也就是
說，公共議題的討論是基於公共性來提出理
由或對支持的主張加以辯護。根據哲學家哈
伯瑪斯提出的「理想的言談情境」概念，理
想的論理或交談情境需要尊重、真實性、相
互「證成」（justification）與真誠。但審議

證成

指那些支持信念為真的理
由、證據。進一步來說，
指那些有程度可言、有理
由證明是趨近真實的、促
進認知目的，以及合理化
信念的性質（華文哲學百
科，2019）。

式民主並不是唇槍舌戰辯論大會。「傾聽」和「反思」也是審議式民主的關鍵要素。審議式民主不僅在談話，同時也要「傾聽」他人不同的差異、理解在不同處境者的宣稱和觀點；當談話者能去發現、理解並尊重他人的觀點時，才能彼此相互證成提出理由。「反思」與相互「證成」同樣是審議的關鍵要素，指參與者不是受到私利的影響，而是公正不偏的檢視和反思性地考量所有的論證，在審議中促進自我反思並檢視真正影響參與者意見的因素（Curato, et. al, 2019: 6-10）。

　　審議式民主的重要準則包括：尊重、無權力宰制、平等、論理、共識的目標、良善導向、公開性、課責性與誠意。課責性（accountability）是指當決策場域或機關能對公共領域負責並回應公民的質問，並能辯護施政作為之正當性。課責機制包括選舉、歷史真相調查、獨立調查、仲裁、彈劾與糾正。愈來愈多學者將何謂說理的定義擴大，將言談中說故事、問候與幽默的言詞納入說理的範圍，除了強而有力的說服之外，軟性的、玩笑話也被視為在審議中有用的言談。新一代的審議理想概念指標受到民主政治多元性和包容性（inclusion）的驅動，擴大了「溝通理性」的概念，更全面地涵蓋了各種不同的人及其歷史、身分、偏見和不完美之處，將故事和敘事納入良好審議的概念中。不擅長說理的人不致於被排除審議之外，也可以透過說故事的方式表達意見。實證研究指出幾乎所有參與者都可以藉由故事和分享經驗來提出論點，讓參與者說故事有助於容納社會弱勢群體的觀點。第一代與第二代審議準則中，皆認為相互尊重是審議式民主的理論的核心，有些準則乃不斷地演化以更符合多元民主和社會脈絡。表 2-2 則是第一代與新一代理想的審議準則之異同，這些理想準則仍在持續研究與發展（Bächtiger, et. al., 2018: 3-4）。

表 2-2　第一代與第二代良善審議準則之比較

第一代審議	第二代審議
尊重	未受挑戰、無修訂
無權力壓制	未受挑戰、無修訂
平等	包容性、相互尊重、平等溝通的自由、平等機會產生影響
說理	相關的考量
目標在共識	目標在共識與澄清衝突
共善導向	共善、受到公平性限制的自利
公開性	在許多情境下須具公開性，但非全然（例如受公民信任的代表者進行協商可以不公開）
課責性	對選區選民、其他參與者和公民負責
真誠	在重要議題討論須誠意；允許在問候、稱讚及其他有助增進社會性溝通上缺乏真誠

資料來源：Bächtiger, et al., 2018: 4。

肆、審議式民主如何回應質疑並不斷演進

　　晚近審議式民主的系統轉向（systemic turn），促進新一代審議式民主的演變發展。審議式民主系統論者將公共審議概念化為諸多溝通行動與空間的連結，強調系統中各組件之間的相互依賴性、審議的分工和功能的互補，並連結微觀的審議活動到巨觀政治體系。公共領域中不同的溝通場域可以具有不同的審議品質和功能，例如某個場域在釐清事實和追求真相、具包容性和平等性，其他構成組件則具備傾聽或在尋找共同點上具有較強的審議能力，而公民參與和倡議行動可提供創新理念的催化劑。

　　審議系統（deliberative systems）取向將審議機構連結到較大的民主政治體系，發揮系統整體的功能與影響，包括認識上的、倫理的、民主功能。這三個功能的實踐，能

> **審議系統**
>
> 系統各構成組件在審議上分工與互補，跨越不同場域和機構的審議活動之間的連結和傳遞，有助於提升整個民主體系的審議品質。

促進民主系統集體決策的正當性。首先，認識上的功能指基於事實和邏輯以及實質和有意義地考量相關理由以產生偏好、意見和決策；第二，倫理的功能指促進公平性和相互尊重，相互尊重同時意味著非宰制性；第三，民主的功能是基於公平性並包容多元的聲音、關懷與宣稱（范玫芳、張簡妙琳，2021）。

　　審議式民主的系統取向就以下四個主要質疑，提出有力的辯護（Bächtiger, et. al., 2018: 17-23）：

一、審議式民主是否太理想且忽略權力和政治？

　　有學者質疑審議式民主對於相衝突的利益不夠敏感；政治人物傾向於使用鮮活的政治措辭並訴諸情感以更貼近民眾；傾向於否認行動者能透過說理與論證彼此相互影響。

　　但審議式民主論者認為這些質疑忽略了透過審議運作的政治，以及民主政治和審議理想的整合。前述第一代的審議式民主理想強調共善與共識取向的論證、非脅迫的情境以及對較佳論證抱持完全開放，被質疑不重視政治衝突。第二代的審議式民主理想準則強調多元性，並接受衝突。審議理想更能應用在衝突的情境且能更進一步演化。當我們更嚴肅地處理多元主義，則不能基於第一代的準則單獨去評估審議的品質，而應該以跟特定脈絡相關的方式加以評估，且不失去說理和傾聽的核心要素。舉例來說，審議式磋商（deliberative negotiation）乃是在國際談判上常見的一種混合的溝通，允許自利乃是政治決策所必要，但同時強調相互證成、尊重與參與者間的平等。

二、審議式民主是否非得以達成共識為目標？

　　一些多元論者與爭勝性民主論者（agonists）認為審議式民主將共識錯置成理想，理性的共識不可求且會壓抑多元性以及不同觀點的闡述。但審議式民主論者認為這些批評是曲解了共識的角色。哈伯瑪斯雖

是常被批評的對象，但他認為規則、權利，以及「用以保障差異以及促進人們審議、議價或投票的程序」要比「政策議題實質上的共識」來得重要。晚近有一些對共識概念的新的形構，與政治爭鬥和衝突可兼容。Dryzek & Niemeyer（2006）提出「後設共識」（meta-consensus）概念，指公民僅須在可接受的偏好和相衝突的選項範圍內，信念的可信度和相衝突的價值的正當性上有一致的意見，無須對於實質的議題達成共識。近期研究認為良好的審議可以帶來多樣的結果，而共識只是其中之一。釐清意見以及呈現「結構化的分歧意見」（structured disagreement）也許來得更重要。

三、審議式民主是否誤解人性動機和一般公民認知能力的限制？

批評者認為以美國公民來說，人們偏好菁英統治、且菁英值得信賴，公民參與只是因為有必要去監督不受信任的政治菁英。但研究證實此一說法有誤，美國一般公民參與審議意願高於預期，尤以對社會不滿的群體有最高的參與意願。再者，批評者質疑民眾缺乏審議式民主需要的認知能力。多數參與審議的民眾僅能提供簡短又不夠細緻的意見，以不偏倚的方式權衡論證的能力有限。有社會心理學研究指出，討論常使團體走向極端，因為當個人聽到新的理由可以支撐其立場，往往走向更為強烈的立場。

審議式民主論者認為這些研究的設計並不是基於審議原則進行，良好設計的審議實證研究則產出不同的結論。一些實證研究發現人們在結構良好的審議活動的意見改變可以實質上促成全面和系統性的參與在論理中，而不是走向團體極端化。基於審議原則的制度設計，可以扮演重要的角色以反制認知和情感上偏見以及反審議的行為傾向。

四、審議式民主是否過於理性，排除了社會邊緣族群非正式的講話風格？

早期的批評者汲取心理學實驗、陪審制的研究和現實世界的觀察，認為審議和說理的能力會受到社會階層分化所影響，以至於再強化了既有社會經濟與文化的不公平；審議理論重視理性與不帶情感的討論，排除或邊緣化以激烈或情感的發聲方式。

但審議式民主論者認為良好設計的審議情境下，這些批評站不住腳。一項有關公民論壇的審議品質的研究指出，影響審議品質差異的主要因素是日常生活中政治談話的經驗，缺乏足夠的證據顯示社會經濟地位會影響審議品質，從議題主題的發言總量和次數來看，不同性別、種族與政治上少數地位者大致上相同。第二代的審議式民主取徑擴大溝通理性的概念，將故事和敘事納入良好審議的概念，對於身處不同歷史、認同、偏見脈絡的人們更具有包容性，同時擴大敘事的角度，有助於呈現非主流或社會弱勢群體的觀點。

伍、審議式民主的實踐：主要模式與實例

晚近全球各層級政府組織紛紛基於審議式民主理念，嘗試研發和設計不同的審議式民主討論模式，應用在公共政策、參與式預算、全球氣候治理和憲政主義上並產生影響。諸多型態的「迷你公眾」（mini-publics）審議模式可以產出政策建議提供給政府單位、民選代表，或作為公投或創制投票前的重要參考。有些觀察者會將審議式民主侷限在「迷你公眾」審議模式，但審議式民主系統取向的學者反對將審議式民主限縮在這些結構化設計嚴謹的模式，因還有諸多的溝通與討論場域同樣具有審議的元素，可以在審議式民主系統中扮演不同的功能並產生影響。有別於一般小型的公民討論活動，「迷你公眾」審議模式的參與者具有人口組成的代表性與異質性的特性，被稱為是真實政治社會的縮影（microcosm）。以下針對國際上公認最廣泛採行並具影響力的三種「迷

你公眾」審議模式加以介紹，包括公民會議、審議式民調、公民審議大會（Bächtiger, et. al., 2018: 13-14）：

一、公民會議

　　公民會議是起源於 1987 年丹麥科技委員會推行的公民共識會，並推廣至許多國家。由主辦單位招募民眾並從主動報名參加者中以分層隨機抽樣方式選出公民小組成員，約有 15 到 24 位左右的公民針對爭議性的政策議題進行面對面的審議，並產出公民小組報告，提出政策建議。公民小組成員的抽選盡可能反映全國人口組成的特性與受影響的公眾。不過，由於是自願報名參加，故可能會較多來自特定屬性的公民，例如較高的社會經濟地位，對該政策議題有高度興趣者（Bächtiger, et. al., 2018: 13）。

　　公民會議的程序包括預備會議和正式會議。主辦單位在預備會議中安排立場持平的專家向公民小組介紹討論議題的政策資訊；正式會議中有不同立場的專家回答公民提問，接著讓公民小組進行討論並尋求共識，並將共識和無法達成共識的意見彙整成公民小組報告，並向外界公布。台灣以公民會議模式最為廣泛應用，自 2002 年由學者引進並實驗性地用在全民健保議題。2004 年到 2006 年之間，在全台由政府委辦和民間發動的公民會議將近有 30 場，涵蓋全國性、縣市和社區的議題。公民會議的結論對政策議題可以產生不同程度的政策影響，例如行政院採行公民會議所提出的政策建議以因應健保財務危機。但公民會議的規範架構與程序原則未能鑲嵌在現有法規與體制，減損了公民會議的政策影響力（林國明，2009）。

二、審議式民調

「審議式民調」（Deliberative Polling®）[1]是由美國政治學者 James S. Fishkin 在 1988 年創發的一種社會科學實驗與審議模式。透過結合公民審議的程序，彌補傳統民意調查僅看到民眾對於公共議題意見的表象，卻探測不到人們是如何思考政策議題的侷限。Fishkin（2018: 315）認為審議式民調試圖回答的根本問題是「在良好益於思考的情況下民眾會怎麼思考政策議題？」良好的情境包括持平的政策議題資訊、在有配置審議員的小組進行討論、專家回答公民提問與對談、公民在經過知情討論後可再次表達意見。

史丹佛大學審議式民主中心在 2019 年 9 月 19-22 日於美國德州 Dallas 針對來年的總統大選進行一場實驗性的公民審議實作—「美國聚在一起審議」（America in One Room）。該活動抽選具有代表性的民眾以反映全國選區的人口屬性，並邀請其中 526 位具備選舉投票人資格的代表性公民參加公民論壇，公民在獲得充分與平衡的政策資訊後，隨機分配至公民小組針對移民、經濟、健保、環境和外交政策五大關鍵政策議題進行審議，並安排專家與民眾對談，直接面對面地回應公民提問、釐清政策問題，以利公民能權衡相對立的主張和理由。研究發現公民審議和說理過程可消減不同黨派成員在議題上與情感上極化（affective polarization），拉近民主黨和共和黨在高度極化議題上的距離（Fishkin, et al., 2021）。審議式民調迄今已在 30 多個國家舉行過上百次的實作。蒙古在 2017 年正式通過審議式民調法，將審議式民調法制化並規範憲政改革必須召開審議式民調論壇。

在全國性的政策議題上，以 2002 年行政院二代健保規劃小組舉辦的「全民健保公共論壇—審議式民調」為首創。透過全國性抽樣並徵詢民眾意願後，大約有 280 位公民參與論壇。在審議活動後，參與者對討

---

[1] 該模式註冊為商標用意在確保品質。

論主題的立場有明顯改變。例如在「維持現狀，必要時調整保費」的政策選項，贊成比例從 46.6% 提高到 63.2%（黃東益，2007）。

三、公民審議大會

　　公民審議大會（citizens' assemblies）一般來說有 150 位以上的公民參與，抽選具有人口統計上代表性的樣本，審議過後產出公民大會報告與政策建議。相較於公民會議，公民審議大會有較多的參與者，故對於政策議題相關的公眾較具有代表性和異質性。2004 年加拿大英屬哥倫比亞公民大會針對是否應該改變選舉制度的公投問題進行審議，被公認為是最全面性、設計良好且廣泛被研究。該公民審議大會共有 160 位公民參加審議，基於代表性和獨立性原則，其中 158 位是從具投票資格的全國性母體分層抽樣，另外特別邀請兩位原住民代表。審議過程包括小組討論以及與專家對談，公民展現對於不同選舉制度利弊的了解，並具高品質的審議，藉由公開程序和媒體報導提供後續選民在公投時的參考（Warren & Pearse, 2008）。另外，愛爾蘭系統性地將審議模式置入在憲改過程並連結直接民主。

　　「迷你公眾」審議模式可以創造新的對話空間，但學者與實務界對於「迷你公眾」審議究竟在政治體系中應該扮演什麼角色，以及其與民主體系中其他機構之間的耦合（coupling）與相互競爭的關係提出不同的看法。第一，認為審議模式對於政治決策過程增進民主正當性具有重要價值，但僅將其視為是諮詢機制則影響有限。也有學者認為審議模式與權威機構間鬆散的耦合可保護公民審議的獨立運作，並留有較廣的議程設定和策略性地選擇採行其中建議的空間。另外也可透過契約的方式要求支助的政府單位在一定期限內，回應公民意見。第二，有學者認為審議模式的參與者屬少數，反對將其結合到決策過程，以避免執政當局將審議模式工具化而忽視廣大的公眾，使決策缺乏正當性。第三，主張將審議模式更多整合到直接民主與立法。以加拿大英屬哥倫比亞公民大

會為例，審議品質佳的結論提供公眾在進行創制公投前知情的判斷。第四，主張審議模式在政治過程扮演更決定性的角色，能增進民主正當性並改善現行代議政治的功能缺失（Setälä & Smith, 2018）。

參與式預算是實踐審議式民主的模式之一。然而，參與式預算的住民參與跟以上模式不同之處在於並不強調參與者的代表性或異質性，且各地對於住民的參與資格有不同認定。住民透過參與提案和投票程序，可以影響公共預算過程，促進政府與公民之間的正向互動與連結（見第 3 章）。多元的審議式民主模式可以整合應用在治理過程。例如南澳（South Australia）州政府企圖「活化南澳民主」，提出「一起讓南澳更好」的議程，結合公民陪審、參與式預算等程序讓住民參與在政策規劃過程、共同診斷問題並設計解決方案，發揮公民影響。

陸、結論

全球許多民主政體面臨了黨派極化、民粹主義和公眾對政府信任低落的挑戰，而新一波尋求促進包容性的審議式民主實作和結合數位科技的民主創新也在各地持續發展。奠基在台灣 2002 年起持續累積的審議經驗，近年來在多個縣市開展多樣的參與式預算實驗，讓住民有機會直接參與公共事務並結合審議實作共同形塑和影響政府預算過程。臺北市參與式預算制度採行官學聯盟模式以及滾動修正的運作程序，促進多元行動者之間的正向互動，並創造新的審議空間以及諸多場域和機制之間的功能分工、互補與連結。審議式民主能強健民主政治體系，乃是處在動盪時代面對棘手難題所不可缺少的解方。

參考文獻

1. 吳澤玫（2018）。審議式民主，華文哲學百科（2018 版本），王一奇（編）。URL=http://mephilosophy.ccu.edu.tw/entry.php?entry_name= 審議式民主。

2. 林國明（2009）。國家、公民社會與審議式民主：公民會議在台灣的發展經驗，台灣社會學，17：161-217。

3. 范玫芳、張簡妙琳（2021）。從審議系統觀點探討臺灣邵族傳統領域治理與公民行動，臺灣民主季刊，18（2）：37-77。

4. 黃東益（2007）。審慎思辯民調，廖錦桂、王興中（編），口中之光：審議式民主的理論與實踐，頁 95-98。

5. 李國揚（2019）。認知證成及其結構，華文哲學百科（2019 版本），王一奇（編）。URL=http://mephilosophy.ccu.edu.tw/entry.php?entry_name=認知證成及其結構。

6. Bächtiger, Andre, John S. Dryzek, Jane Mansbridge, & Mark E. Warreen. (2018). "Deliberative Democracy: An Introduction." In Andre Bächtiger, John S. Dryzek, Jane Mansbridge, & Mark E. Warreen (Eds.), *Handbook of Deliberative Democracy* (pp. 1-31). Oxford: Oxford University.

7. Curato, Nicole, Marit Hammond, & John B. Min (2019). *Power in Deliberative Democracy: Norms, Forums and Systems*. Basingstoke: Palgrave Macmillan.

8. Dryzek, J. & Niemeyer, S. (2006). Reconciling Pluralism and Consensus as Political Ideals. *American Journal of Political Science*, 50: 534-49.

9. Elstub, S. (2018). Deliberative and Participatory Democracy. In A. Bächtiger, J. S. Dryzek, J. Mansbridge, & M. Warren (Eds.), *The Oxford Handbook of Deliberative Democracy* (pp. 187-202). Oxford: Oxford University Press.

10. Fan, Mei-Fang. (2020). *Deliberative Democracy in Taiwan: A Deliberative Systems Perspective*. London: Routledge.

11. Fishkin, James S. (2018). Deliberative Polling. In A. Bächtiger, J. S. Dryzek, J. Mansbridge, & M. Warren (Eds.), *The Oxford Handbook of Deliberative Democracy* (pp. 315-328). Oxford: Oxford University Press.

12. Fishkin, J., Siu, A., Diamond, L., & Bradburn, N. (2021). Is Deliberation an Antidote to Extreme Partisan Polarization? Reflections on "America in One Room". *American Political Science Review*, 115(4): 1464-1481.

13. Hendriks, Carolyn M., Selen A. Ercan, & John Boswell (2020). *Mending Democracy: Democratic Repair in Disconnected Times*. Oxford: Oxford University Press.

14. Setälä, A. & Smith, G. (2018). Mini-publics and deliberative democracy. In Andre Bächtiger, John S. Dryzek, Jane Mansbridge, & Mark E. Warreen (eds.), *Handbook of Deliberative Democracy* (pp. 300-314). Oxford: Oxford University.

15. Warren, M. E. & Pearse, H. (Eds.). (2008). *Designing Deliberative Democracy: The British Columbia Citizen's Assembly*. Cambridge: Cambridge University Press.

參與式預算想做什麼?

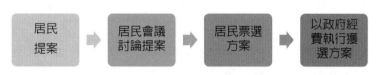

蘇彩足

壹、前言:參與式預算是什麼?

近年來,「參與式預算」在台灣成為一個相當流行的名詞,但其明確的定義和實際的制度規範為何,則是眾說紛紜,看法不一。基本上,我們可以說「參與式預算」是藉由公民審議和參與者彼此之間的溝通協調,以進行政府預算資源分配的決策過程。

觀察世界各國政府實際操作參與式預算的方式和所訂定的制度規範,會發現作法並不一致,相當多元。較常見的參與式預算的運作流程通常包括以下四個階段:1. 邀請地方居民提出使用政府預算的計畫方案;2. 召開居民會議(或其他形式的公民審議平台),對提案內容進行討論;3. 由居民投票,選出擬付諸執行的提案;4. 政府機關以公共預算執行居民所選出的提案(參見圖 3-1)。

居民
提案
→
居民會議
討論提案
→
居民票選
方案
→
以政府經
費執行獲
選方案

圖 3-1　參與式預算流程

至於在參與式預算過程中參與居民的資格為何、居民會議需要召開幾次、有無開會人數的最低門檻、要採用實體投票或線上投票來決定提案、居民票決結果的法律效力為何,以及政府投入的預算經費的多

寡……等諸多細項規定，因為各地政府的政治、經濟和社會條件的差異，而有許多不同的規範和設計，差異頗大。

貳、參與式預算和傳統的公共參與有何差異？

若深入分析參與式預算的運作流程，會了解到參與式預算具備兩大核心要素，分別是「公共參與」和「政府預算」，亦即參與式預算是「公共參與」和「政府預算」的結合；藉由二者的緊密結合，讓人民在政府預算的配置上，取得直接的發言權和影響力（見圖3-2）。

圖 3-2　參與式預算的核心要素

毫無疑問地，參與式預算要素之一的「公共參與」乃是民主體制的基石。理想上，在民主社會中，儘管大家有不同的利益和想法，但藉由自由的意見表達和理性的交流討論，可以逐漸凝聚社會共識，平和的解決各項公共問題。特別是在現今所謂的「公共治理」（public governance）的年代，政府面對的社會問題層出不窮，也愈來愈複雜，若單只仰賴公部門的智慧和能力，無法順利地回應所有公共議題的挑戰。因此，政府勢必要採用協力治理的模式，仰賴企業、非營利組織和社會大眾的積極參與和投入，才能提升政

> **公共治理**
>
> 公共治理是政府、私部門（即指企業、市場），以及非營利組織（即第三部門）共同協力合作，以解決公共問題的過程或模式。它與以往強調政府是萬能的、可以運用法令權威獨自解決公共問題的理念有所不同，在公共治理的模式下，政府、私部門和非營利組織的互動是夥伴關係。

府的效能。

　　然而，儘管公共參與對於民主社會的公共治理有重要的意義，但實際運作的結果，公共參與很容易流於形式，成效不彰。例如，我國有各式各樣的公共參與管道，包括專家諮詢、請願連署、公聽會、世界咖啡館、公民會議、民意調查、公共政策網路參與平台⋯⋯等，這些公共參與管道的宗旨都是要讓受到政府決策影響的民眾，能對公共事務更為關注、有更清晰的理解，並可以對有興趣的公共議題直接表達意見和建議，以提升公共政策的品質。只是，理論和實務之間常出現巨大的落差，民眾在耗費心力參加公共事務的討論和意見表達後，可能只獲得官僚部門敷衍式的制式回應，甚至是如同石沉大海，不見任何回應。久而久之，民眾自然失去公共參與的熱情和信心。

　　和這些容易令民眾感到挫折無奈的公共參與的傳統途徑相比，參與式預算有它的特殊優勢。因為參與式預算不只強調公共參與，它還有一項不可或缺的核心要素：政府預算。換言之，參與式預算不只是一個民眾關注公共事務和抒發想法的場合而已，它的核心策略在於以「政府預算」為「公共參與」的後盾；當居民完成提案和討論後，他們所票選出來的提案，有很大的機會會被納入當年度或次年度的政府預算中，付諸執行。因此，與民意調查、公聽會、公民會議⋯⋯等傳統的公共參與管道相比，參與式預算有較大的機會可以成為真正推動社區改變的平台。

　　這項公共參與和政府預算二者緊密結合的特徵，讓參與式預算比傳統的公民參與管道更有力量、更受歡迎，是它能在世界各國蔚為風潮的主因之一。雖然有錢並非萬能，但沒錢萬萬不能；民眾有再好的計畫提案，如果未能即時編入政府預算，就無法真正落實。參與式預算搭配政府經費的編列和執行，讓人民的提案、討論和票決，轉化成具體的公共建設和公共服務成果，可以避免公共參與淪於形式，提升公共參與對於政策的實質影響力，這就是參與式預算的特色和魅力。

參、參與式預算想達成什麼目的？

如上所述，參與式預算的核心策略在於公共參與和政府預算二者的結合，而這樣的結合想達成什麼目的或理想呢？或者，更直接的問，參與式預算想做什麼？它可以發揮什麼功能呢？

這是個簡單的提問，但卻不太容易回答。因為不同的政府在推動參與式預算時，往往各有盤算，各有不同的目的，以致於參與式預算的實際作法五花八門，內涵各異。這就是學者所形容的「參與式預算的模糊性」（蘇彩足，2017；Ganuza & Baiocchi, 2012）。

參與式預算自 1989 年在拉丁美洲發源後，演變發展至今，其目的漸漸變得模糊而不明確。例如，有些政府實施參與式預算的目的是為了讓弱勢族群獲得更充裕的預算資源；有些政府是想藉由民眾參與預算過程的行為，來宣示它的公開透明；有些社會運動團體則希望喚起社區居民對於自己社區事務的關懷和討論，以培育公民社會的能量；甚至於有些倡議者是想藉由參與式預算的扎根，來逐步達成直接民主的理想。

總之，參與式預算的理想和目標並不十分明確，它是一項很有彈性的制度，能夠包容不同政府的需求和想像，讓各個政府在同一頂參與式預算的大帽子下，因地制宜，各取所需，各自發展和實踐自己所支持的價值與目標。本章彙整世界各國政府與各社會運動團體推動參與式預算的目的，歸納共計以下六項（如圖 3-3），逐一予以說明。

一、改變政府預算配置的優先順序，為弱勢發聲

參與式預算在巴西、阿根廷等拉丁美洲國家萌芽之初，其目的很明顯地是想藉由社區居民的參與，讓弱勢族群獲得更多的預算資源。因為當時該地政府的預算配置長期忽視社經地位較低的社區的需求，因此社會運動團體企圖以參與式預算的手段，經由社區居民的提案和票決，讓貧窮的、弱勢的社會階層有機會爭取到較多的政府經費，以改善公共建設老舊和公共服務不足的窘境。

圖 3-3　參與式預算的目的和理想

　　因此，參與式預算的緣起，很清楚的是想改變政府預算配置的優先順序，把以往配置給比較富裕階層的經費挪移給被漠視忽略的族群，以增進弱勢族群的民生福祉。所以在民意表達管道相對缺乏，以及公共建設相對不足的貧窮地區，其參與式預算的推動比較容易獲得民眾和社區組織的支持。反之，在歐美等民主先進國家，社會較為富裕，公共設施比較完善，而且民眾已有比較多元的需求反映管道，其參與式預算的發展和起步，通常也就較為緩慢或不積極。

二、擴大社區居民的互動和參與，以凝聚社區意識

　　參與式預算過程中最關鍵的參與者是社區居民。在筆者所研究的許多案例中，都是由公部門或非營利組織的成員在社區中宣導參與式預算的理念，先吸引一些特別關心社區問題、願意為家園奉獻的社區居民，然後再逐步延伸到社區裡的其他家庭和居民，以擴大參與的層面。當有愈來愈多的社區成員出席參與式預算的住民大會，彼此討論社區的事務和問題，共同累積豐富的互動經驗後，就很容易對社區的人事物產生情感和聯繫，進而凝聚出一種「我們都是一份子」的社區意識和團結力量。

　　或許參與式預算的最初推動者未必有將「社區意識的凝聚」視爲重要目的，但參與式預算實際運作的結果，擴大了社區成員的互動交流，也提升了他們對社區的認同和歸屬感。因此，「社區意識的凝聚」順理成章地成爲參與式預算另一項重要的功能和目的。

　　在此必須說明的是所有社區組織與社區事務的推動，都很容易受到既有派系利益的干擾和把持，參與式預算亦不例外。因此，要避免社區既有政治生態造成公共參與的侷限和僵化，主事者需要更細緻地規劃參與式預算的推動流程和配套措施，才能在參與式預算的提案、討論和票決過程中，眞正激發居民關懷社區事務的意願與熱情，達成凝聚社區意識的目的。

三、轉化被動選民爲積極公民，厚植公民社會的力量

　　有些民衆在選舉投票後，就自認已善盡民主社會的公民責任，因爲自己已投下神聖的一票，接下來治理國家的大事是獲勝的執政團隊和民意代表的責任，自己毋庸過問，也無力置喙。

　　然而，這種「被動選民」的思維不符合現今公共治理的潮流。因爲即使贏得選舉，執政團隊和民意代表未必有能力獨自解決所有的公共問題，或是他們可能因爲自利心太重，導致所制定的公共政策不符合社會大衆的需求。因此，民衆不能停留在被動選民的角色上，必須更進一步轉化爲積極的公民，成爲政府的治理夥伴，才能有效地解決公共治理的挑戰。

　　而參與式預算即是一個可以提供民衆由「被動選民」轉化爲「積極公民」的良好學習場域。因爲預算決策涉及複雜的過程，以前只有政府官員、民意代表、學者專家和有組織的利益團體才有機會參與，多數民衆只能在新聞媒體上獲得預算決策的片斷訊息，並被動地接受預算決策的結果。但在參與式預算的過程中，官員和專家由主導者退居幕僚輔助的角色，在社區會議或網路平台上提供預算資訊給居民，讓居民解讀和

討論預算決策的內容。居民也可就其所感到興趣的民生議題主動提案，再經由討論、思辨和投票，學習在有限的經費限制下完成困難的預算決策。

　　因此，在執行參與式預算時，召開住民大會的社區中心或進行線上討論和電子投票的網路平台，就是一所企圖喚起民眾對公共事務的關懷和對民主體制的支持的公民學校。在這個歡迎社會大眾自由參與的學習場域裡，政策資訊的散播、民主的審議，以及理性的思辨，讓參與者有機會蛻變成為一個有自信的積極公民。這是參與式預算的另一項不同忽視的重要功能。

四、促進官僚體系與社區的接軌，激勵行政創新

　　隨著科技的快速發展，以及人民權利意識的持續高漲，公共事務變得愈來愈為複雜與不易處理，此時官僚體系固有的僵化遲緩和缺乏創新，讓民眾更為不滿和難以忍受。因此，在某些地區，參與式預算的實施目的之一即是希望能迫使原本過於保守、不擅長溝通的政府官員走出舒適圈，學習和社區民眾直接對話，以了解民眾的真正需求，並激勵創新和行政改革。

　　在參與式預算的過程中，政府官僚必須扮演共同學習與提供協助發展的角色。首先，官僚需要檢視和調整既有的制度規章，以增加公民參與預算決策的機會和誘因。其次，他們必須設法鼓勵較少參與公共事務的民眾站出來提案、參與討論和表決，達到擴大參與的目的。更重要的是在整個過程中，官僚要專注聆聽，不厭其煩地和民眾討論提案的程序和內容，協助提升提案的可行性，並且確認最後參與式預算下通過的提案能夠順利執行完畢。

　　除了和社區民眾溝通之外，官僚體系與非營利組織的協調合作也至關重要。許多學校和社會運動團體在參與式預算過程中積極散播理念和知識，是政府不可或缺的行動夥伴。因此，官僚體系經常會借用這些

外在的力量和資源，進行行政官僚的培訓和社區居民的陪伴引導。在這些緊密的互動過程中，官僚體系很容易吸收到新的理念、專業技能和創意，從而激勵官僚體系進行必要的創新和變革。

五、藉由政府預算過程的公開、參與、涵容和課責，達成開放政府的理想

在「開放政府」（open government）的思潮影響下，政府和人民之間的界線愈來愈模糊，互動愈來愈密切。依據「開放政府」的理念：首先，政府的所作所為應該公開透明；其次，民眾應有機會參與政策的制定過

> **開放政府**
>
> 開放政府是指一個公開透明、推動公共參與、包容多元意見，並且落實公共課責的政府。

程，包括表達意見和進行監督；第三，政府應聆聽與包容不同利害關係人的意見，以降低政策發生錯誤的機率；最後，政府必須落實賞罰分明的課責機制，讓公務人員能更認真負責地執行公務。總之，「開放政府」是個符合公開透明、公共參與、多元涵容，以及公共課責等四大特徵的政府。

而很明顯地，參與式預算的規範和開放政府的特徵不謀而合。參與式預算過程公開透明，民眾對公共事務的意見、提案和討論皆以公開方式為之；它不只鼓勵民眾積極參與，也強調政府要多接納不同族群、不同階層民眾的意見；此外，由於它的公開透明，增進了社會大眾對於參與式預算執行成果進行課責的可能性。因此，參與式預算可說是邁向開放政府的一項指標性的作法。2014 年台灣地方選舉時，幾位直轄市的市長候選人（如柯文哲、鄭文燦）紛紛以參與式預算作為吸引年輕選民的重要政見，其目的即在形塑追求開放政府的正面形象。

六、強化直接民主，自己的預算自己決定

不可否認地，在代議民主的設計下，我們藉由選舉找到比自己更專

業能幹的公僕來制定政策、治理國家。然而，由於資訊不對稱，我們不
一定會找到真正專業能幹的公僕；或是專業能幹的公僕在當選之後，未
必會遵守選舉時的承諾而盡忠職守。因此，以預算決策為例，在代議體
制下，很容易看到公共支出效率低落、或過度偏向政黨和財團利益的弊
端。

　　因此，某些倡議者認為，參與式預算的
另一項重要目的是可以落實直接民主（direct
democracy）的優點，讓納稅人做自己的主
人，自己的預算自己決定，以避免代議民主
的缺失。特別是近年來資訊科技蓬勃起飛，

> **直接民主**
>
> 即每一位公民都可以藉由
> 投票，來直接參與所有公
> 共政策的制定。例如，公
> 民投票即為實踐直接民主
> 的方式之一。

創造了實施直接民主的有利條件，我們可以同時舉行實體會議和網路會
議，讓大家在不同地點同時分享資訊，多人同時討論和提案投票，克服
了以前無法同時容納太多人直接參與的空間限制和時間限制。

　　具言之，在現代資訊科技的輔助下，公民可以藉由參與式預算的過
程，直接提出自己想要的支出計畫，再以多數決投票的方式，決定各項
公共支出的用途。這不僅可讓預算配置的結果更貼近民意，也可以減少
公帑使用不當的情形，讓預算資源決策的權力回歸到人民的手中，達成
直接民主的理想。

　　綜合本節所述，可知除了原先為弱勢爭取預算的單純任務之外，在
參與式預算制度的發展變遷過程中，它陸續增加了凝聚社區意識、厚植
公民社會、激勵行政創新、促進開放政府，以及發展直接民主等目的，
顯見參與式預算制度是一項深具潛力的治理工具。

肆、參與式預算達成它的目的了嗎？

　　在說明參與式預算的功能和目的之後，我們不免要問，參與式預算
達成它的目的了嗎？參與式預算誕生於 1989 年，這三十多年來，參與
式預算已經展現部分成效，但距離上節所期待的六項目的，仍有很大的

努力空間。我們不妨先扼要檢視各國參與式預算的實施成果，再來說明何以它的成效不如預期。

比較南美洲的巴西、歐洲的法德英、美加、澳洲，以及亞洲的台日韓等國推動參與式預算的情形，可以發現它們有些共同之處，包括：1. 實施場域大都在城市或社區等地方層級，且涉及的居民人數通常不多；2. 居民提案以受益對象明確的社區建設為主，包括公園、步道、圖書館、社區中心和公共藝術裝置等；3. 經費規模占政府總預算的百分比通常很小；4. 民選政治人物和非營利組織是主要的發動者和支持者，官僚體系則常出現抗拒和消極應付的心態；5. 提案票決結果的實質效力差異頗大，有些具有一定程度的法定拘束力，有些則只有諮詢和溝通功能，但行政首長通常擁有最後的決定權（蘇彩足、孫煒、蔡馨芳，2015）。

由於許多國家參與式預算所執行的經費占總預算的比例很小，參與的民眾人數也不多，最後的投票結果又未必具有法定拘束力，因此，整體提案和審議過程對於政府預算配置的實際影響是相當有限的。

此外，在參與式預算的推動過程中，並非都是一帆風順沒有障礙的。除了經常需要面對官僚體系的消極抗拒之外，不少政府在推動參與式預算的過程中，急於立竿見影，因而過度追求流於表面形式的量化指標（如參與人數、提案數量和投票率的極大化）；這種淪於形式的「加總式民主」，忽略了聆聽包容和理性對話在參與式預算中的重要性，對於參與式預算的品質有非常負面的影響。還有，有時會因為政黨輪替或行政首長的更迭，導致參與式預算的運行突然中止，造成人去政息、制度難以扎根茁壯的困境。

但凡走過必留下痕跡，現在已有一些參與式預算帶來正面功能的文獻。例如，巴西愉港市在 1996 年到 2003 年之間，經由參與式預算過程所分配到的經費大部分都使用在貧窮地區的公共建設上，證明參與式預算確實能夠改變政府預算配置的優先順序，為弱勢發聲（蘇彩足、孫

煒、蔡馨芳，2015：13）。

　　文獻同時指出，參與式預算強調對話溝通和平等協力的運作方式，特別吸引年輕族群（葉欣怡等，2016；Castillo, 2015）。有些以前不愛參加社區事務的年輕居民，願意藉由參與式預算的平台來共同解決社區問題，這對於凝聚社區意識、培育公民社會，以及形塑公開政府的形象，都帶來正面的影響。此外，期待政府官僚走出舒適圈，勇於和社區居民直接對話，以促進行政創新的目的，也在某些參與式預算的實施個案中獲得印證。

　　整體而言，參與式預算緩慢而堅定地一步步邁向下列幾個目標，包括：為弱勢爭取預算資源、凝聚社區意識、培育公民力量、促進官僚與民眾對話，以及塑造開放政府的形象。但就促進直接民主的目標來看，它的進展則最為緩慢，亦不宜過度期待。

　　本章認為，應該將參與式預算當作是彌補代議民主先天性缺失或不足的輔助性工具，不宜過度強調參與式預算所能達成的直接民主的目的。迄今，參與式預算在多數國家所產生的培育積極公民的教育意義，遠大於實際的改變預算配置優先順序的預算決策功能。即使資訊科技大幅躍進，但是政府預算決策的主場域仍然停留在代議民主的舞台上，政府官員和代議士仍然是預算決策的主要行動者，參與式預算適合發揮輔助性的預算資源配置功能，但很難成為民主社會下進行年度預算決策的最主要的管道。

伍、參與式預算的未來為何？

　　儘管參與式預算很難成為預算決策的最主要的管道，無法真正取代代議民主下的「由行政部門編製預算、議會審議預算」的決策模式，但它仍然具有多項重要的目的和功能，包括協助弱勢爭取更多的預算資源、凝聚社區意識、培育公民力量、促進官僚與社區的對話，以及形塑開放政府等。而要順利的達成這些理想和目標，需要有兩項重要的基礎

條件。也就是說，參與式預算的未來是持續蓬勃發展、還是逐漸式微，和推動參與式預算的社會是否具備以下兩項基礎條件息息相關。

第一項基礎條件是參與的民眾必須具有共同思索、共同討論公共議題的意願和能力，亦即他們必須有一定程度的公民素養。前文提及，參與式預算的核心要件之一是「共同參與」，這裡所說的「參與」是指有意義的、尊重彼此的互動參與，而不是自說自話、完全漠視他人意見的參與。因此，在參與式預算的場域裡，當自己的想法與他人產生歧異時，必須願意重新評估自己的觀點，傾聽他人的意見，以同理心持續進行對話，以形成多數參與者可以接受的折衷方案。這種相互尊重和理性對話的態度和能力，是參與式預算成功的基礎條件。

另一項基礎條件是需要一個對參與式預算的價值、內涵、程序和限制有充分理解的官僚體系。因為參與式預算的實施與其他形式的公民參與一樣，很容易被保守被動的官僚文化所吞噬。畢竟和民意調查或公聽會等既有的公民參與途徑相比，參與式預算帶給公務人員更大的困擾和負擔。這不只是因為參與式預算的模糊性讓公務人員必須耗費更多的時間來思考和規劃相關制度的定位、架構與遊戲規則，也由於參與式預算和議會的預算審議權有所衝突，公務人員必須付出額外的心力和議會進行溝通，才能獲得議會的支持。因此，在推動參與式預算之前，就必須重視承辦人員的培訓，提升官僚體系對於參與式預算內涵的理解和專業知識的掌握，才能協助公務人員恰如其分地發揮制度規劃者和執行者的樞紐角色。

總之，要順利執行參與式預算的基礎條件即是要做好培力賦權（empowerment；亦稱授能）的工作，包括對公民社會和官僚體系二者的培力賦權，讓公民和公務人員能藉由培訓、學習、參與和合作，提升自己對於參與式預算內涵的理解、掌握和認同。如果培力賦權不足，參與民眾缺乏相互尊重和理性對話的基礎素養，承辦的公務人員也不具備應有的專業知識和信念，則參與式預算終究會淪落成為另一項「跑形

式」的公民參與（呂家華，2016：81），甚而加深民眾和官僚彼此之間的隔閡與不信任，不可不慎。

參考文獻

1. 呂家華（2016）。政府、民間、網路、審議：一個中介者的觀察與思考，國土及公共治理季刊，4（4）：80-83。

2. 葉欣怡、陳東升、林國明、林祐聖（2016）。參與式預算在社區：文化部推展公民審議及參與式預算實驗計畫，國土及公共治理季刊，4（4）：29-40。

3. 蘇彩足（2017）。公部門推動參與式預算之經驗與省思，文官制度季刊，9（2）：1-22。

4. 蘇彩足、孫煒、蔡馨芳（2015）。政府實施參與式預算之可行性評估，臺灣公共治理研究中心研究報告。

5. Castillo, M. (2015). Reflections on participatory budgeting in New York City. *The Innovation Journal: The Public Sector Innovation Journal,* 20(2): 1-11.

6. Ganuza, E., & Baiocchi, G. (2012). The power of ambiguity: How participatory budgeting travels the globe. *Journal of Public Deliberation*, 8(2), Article 8.

Chapter 4

台灣與全球的參與式預算

林國明

壹、前言

從 1980 年代末期以來,全球各地出現各種創新性的公民參與模式,希望在政黨、選舉、利益團體和菁英主導的社會網絡等傳統的參與管道之外,另闢蹊徑,捲動更多的公民,來參與影響到他們生活的政策決定。在眾多創新的公民參與模式中,參與式預算是在全球範圍擴散最廣,最具影響力的參與機制。在全球擴散的浪潮下,台灣也從 2015 年開始推行參與式預算。

風行全球的參與式預算,實際的運作受到各地殊異的政治脈絡和社會條件所影響,在目標、組織、規模、參與標的和操作程序上,各不相同,且有許多混種型態。就目標而言,有的是為了實現社會正義,有的為了進行公民培力(empowerment),有的則是要促進行政現代化。從組織來說,有的是由公民社會團體進行由下往上的動員,有的是由政府部門進行由上往下的推動。從規模來說,從鄰里社區、鄉鎮層級的行政區、縣市層級,到省或州,甚至全國層級的都有。就參與的標的來說,有的在決定政府預算分配的優先性;有的則是給予一筆特定的經費,由民眾決定要將這筆經費用於哪些方案。不同的目標、組織、規模和參與標的,也造成

培力

基本內涵為透過學習、參與、合作的過程或機制,讓個人、組織或社區獲得掌控與自己相關事務的能力。根據論述的脈絡不同而在定義解釋具有差異,或譯為賦權、賦能、授能、充權、充能等。

實際操作程序的差異。

在全球參與式預算的諸多變異中，本章嘗試勾勒出一般性的趨勢和類型，並試圖從這些趨勢和類型，來了解台灣參與式預算的特性。本章將依序說明參與式預算的核心原則與操作程序，全球的擴散與採行的理念，有利於實施參與式預算的條件，國家與公民社會在推動參與式預算的角色，以及參與式預算的模式，並從這些面向來比較台灣的參與式預算與全球的發展經驗。

貳、參與式預算的核心原則和操作程序

在說明參與式預算的全球發展趨勢之前，讓我先對參與式預算做個寬廣的定義：「參與式預算是由非經選舉產生的公民決定一部分公共預算的支出。參與的民眾共同討論預算計畫，提出方案，並且投票決定支出的優先順序」。在上述定義下，從國際經驗來說，參與式預算有幾個核心的原則：包容、審議、決定與社會正義（林國明，2015；Wampler, McNuty, & Touchton, 2021）。

1. 包容：盡可能地鼓勵一般民眾，尤其是被傳統參與管道所排除的弱勢群體，來討論、決定公共資源的使用。
2. 審議：鼓勵公眾透過說理、學習、溝通和討論的過程，來參與公共預算的決定。審議的過程，使不同人群的需求能被仔細聆聽，了解各種方案的優劣，使方案的合理性，能夠提出令人信服的理由，而提高公共資源分配的正當性。
3. 決定：參與式預算應該讓一般民眾對公共資源的分配和使用具有決定的權力，這權力並非是法定的，而是實質的影響力，能夠約束代議政治的決策者所做的決定。
4. 社會正義：參與式預算最初的起源，意在進行資源重分配，實現社會正義的目標。擴散到全球的參與式預算，有些案例不見得會把社

會正義作爲目標。但是，參與式預算在運作程序的原則上，例如包容、審議與決定，其實隱含著推動社會正義的目標。包容的原則，讓弱勢者能夠發聲。審議的原則，讓人們能夠了解不同人群的處境和需求，而從社會正義的原則來審視資源分配的正當性。決定的原則，讓關切社會正義的聲音，成爲變革的力量。促成廣泛的參與、鼓勵不同聲音的對話，賦予人民決定權力，才能實現社會正義的原則。

　　這些原則構成參與式預算的「理想型」。現實的案例，可能不會完全符合這四大原則。不過這些原則讓我們可以檢視參與式預算的理想與現實的距離，也可分析哪些條件和程序設計，有利於參與式預算的運作臻於善境。

　　在程序設計方面，參與式預算的運作有各種「因地制宜」的混種型態。台灣在推動參與式預算之初，學者曾經參考美國的實踐案例，考慮台灣政治社會的特殊條件，設計便於鄰里社區或鄉鎮市區層級實施的程序（林國明，2015）。這套操作程序有四個主要步驟。首先，是在鄰里社區舉辦住民大會，開放給所有想來的人參加，大家對地方需求和建設方案，進行討論，提出候選方案。其次，舉辦工作坊，由相關領域的政府機構代表、專家、社會團體代表、志工和提案人，針對住民大會通過的方案，進行進一步的規劃、設計和評估，將提案轉化成爲具體可行的預算計畫。第三，工作坊精鍊過後的候選方案，進行實體或線上的展覽說明，讓民眾了解方案的內容、目標與效益。第四是投票，由民眾對候選方案進行投票，勝選的方案獲得經費資助或編列預算加以執行。

　　這套參與式預算的操作程序，首先在 2015 年用於文化部所資助，在全台灣六個社區的舉辦審議社造實驗計畫（Lin, 2019; Yeh & Lin, 2019），以及臺北市大安區參與式預算的執行（林國明，2019），後來成爲台灣各地舉辦參與式預算主要的「模版」，包括臺北市 12 個行政

區辦理參與式預算通用的操作程序。但各地在採行時，都會根據現實條件加以調整，實際運作狀況所呈現的參與的包容性和審議的品質也不一，顯得相當多元。

　　以下，讓筆者對照全球參與式預算的發展趨勢，來說明台灣實施參與式預算的脈絡、理念、條件、公民社會的角色和整體特質。

參、全球參與式預算的起源與擴散

　　參與式預算在 1989 年起源於巴西愉港市。參與式預算在巴西愉港市進行實驗之時，這個人口超過百萬人的城市遍布貧窮與巨大的所得不均，許多窮困地區缺乏基礎生活設施。執政的工人黨（Parido Trabalhadores, PT）將實施參與式預算爲促進政治革新與社會變遷的機制，讓公民整合到政策決定的過程，讓他們能夠對政府一部分的預算分配和執行做決定（有關愉港市參與式預算的操作程序，參見萬毓澤，2015）。在左翼政黨、

左翼

或稱左派，與之相對則爲右派。作爲一種政治意識形態或光譜的形容詞，一般並沒有準確定義，但大體而言相對於右派，更偏向強調平等、公平、社會正義、弱勢權益與進步主義。此名詞來自法國大革命時期，反對君主制的派別習慣坐於議會主席左側，右側則是保王黨議員，而後逐漸成為議員根據政治傾向傳統分坐左右的傳統。

社區組織和社運團體的協力下，巴西愉港市的參與式預算成功地捲動公眾參與公共資源的分配，改善貧窮地區的基礎設施，推動實現社會正義的目標（Avritzer, 2002; Baiocchi, 2005）。

　　愉港市早期實施參與式預算成功的經驗，產生了全球擴散的效應。參與式預算的擴散分為三波（Wampler, McNulty, & Touchton, 2021）。第一波發生在 1989 年到 1990 年代中期，主要擴散於巴西境內城市。第二波發生在 1990 年代後期和 2000 年代中期，巴西以外其他拉丁美洲國家群起效尤，一些歐洲國家，如法國、西班牙和義大利，以及幾個北美城市，也開始採行。在第一波和第二波的擴散過程中，推動者主要是左派政黨、公民社會的活躍份子，和追求「好政府」的改革者，

希望透過參與式預算來擴大參與、增加包容和追求社會正義。第三波的擴散，發生於 2000 年代中期到 2020 年代，全球五大洲，都可看到參與式預算實踐的經驗。在第三波擴散過程中，除了社會正義與深化民主的訴求之外，透過參與式預算來提升政府的效率、效能和透明等新自由主義的主張，也是一股重要的意識型態力量。

　　在參與式預算的全球擴散過程中，各種國際組織和政策網絡，扮演重要的角色（Sintomer, Röcke, & Herzberg, 2016; Wampler, McNulty, & Touchton, 2021）。有兩個國際組織和網絡的角色特別顯著，值得一提：一是左翼勢力的國際網絡。巴西工人黨是主要倡議者，透過左派政黨的國際網絡「輸出」參與式預算的的知識與方法到巴西境外。巴西左翼勢力在 2001 年成立世界社會論壇（World Social Forum），連續三年在愉港市舉辦年度大會，國際上具有左翼色彩的社會運動團體和活躍份子，紛紛前往愉港市朝聖，學習參與式預算的知識。左派政黨和左翼國際網絡，因而在第一波和第二波的擴散過程，扮演重要的推動角色。

　　參與式預算第三波全球擴散過程中，最重要的推手則是世界銀行（Wampler, McNulty, & Touchton, 2021）。世界銀行提供許多參與式預算的學習課程和研究成果，對於想要引進或改善參與式預算運作的政府官員和非政府組織，給予訓練和諮詢意見。不僅如此，世界銀行也強制要求一些接受援助的國家實施參與式預算。世界銀行對參與式預算的支持和倡議，提升了這種公民參與機制的正當性。但有批評者以為，世界銀行是利用參與式預算來推動支持市場、新自由主義的一議程，透過參與來重新定義並減少國家提供公共服務的角色；有人則以為，世界銀行是「左派和新自由主義的結合」，一方面強調參與式預算可以提升政府的透明、效率和課責，抑制恩庇侍從主義和貪汙，另一方面也說參與式預算可以讓邊緣的、被排除的群體有發聲的機會，來影響對他們的利益至為關鍵的公共決策。無論倡議的理念為何，世界銀行對參與式預算的運作後果並沒有影響，因為它無法控制影響參與式預算運作的因素

（Goldfrank, 2012）。

接著，進一步說明參與式預算的擴散與採納過程中，三股重要的理念，以及影響參與式預算運作的因素。

肆、採行參與式預算的因素

有三股理念，影響參與式預算的推動和採行：社會正義、民主參與和行政現代化（Sintomer, Röcke, & Herzberg, 2016; Wampler, McNulty, & Touchton, 2021）。

第一，追求社會正義（social justice）的理念。在巴西和拉丁美洲一些國家，左翼政黨和社會運動聯手進行由下往上的社會動員，透過弱勢群體的廣泛的參與，翻轉資源分配的優先性，讓政府將公共資源分配到弱勢群體和地區。社會正義的目標與基進民主（radical democracy）的理念相結合。倡議者認為，將弱勢者和邊緣群體捲入參與的過程，可以挑戰並轉化傳統菁英支配的權力結構，因此，參與式預算是與廣大的政治經濟體系與社會結構的改革連結在一起的。但是，在全球第三波擴散階段，左翼政治對參與式預算的影響減弱，社會正義的目標也不再那麼受到重視。

第二，強化公民參與，彌補代議民主或傳統參與管道的不足。不論是老牌的民主國家或新興的民主體系，都面臨所謂民主赤字（democratic deficit）的問題（Norris, 2011）。代議民主體制的運作，無法回應基層民眾的需求，人民對傳統政治參與管道，如政黨和選舉，感到疏離，缺乏投入參與的意願。與此同時，各式各樣創新性的公民參與模式，如雨後春筍般地在全球各地出現，希望讓公民能夠直接參與影響他們生活的政策決定，並且在公民參與的過程，注入討論與對話的要素。參與式預算便在全球各種民主創新的脈絡中出現、擴散，成為公民培力、深化民主的手段。

第三，新自由主義、新公共管理（new public management）學說和

行政現代化的影響。這幾種相關的理念強調提升政府體系的運作效率，增加政府施政的透明度，並讓政府提供的服務更加重視「消費者取向」以回應民眾的需求。參與式預算，引入公民參與的機制，可以讓政府提供的服務更具效能，也更能回應使用者的需求。

　　這三種影響參與式預算的擴散和採行的理念，也構成推動參與式預算的目標。在現實的案例中，這三種理念或目標，可能混雜在一起，但受到重視的程度不一。

伍、台灣推動參與式預算的脈絡和核心理念

　　在台灣，參與式預算的推動，主要是受到「公民培力、深化民主」的理念所影響，且與審議式民主的實踐有緊密的關連。2002 年，一些學者開始在台灣推動審議式民主。透過學界網絡擴散的審議式民主理念與實作方法，在政府部門和公民社會產生影響，使得審議式民主的實踐，在 2002 年到 2008 年，民進黨執政期間，從萌芽到蓬勃發展。中央政府部會就許多爭議性的議題，如代理孕母是否開放，全民健保是否提高保費等，舉辦公民會議（林國明，2009）。2008 年政黨輪替之後，國民黨政府對審議式民主並無推動的興趣，政府贊助的公民審議活動呈現衰退之勢。2014 年爆發太陽花運動，突顯民眾對代議政治運作的不滿，也掀起公民參與的熱潮。在熱潮中，柯文哲在 2014 年年底臺北市長選舉中提出「開放政府、全民參與」作為選戰主軸。在這樣的脈絡下，審議式民主學界網絡的核心人物，在思考台灣公民參與的問題與出路時，認為公民審議的推動在中央政府層次遇到阻礙，因此將實踐的目標轉移到地方政府，試圖以參與式預算的模式來推動公民審議（陳東升，2015；林國明，2015）。由於參與式預算討論的是與生活世界和社區建設密切相關的資源分配，能夠擴大民眾的參與意願，也會讓參與民眾產生有感的、具有影響力的政治效能，以達到公民培力的效果。於是，他們在 2014 年縣市長選舉時，說服臺中市市長候選人林佳龍和臺

北市長候選人柯文哲，將推動參與式預算列入政見。

在太陽花運動掀起公民參與風潮的脈絡中，林柯兩人接受建議，將參與式預算列入政見，並在當選後落實政見。後來，新北市、高雄市和桃園市等其他六都的地方機構，也先後實施形式不一的參與式預算。時至 2022 年，只有臺北市和桃園市兩市在市府層次，持續推動參與式預算[1]。

除了六都市府機構之外，文化部是推動參與式預算的相當重要的政府部門。鄭麗君是審議式民主的支持者，她曾在擔任青輔會主委期間（2004-2008），以審議式民主的模式推動青年國是會議。2016 年，鄭麗君擔任文化部部長，在任內，透過「社造 3.0」計畫（社區營造三期及村落文化發展計畫），將公民審議和參與式預算引入社區營造。從 1994 年開始推動的社區營造，希望透過由下而上的民眾參與，凝聚社區意識，促使公民社會的形成。但有些研究文獻認為，不少社區營造的參與侷限於地方組織的幹部，在運作上依賴專業團隊的引導（陳亮全，2000；丘昌泰、陳欽春，2001）。文化部在社造 3.0 的計畫中指出，「未來應朝開放自主提案的參與模式，讓更多有能力的公民可以主動走入並親近公共事務；此外也將鼓勵公民審議及參與式預算等新公民權概念擴散。開放部分預算交由民眾共同討論及決策，除能使政府預算運用符合人民期望，破除民眾對政府施政無感外，更能藉此培養民眾公民權概念」[2]。也就是說，文化部引入「審議社造」的目標，是基於公民培力，擴大與深化社區參與的民主理念。

文化部推動的「審議社造」，其實也有「行政現代化」的目標。社造 3.0 除了「擴大民間參與」之外，「行政分層培力」也是重要目標。

---

[1] 臺南市部分區公所推動的參與式預算，是文化部贊助的，不是市政府推動的。

[2] 文化部（2015），社區營造三期及村落文化發展計畫 105-110 年，頁 13-14，https://tinyurl.com/ycxd3554。

文化部指出，「因鄉鎮市區公所是最基層的行政部門，也是最貼近社區的行政單位，如適當引領公所參與社造工作，可加速落實全面推動社造工作」（文化部，2015：38）。因此，文化部透過「進階社造」補助公所辦理公民審議和參與式預算，期待基層行政人員，能因此學習到公民參與的理念和方法，而用於日常行政事務中，而更能有效地回應民眾的需求。

陸、推動參與式預算的有利條件

　　參與式預算要能成功地持續推動，需要有利的條件。其中有四個條件最為關鍵：倡議者、有運作規則以促進具有包容性和活力的參與過程、有能力的行政部門，以及充裕的資源（Wampler, McNulty, & Touchtone, 2018）

　　首先，要有強力擁護者。民選政治人物要支持參與式預算，並讓行政官僚具有誘因，願意來推動和執行，是參與式預算能夠持續運作不可或缺的條件。

　　其次，要有穩定的運作規則，盡量促進包容性的參與，確保審議品質，讓民眾選擇的方案能被確實執行並符合公益原則。

　　第三，政府行政人員，必須要有相關的訓練，了解參與式預算的理念和操作方法，同時也要具備良好的行政技能，才能有效地執行參與式預算。

　　第四，要有充裕的資源來執行參與過程中所選定的方案。能夠用於方案執行的經費過少，對民眾關切的議題無法進行實質的改善，民眾可能缺乏參與的誘因，認為不值得花時間去參與。

　　從這幾個面向來說，台灣參與式預算的運作，整體而言存在有利和不利的條件。從倡議者來說，台灣參與式預算的推動，最早是一群長期推動審議民主的學者，說服幾位六都的市長來推動的。但市長對參與式預算的支持程度不一。臺北市長柯文哲和桃園市長鄭文燦高度支持參與

式預算，他們的意志影響了行政體系的作爲，因此兩市的參與式預算也能持續運作。臺中市是台灣最早推動參與式預算的城市，前市長林佳龍對參與式預算高度支持，但繼任者理念不同，臺中的參與式預算的推動也就嘎然而止。

文化部推動的參與式預算，是補助鄉鎮市區公所在社區營造的業務中引入公民審議的過程。在非六都的縣市中，鄉鎮市區長是民選的，首長對於參與式預算推動與選舉政治的關連，有不同的考量，因此支持程度也不一。鄉鎮市區長的態度，影響負責參與式預算業務的課室，是否有足夠的行政能量和動力去執行。六都的區長是官派，民選市長的態度影響官派區長對參與式預算的支持程度。因此，在文化部推動的參與式預算，在鄉鎮市區的層次，會因爲首長是否支持參與式預算，而在運作的品質和持續性上，有很大的差異。

從規則的面向來說，臺北市的參與式預算有明確的作業要點來規範操作的程序，同時舉辦工作坊來評估提案是否可行、適法和符合公益目標，另外透過線上投票（i-Voting）的投票設計，也可降低參與的門檻，讓參與更具包容性。桃園市的參與式預算是由各局處或行政區各自辦理，並沒有一致性的作業規範，但各個參與式預算計畫會在副秘書長召集的溝通平台進行報告，由專家顧問題提供諮詢意見，以期讓執行程序盡量接近審議原則。文化部在鄉鎮市區推動的參與式預算，並無一致性的操作規則，各區可以因地制宜調整操作程序，但設有專業輔導團，對操作程序的適當性提供建議。

在行政人員的能力方面，推動參與式預算的機構，如臺北市政府和文化部，都會舉辦培訓課程，訓練政府行政人員，培養與公民參與相關的知識和方法，以及如何辦理和主持公民審議的技能。在資源方面，臺北市的參與式預算對於每個提案所用的經費，並沒有上限的規定，只要可行的，市政府相關部門就會編列預算執行。文化部的參與式預算，則預先設定每個提案所能使用的經費額度。在一些案例中，因爲經費額度

太少，例如每案只能使用三到六萬的經費，民眾可能因為覺得「錢太少做不了什麼事」，而缺乏參與的誘因。

　　總之，臺北市參與式預算，從 2015 年之後能夠持續穩定地運作，是因為有上述有利的條件。最大的挑戰，是柯文哲市長卸任後，繼任的市長是否繼續支持參與式預算。其他地區的參與式預算，除了首長的支持之外，在規則和資源方面，面對比較多的挑戰。

柒、公民社會的角色

　　參與式預算能夠順暢運作，除了上述政治與行政體系的因素之外，還有的重要條件，是活絡的公民社會的動員和參加。強大的公民社會可以動員民眾參與，提供相關的資訊與技術協助，確保方案能被妥當執行，因為社會團體的參與以及合作意願，是影響參與式預算運作良窳的關鍵因素。

　　公民社會在參與式預算運作過程所扮演的角色，以及和國家的關係，大致可分為三種類型（整理自 Wampler, McNulty, & Touchtone, 2018）。第一種類型是由公民社會主導，進行由下而上的動員。公民社會團體積極動員民眾參與，投入心力於公民審議的過程。社會團體若能得到政府首長的支持，願意將部分資若源或政策方案開放給民眾審議決定，且投入時間、人員和資源來贊助，參與式預算就能順暢運作。反之，若政府首長認為辦理參與式預算對其政治生涯並無益處，不願下放權力，公民社會再怎麼努力，也不可能形成運作良好的參與式預算。

　　第二種類型是由政府主導，透過由上往下的途徑來辦理參與式預算。活躍的公民社會團體，若是正面地回應政府，願意和政府合作，積極參與，政府辦理的參與式預算，就能更廣泛地聽到不同團體和民眾的聲音，參與程序的設計和資源的配置，也會因為公民社會團體的投入，而更有正當性。反之，若缺乏公民社會團體的積極投入，參與的廣度和深度，就會受到限制。公民社會團體之所以無法積極參與，可能的原因

是：對政府缺乏信任；整體公民社會的組織體質孱弱；以及社會團體的領導階層被菁英所把持。

第三種類型是政府與公民社會團體，在推動參與式預算的過程中，建立起夥伴關係，共同設計參與式預算的運作規則。這種模式的參與式預算，通常比較具有永續性，也比較能建立合作的共治（co-governance）的模式。

台灣的參與式是由上往下，由政府機關所發動的，公民社會參與的角色有限。台灣參與式預算的制度設計，深受審議民主理念所影響。而審議民主的「微型公眾」（mini-publics），是以一般公民的身分來招募參與者。參與式預算，也是預設參與者的身分是個別的公民。除了一些針對特定服務對象所辦理的主題式的參與式預算，如新北市的身心障礙者就業促進參與式預算（林祐聖、葉

> **微型公眾**
>
> 為政治學家 Robert Dahl 提出的概念，受民主理想與社會科學原則影響，其設想一種由一群在人口統計上具代表性的公民，聚集在一起針對公共議題進行討論與決策的機制。即本書第 2 章第 26 頁提到之「迷你公眾」審議模式，並有小型公眾、小規模公眾等譯法。

欣怡，2018），程序設計上，並沒有鼓勵公民社會團體涉入參與式預算的過程，來進行動員、提案和方式執行的工作。臺北市參與式算舉辦前兩年（2015-2016），曾有社會團體自主動員成員參與提案。當時曾引起一些憂慮，擔心社會團體的過度動員，是否會壓縮「無組織的個別公民」參與的空間。不過後來，社會團體參與的熱忱就消退了。文化部在鄉鎮市區推行的參與式預算，在有些案例中有社區發展協會等社區組織動員民眾參與或進行提案，但這些組織主要是由地方菁英所經營，和國際文獻上預期公民社會團體所扮演的角色不同。總之，如何讓公民社會團體與參與式預算結合，產生正向的作用，是台灣參與式預算的運作，所面對的一大挑戰。

捌、參與式預算的模式

Sintomer, Röcke, & Herzberg（2016）將全球的參與式預算分爲六個類型。以下從落實包容、審議、決定和社會正義四大原則的程序設計，公民社會的角色以及和國家的互動關係，對這六個類型做簡單的介紹。

一、參與式民主模式（Participatory Democracy）

代議政府在決策過程中，與直接民主程序相結合，使一般民眾對政策具有實質的影響力。參與式民主的模式，一方面，需要自主的公民社會的高度動員，而且有意願和府政府體制合作；另一方面，政府領導人需要有強烈的政治意志，願意將公民參與程序納入決策的過程。

參與式民主通常與廣大的社會經濟改革相結合，追求「社會正義」的目標。在參與式預算的實踐經驗中，巴西愉港市就是這種模式的典型範例，有些拉丁美洲國家的案例，也接近這種模式。拉丁美洲之外，西班牙的塞維利亞（Seville）和韓國某些地區（Dong-Ku）的參與式預算，也具有這種模式的部分特性。

二、鄰近民主模式（Proximity Democracy）

政府部門透過參與的程序，聽取公民的意見，強化與社會的溝通，但民選的決策者有自由裁量的權力，選擇性地將他們認爲可行的公民意見，納入政策。公民參與的過程所產生的集體決定，對決策沒有約束力。

鄰近民主模式的運作目標，是改善政府決策和民意之間的溝通，實現社會正義並非其主要關切。鄰近民主模式大都是政府發動，由上往下的動員，公民社會的角色被邊緣化。這種模式所要動員的參與者，是一般的民眾，而非團體代表。因爲強調一般民眾的參與，許多運作的案例都在鄰里社區的層次。

這種模式受到審議式民主所影響。1980 年代以後，在「審議式民

主的轉向」（deliberative turn）風潮中，世界各地出現各種由一般民眾參與的，對公共議題進行知情討論的微型公眾，如台灣在 2002 年到 2008 年盛行的公民會議（林國明，2009）。這些只具「諮詢」作用的公民審議，大都是「鄰近民主」的模式。在參與式預算的領域，大多數的歐洲國家，北美、澳洲、日本和韓國的實踐案例，屬於這種模式。

三、參與現代化模式（Participatory Modernization）

這種模式深受「新公共管理」的理念所影響。國家組織在推動行政現代化的目標之下，希望讓政府的服務更加以「消費者」為導向，能夠回應民眾的需求。在這種「行政現代化」的脈絡下引進的公民參與模式，參與者被當作政府服務方案的消費者或「案主」（clients），目標人群是中產階級。政府部門透過「由上而下」的方式來推動這種模式的公民參與，以提高公共政策的正當性。政府並沒有興趣將邊緣群體整合在參與的過程，事實上，民眾的參與對政策制訂並沒有實質的影響力，公民社會扮演的角色也極其有限。

這種參與模式所關切，是管理層面的技術問題，與社會正義相關的社會經濟議題，通常不在討論之列。在參與式預算的領域，這種模式在德國最具有影響力，其次是東歐國家。中國某些地方舉辦的參與式預算，也接近這種模式。

四、多方利害關係人模式（Multi-stakeholder Participation）

這種模式強調公私夥伴關係（public-private partnership），將一般民眾和私人企業、非政府組織和政府機構集合在一起討論預算或政策議題。這種模式可說是治理機制的擴大，讓社會上組織化的力量和政府部門之間，在決策過程中建立聯繫，形成社會共識。私人企業在其他參與模式中遭受排除的，但在這種模式中有了參與的機會。

這種模式的參與程序，可能具有實質的決策權力過，但仍然是一種

「由上往下」的參與模式，政府挑選對它有利的社會群體來加以納入，參與者主要是中產階級。社會群體參與的權力是失衡的，公民社會並無法動員具有抗衡力又願意和體制合作的群眾，來參與決策的過程。

　　東歐和英美許多參與式預算的案例，屬於這種模式。世界銀行和聯合國組織最喜歡這種模式，在國際組織推動下，一些非洲國家參與式預算的案例，也採用這種模式。

五、新統合主義模式（Neo-corporatism）

　　政府將一些與政策有重要關連的社會團體（非政府組織、工會和專業協會等）和人群（老年人、移民等），以及各種社會機構，聚合在一起，希望透過廣泛的諮詢，調和社會各部門相衝突的利益、價值和需求。

　　與多方利害關係人模式相較，公民社會團體在此模式下的參與角色相對積極，不過，因為這也是由政府發動「由上往下」的模式，而且只有諮詢性質，公民社會依然無法動員一般民眾產生實質的決策影響力。這個模式所產生的效果，主要是強化代議政府和利益團體運作的傳統參與模式。參與式預算採取這種模式的不多，主要在西班牙。

六、社區發展模式（Community Development）

　　在這種模式下，參與式預算提出的方案，大都是由社區，而非由行政部門所執行。社區發展模式的理念基礎的基層民眾的培力和社區的組織化，一方面由政府部門由上往下推動，另一方面也具有社區組織由下往上動員民眾參與的動態過程，因此，與「參與式民主」相似，社區發展模式可能產生能與體制合作的，具有抗衡力量的公民參與。不過，在這種模式下，受到地方黨派和選舉政治等傳統參與管道所影響的社區活動，可能與創新的公民參與相結合。公民社會團試圖在參與過程中捲入更多被既有體制排除的弱勢群體，但最積極的參與者，通常是經營社區

組織的人。

在參與式預算的領域，社區發展模式常見於英國、加拿大和美國；全球南方世界的發展中國家，如塞內加爾、秘魯和委內瑞拉，也有採用這種模式的案例。

玖、台灣參與式預算的模式與整體特性

以上描述的六種模式，是一種「理想型」（ideal types），在現實世界中，很難找到完全符合模式特性的案例；真實的案例，常會混合不同模式的特性。我們只能說，真實案例比較「接近」哪些模式。

台灣的參與式預算，其實也有很大的「內部差異」，不同地區和不同政府機構推動的參與式預算，運作狀況不盡相同。但就整體特性，和全球模式做比較的話，台灣的參與式預算比較接近「鄰近民主模式」和「社區發展模式」的綜合體。

「鄰近民主模式」的運作受到審議式民主理念的影響。台灣參與式預算的起源，是推動審議式民主的學者說服政治人物，由政府部門透過「由上往下」的方式推動，缺乏公民社會的廣泛動員。倡議審議民主的學者，也針對參與設預算設計可以在鄰里社區運作的程序規則，這些程序規則，雖然重視審議的品質，但是在實際運作時，有因應社區狀況而調整的彈性，並沒有一致的程序來保證審議活動的進行，因此審議的品質不一。推動參與式預算的目標，主要是擴大民眾的參與，而非追求重分配的社會正義。這些都是台灣參與式預算與「鄰近民主模式」相近之處。不過，台灣各地的參與式預算，參與的民眾決定的方案；除非有執行的困難，都能付諸實施。參與的過程可以產生實質的影響力，並非只是諮詢性質，這是台灣的參與式預算與「鄰近民主模式」不同之處。

另外，文化部所支持的，由鄉鎮市區公所推動的「審議社造」所採用參與式預算比較接近「社區發展模式」。這些參與式預算通常由公所的行政人員來組織整個操作的過程，或委託社會團體來辦理。「審議社

造」希望在社區營造的過程中，增加審議的要素，擴大和深化民眾的參與，因此基層民眾的培力是主要目標。「審議社造」設有專業輔導團，對參與程序的設計與執行，提供諮詢意見，以確保參與式預算的運作能接近包容和審議的核心原則，但各地因為條件不一，審議的品質和包容的程度也有差異。民眾在參與過程所票選通過的方案，是由提案人（隸屬或非隸屬於社區組織的個別公民），而非政府部門來負責執行。每個方案可以使用的經費額度相當有限，因此也不可能對社區資源的重分配造成顯著影響。

在鄰里社區舉辦的參與式預算，地方有力團體和鄰里系統也會動員支持者參與，形成傳統和創新的參與模式相結合的景況。不過，一般說來，並沒有社區組織積極動員弱勢群體，這是和國際上採行的「社區發展模式」相異之處。另外，「審議社造」是由公所負責推動，政策的原意是希望基層行政人員能夠在推動的過程中了解公民參與的理念和方法，以使基層行政更能回應民眾需要，因此也具有「參與現代化」的要素。臺北市政府的參與式預算是由民政局和各區區公所辦理，在實施的過程中也促進行政現代化的效果。新北市和桃園市政府一些局處所推動的主題式的參與式預算，希望透過公民參與的過程，使政府的服務方案更能反映目標人群（如身心障礙者和移工等），也帶有幾分「參與現代化」的色彩。

也就是說，在理念和效果層面，台灣的參與式預算是以公民培力、擴大參與為實踐核心，但也融合行政現代化的要素。台灣參與式預算的推動，深受審議式民主的理念所影響，因此在操作程序上重視包容與審議的原則，但是因為各地條件不一，以及傳統地方勢力的影響，實際運作未必能夠符合理想的原則。台灣的參與式預算所執行的方案，大都是鄰里社區範圍的設施或活動，並無涉及與社會正義相關的社會經濟改革議題，也少見公民社會團體積極介入捲動弱勢群體來參與，這是台灣參與式預算的特性或限制。

參考文獻

1. 丘昌泰、陳欽春（2001）。台灣實踐社區主義的陷阱與願景：從「抗爭型」到「自覺型」社區，行政暨政策學報，3：1-44。

2. 林國明（2019）。制度與審議：臺北市參與式預算的制度化，發表於台灣社會學年會，2019 年 11 月 30 日至 12 月 1 日。

3. 林國明（2015），參與式預算的操作程序與國外經驗，載於鄭麗君編，參與式預算：咱的預算咱來決定，頁 127-160。

4. 林國明（2009）。國家、公民社會與審議民主：公民會議在台灣的實踐經驗，台灣社會學，17：161-217。

5. 陳亮全（2000）。近年台灣社區總體營造之展開，住宅學報，9（1）：61-77。

6. 陳東升（2015）。參與式預算在台灣，載於鄭麗君編，參與式預算：咱的預算咱來決定，頁 17-28。

7. 萬毓澤（2015）。巴西愉港的參與式預算：神話與現實，載於鄭麗君編，參與式預算：咱的預算咱來決定，頁 29-73。

8. 葉欣怡、林祐聖（2017）。參與式預算的台灣實踐經驗：以三峽區的身心障礙者就業促進方案試辦計畫為例，民主與治理，4（1）：69-95。

9. Avritzer, Leonardo. (2002). *Democracy and the public space in Latin America.* Princeton, NJ: Princeton University Press.

10. Baiocchi, Gianpaolo. (2005). *Militants and citizens: The politics of participatory democracy in Porto Alegre.* Stanford University Press, 2005.

11. Goldfrank, B. (2012). The world bank and the globalization of participatory budgeting. *Journal of Public Deliberation,* 8(2): 7.

12. Kuo-ming Lin. (2019). Developing Communicative Institutions in Local Communities. *The Civil Sphere in East Asia.* Edited by Jeffrey C. Alexander, David A. Palmer, Sunwoong Park and Agnes Shuk-mei Ku. pp. 234-255. University of Cambridge Press.

13.Norris, Pippa. (2011). Democratic deficit: Critical citizens revisited. Cambridge University Press.

14.Sintomer, Yves, Anja Röcke, & Carsten Herzberg. (2016). *Participatory budgeting in Europe: Democracy and public governance*. Routledge.

15.Wampler, Brian, Stephanie McNulty, & Michael Touchton. (2018). *Participatory budgeting: Spreading across the globe*. Transparency & Accountability Initiative.

16.Wampler, Brian, Stephanie McNulty, & Michael Touchton. (2021). *Participatory budgeting in global perspective*. Oxford University Press

17.Yeh, Hsin-Yi, & Kuo-Ming Lin. (2019). "Distributing Money to Commemoration: Collective Memories, Sense of Place, and Participatory Budgeting." Journal of Public Deliberation, 15(1): 11.

Chapter 5

臺北市政策制定過程全解析：
利害關係人觀點

許敏娟

壹、前言：不得不爲？「政治信仰」還是「新顯學」？

2014 年柯文哲參與臺北市長選舉並當選，以下是他當選感言的開端……。

相信的力量讓臺北市改變成眞。

感謝台灣、感謝偉大的市民朋友以堅定的意志，相信「政治就是找回良心」，相信「開放政府、全民參與、公開透明的政治理念」，相信「人因有夢想而偉大」，相信「眾人之智慧會超越個人之智慧」，相信「民主就是人民作主」，也相信「如果有選擇，應該堅持正面和進步的方向」。這些相信的力量終於讓臺北市改變成眞。

2014 年一場公民運動，讓「審議式民主」在政治圈火速竄紅，當年的九合一地方選舉，有候選人開始提出相關政見，分析 2014、2018 年六都直轄市長選舉候選人之政見，其中有「預算」、「開放政府」及「參與」等三個關鍵詞，作爲其是否提出審議式民主相關政策的標準，統計如表 5-1。

表 5-1　2014、2018 直轄市長選舉候選人政見（與審議式民主相關）人數統計表

年份	2014			2018		
直轄市名	參選人數	有相關	%	參選人數	有相關	%
臺北市	7	3	42.86	5	2	40.00
高雄市	3	0	0.00	4	0	0.00
新北市	3	0	0.00	2	0	0.00
台中市	2	0	0.00	3	0	0.00
台南市	2	0	0.00	6	1	16.67
桃園市	3	1	33.33	5	0	0.00
合計	20	4	20.00	25	3	12.00

資料來源：中選會資料庫網站中之選舉公報（作者整理）。

　　2014 年 20 位六都市長候選人有 4 位提出審議式民主之相關政見，雖然多數當選的直轄市長未於選舉政見中提出推動審議式民主，但當選後仍依當時社會現況發展，導入審議式民主及公民參與相關政策，就「參與式預算」而言，六都雖推動的方式、力道相差甚遠，但都列爲施政的一環。若以 2018 年的選舉來看，候選人提到審議式民主之相關政見是 3 位，人數、比率均較 2014 年低，尋求連任的市長，除了臺北市柯文哲市長外，都未再提出相關政見。

　　提及參與式預算，不可不談其發源地「巴西愉港市」，1988 年工人黨在選舉時因主張推動審議式民主而獲勝，依當時巴西愉港市的政治、經濟環境，「參與式預算」有其賣點，進而影響選情。我國現今政、經環境與當年的「巴西愉港市」相較，差異頗大，尤其六都的基礎建設有一定水準，加上政府重視民意反映，且因網路及資通訊科技蓬勃發展，讓民眾參與市政管道便利、成本低，故候選人提出「全民參與」、「公開透明」等理念的政見是否如同「巴西愉港市」一般影響選情？有待商榷。

以選舉結果來看（中央選舉委員會網站），柯文哲市長 2014 年得票率 57.15%、主要對手得票率 40.82%；2018 年柯市長得票率 41.06%、主要對手得票率 40.81%、次要對手得票率 17.28%，從以上數據來看，柯市長與主要對手的得票率不相上下，但如果將政治環境因素納入考量、分析（次要對手），柯市長 2018 年的得票率與 2014 年相較，或許不至於降低 16%，但也不會有大幅增長的可能。

　　臺北市柯市長是這二屆六都直轄市市長選舉中，唯一均提出「開放政府、全民參與、公開透明」等理念政見的候選人，就算理念未能替他爭取到更多的選票，但在他第二個任期中，推動審議式民主仍不遺餘力，尤其是「參與式預算」，所以審議式民主或許可以看成是世界潮流的一股力量、趨勢或是「新顯學」，但對臺北市來說，更是柯文哲市長「政治信仰」的具體實踐，這也可以從他擔任市長期間，在很多公開場合不時提及：「民主不是只有投票，如果在選舉以外政府與人民互不相干，很容易演變成對立面，民主是一種實踐，也是一種理念，重要是倡議、討論的過程，必須要逐步去做。」得到印證。

貳、誰關注？誰涉入？這些人在想什麼？

　　臺北市柯市長除了在競選政見上提出全民參與等理念，更將此理念具體呈現在競選政策白皮書上，其中明白提出「參與式預算」的政策目標就是「透過市民參與，達到除弊與興利的雙重目的」。但「理念」在當選後，就不能只是競選口號，必須制定成公共政策，產出具體行動計畫，才能實現。

一、辨識利害關係人

　　傳統的公共政策領域將涉入政策的對象分為「政策制定者」（通常是「政府部門」）和「政策標的者」（通常是「社會大眾」），但以當前政策的複雜程度來看，對其有所影響的行為者日趨多元，所以之後公共政策

學者將「利害關係人」概念廣泛應用在公部門事務的制定與管理上（陳敦源等，2011），那「參與式預算」的利害關係人有誰呢？

現代民主社會，主導政策形成和資源分配，往往跳脫不了「政府」、「國會」、「利益（專業）團體」（陳志瑋，2014），就臺北市推動「參與式預算」制度這個政策來看，對應以上三種類型，可以將利害關係人粗分為，「政府」主要是「市府團隊」、「國會」主要是「臺北市議會議員」、「利益（專業）團體」主要有「公民參與委員會委員」、「學者專家」及「參與者」（包括「里長」、「NGO 團體」、「一般民眾」等），以此作為辨識利害關係人及思考應對策略的架構。

> ### 利害關係人
>
> 在公眾政策領域中，意指「那些能夠對政策目標之達成具有影響力，或是受到政策目標達成影響的個人或團體」。

「參與者」中的「NGO 團體」對素人從政的柯市長有不同的期待和想像，因為團體眾多，各自有立場、有盤算，對行政體系來說，將其引導到制度內，與一般民眾共同參與，是避免阻力的最佳選擇，故未特別加以分析。另外，「里長」是在政策制定過程中，最被討論的利害關係人，對其參與有正反觀點，反對者是把「里長」視為既得利益者，認為已經有很多管道可供提案；贊成者是認為，雖然「里長」的建議管道暢通，惟站在「里長」亦是「市民」及「無人有資格排除其參與」的立場下，反而應該嘉許參與的里長們，願意選擇不輕鬆的提案之路（不一定獲得支持），坐下來和「其他參與者」一起討論公共事務。因為有以上不同論述，所以特將「里長參與」部分加以分析，以了解其在政策制定上的角色扮演。

二、利害關係人對參與式預算政策的期望及影響

為避免主觀判斷，特委託臺北大學李仲彬副教授團隊，協助深度訪談，針對在政策制定之始，即參與的利害關係人，包括「監督者（議員）」、「指導者（公民參與委員會委員）」、「政策協助者（陪伴行

政區的大學或社區大學）」、「規劃與執行者（市府團隊）」及「參與者（里長、一般市民）」等五種類型角色，以了解這些利害關係人對臺北市推動參與式預算的認知與態度，從訪談成果中，試著回溯政策制定之初，利害關係人的「當時狀態」（2016），並對照「目前狀態」（2021），看其對「參與式預算」的態度，在這六年間的變化（詳見表 5-2）。

表 5-2　利害關係人的「認知與態度」對照表（2016 年、2021 年）

利害關係人	認知與態度	
	政策推動初期（2016年）	參與後（2021年）
監督者	議員有被架空代議監督的疑慮，所以在其認知及態度上，大多抱持懷疑或不認同的態度，擔心政策會變成攏絡NGO團體的工具。	觀察執行一段期間後，發現民眾藉由參與，開始會關心周遭的議題，也有愈來愈多的年輕人參與，才漸漸對參與式預算改觀，認為有助於民眾關注地方議題及了解政府運作模式。
指導者	公民參與委員會的委員是以遴選的方式產生，報名參與遴選者，雖然來自各個不同的行業或公民團體，但共通點是對「公民參與」有極高的熱忱與期待。	從體制外發聲，到制度內參與，認為建立管道讓民眾直接參與政策制定或提案爭取預算，在民主社會裡是正面的。
政策協力者	學界一般認為，「參與式預算」是一個正當且必要的民主機制，政府如果真心想將其落實到實務上，他們也樂於支持與協助，期待透過這樣的方式，創造雙贏。	樂見透過「參與式預算」這個管道，建構起學界與實務界的交流模式，學生也可透過參與，來體驗政府實際運作。一個好的政策，不可能一次到位，動態調整是必要的，協力迄今，值得肯定的是，滾動修正的精神一直都在，幅度愈來愈小，代表制度趨於成熟。
規劃與執行者	絕大多數都是因為職務關係才開始接觸「參與式預算」，所以完全沒概念，是被動配合的一方，也因缺乏經驗而感到憂慮，但仍抱持正向嘗試、學習的心情。	認為這是提供民眾參與的新管道，對於重視公共事務的民眾來說，是一條直接為自己發聲、與政府（公務員）面對面交流、溝通的途徑。

表 5-2　利害關係人的「認知與態度」對照表（2016 年、2021 年）（續）

利害關係人	認知與態度	
	政策推動初期（2016年）	參與後（2021年）
參與者	在其提案前，根本不知道什麼是參與式預算，也不想花時間去了解，主觀認為只是去開開會而已，雖然參與者沒有抱持很大的期待，但看待此政策大多偏向正面的態度，且願意嘗試。	部分參與者是因為發現公共問題，希望政府正視問題，而開始接觸參與式預算並嘗試提案，接觸後，覺得它是可以改善公共事務的管道，只要願意投入，想法就會有機會實現。

資料來源：作者整理。

參、轉變中的微妙互動關係

　　上一節，是透過深度訪談的方式，蒐集分析利害關係人對「參與式預算政策」的認知與態度，歸納如表 5-3：

表 5-3　利害關係人認知與態度歸納分析表

政策角色	關係人	年	不知曉	不支持	中立	支持
監督者	議員	2016		✓		
		2021			✓	✓
指導者	公民參與委員會委員	2016			✓	✓
		2021			✓	✓
政策協助者	學者專家	2016				✓
		2021				✓
規劃與執行者	市府團隊	2016	✓	✓		
		2021			✓	✓
參與者	民眾、里長等	2016	✓		✓	
		2021	✓		✓	✓

資料來源：作者整理。

　　以上的訪談結果，對於利害關係人認知及態度的轉變，雖然可以略窺一二，但因為資源有限，訪談對象有所侷限，故透過分析政策制定過程中累積的「參與式預算」客觀資料，包括「議員各類質詢資料」、「里長提案資料」及「媒體報導資料」等三種，以作為前述訪談資料的補充。

一、客觀資料分析（2015 到 2021 年）結果

㈠ 監督者（議員）質詢內容

　　臺北市議員針對「參與式預算」政策推動所提出的質詢，包括總質詢、部門質詢、書面質詢等，七年間共 85 次，可區分為三大類型：即「政策設計與流程規劃」、「特定行政區提案執行狀況」、「執行成效」，以質詢的強度來看，多集中在規劃與推動初期（2015-2017年），質詢的內容多與檢討「政策設計與流程規劃」相關，後明顯降低，這狀況顯示，市府對於議員的疑慮及指正，經過三年的釐清討論並修正後，已逐漸被其接受或沒特別意見，與深度訪談發現吻合（表5-4）。

表 5-4　臺北市議員質詢概況分析表

年份 ＼ 類型	政策設計與流程規劃	特定行政區提案及執行狀況	執行效率及成效	小計
2015	18	1	1	20
2016	8	2	4	14
2017	14	6	5	25
2018	2	2	1	5
2019	2	0	5	7
2020	1	1	7	9
2021	1	2	2	5
總計	46	14	25	85

資料來源：作者整理。

(二) 里長提案

1. 提案數

　　表 5-5 係以審議通過，並經 i-Voting 投票通過，正式「錄案」的提案，作為分析基礎，這六年，里長提案以比率來看，均介於 30%-40% 之間，呈現穩定狀態，另據民政局統計，第 13 屆（108-110 年）456 里里長，曾出席參與式預算住民大會者，共 147 位（約占 32%），綜上可粗略了解臺北市里長對於「參與式預算」大抵上的支持程度，「依循傳統提案管道」的里長比率應略高於「願意嘗試」的里長。

i-Voting
為落實「全民參與」的施政理念，臺北市政府推出 i-Voting 網路投票系統，鼓勵並邀請民眾針對關注的議題進行線上投票，以期達到全民參與市政決策的目標。在臺北市的參與式預算而言，則是透過提案說明會、住民大會、審議工作坊、公開展覽、i-Voting 等 5 個步驟讓民眾能夠充分參與市府的預算決策，i-Voting 需達到該區得票門檻方得錄案執行，為參與式預算提案錄案的最後階段。

表 5-5　臺北市里長提案概況分析表

年	臺北市總件數	里長		非里長	
		件數	%	件數	%
2016	66	20	30.30	46	69.70
2017	76	23	30.26	53	69.74
2018	91	27	29.67	64	70.33
2019	65	26	40	39	60
2020	62	24	38.71	38	61.29
2021	62	21	33.87	41	66.13
總計	422	141	33.41	281	66.59

資料來源：作者整理。

2. 提案類型

　　從表 5-6、表 5-7 可看出里長與非里長的提案內容，相同點是對於「環境改善或美化」都高度關心；差異最大的提案類型是「交通改善」，

究其原因，有很大的可能是因為涉及特定行政區或里內，設置、規劃「交通措施、設備」等，都必須尊重在地基層民意，里長是重要的溝通、徵詢對象，所以提案需求低，但非里長的提案人，有些僅在當地就學、就業，交通對他們而言，是經常的必需，所以對「交通改善」會較有感。

　　惟根據這六年的觀察，「交通改善」也是最常引發「當地人」與「外來者」的需求，孰重孰輕的爭論與衝突之處。

　　另外，「公園設施」的提案執行，亦常造成公園認養人、志工等，因新設設施影響其管理而反彈、抵制。

表 5-6　臺北市里長提案內容分析表

年 \ 類型 件數		A	B	C	D	E	F	G	H	I	J
2016	20	5	0	6	2	2	2	1	0	2	0
2017	23	4	6	5	0	1	1	3	1	2	0
2018	27	8	4	3	2	1	2	3	2	1	1
2019	26	13	8	2	1	0	0	0	1	0	1
2020	24	8	8	3	3	0	0	1	0	0	1
2021	21	12	2	5	0	1	1	0	0	0	0
總計	141	50	28	24	8	5	6	8	4	5	3
%	100	35.5	19.9	17	5.7	3.5	4.3	5.7	2.8	3.5	2.1

資料來源：臺北市政府公民提案參與式預算資訊平台（作者整理）。

註：A 環境改善或美化；B 公園設施；C 觀光文化；D 交通改善；E 社區教育；F 社會福利；G 空間規劃利用；H 商圈及市場發展；I 田園城市；J 其他。

表 5-7　臺北市非里長提案內容分析表

類型 年	件數	A	B	C	D	E	F	G	H	I	J
2016	46	2	9	11	5	4	1	3	4	2	5
2017	53	9	9	6	9	5	5	1	3	0	6
2018	64	18	11	2	14	6	4	2	2	2	3
2019	39	9	10	4	4	3	3	0	2	4	0
2020	38	8	7	6	8	2	2	2	1	1	1
2021	41	20	4	4	6	1	5	0	1	0	0
總計	281	66	50	33	46	21	20	8	13	9	15
%	100	23.5	17.8	11.7	16.4	7.5	7.1	2.8	4.6	3.2	5.4

資料來源：臺北市政府公民提案參與式預算資訊平台（作者整理）。

註：A 環境改善或美化；B 公園設施；C 觀光文化；D 交通改善；E 社區教育；F 社會福利；
　　G 空間規劃利用；H 商圈及市場發展；I 田園城市；J 其他。

㈢ 媒體報導

　　在媒體報導部分，2015 至 2021 年市府資料庫中，透過關鍵字「參與式預算」搜尋，共計有 272 筆資料（包括平面媒體及電子新聞）。

　　從趨勢可以看出（詳見表 5-8），輿情聲量的高峰在 2015 年至 2017 年這三年間，推測 2015 年是柯市長執政第一年，因他本身非傳統藍綠政黨的當選者，有別於傳統政治人物的政見備受矚目，「參與式預算」就是其中之一，最被關注的有「成立公民參與委員會及遴選委員程序」、「開辦培力課程」等。

　　2016 年至 2017 年因政策剛起步，外界討論較多且與議會尚在磨合，例如「預算編列及議會審查」、「質疑民眾參與率低」等，加上市府透過媒體加強行銷新政策等因素，而有較多的報導。

　　2018 年以後，因參與式預算制度漸趨穩定，幾乎無負面新聞，媒體報導亦多聚焦在提案執行成效上。

表 5-8 臺北市 2015 年至 2021 年參與式預算相關新聞分析表

年	總則數 (272則)	輿情聲量		
		中立（含正面）	負面	負面比率%
2015	80	55	25	31.25
2016	82	58	24	29.27
2017	67	63	4	5.97
2018	13	13	0	0
2019	11	10	1	0.91
2020	11	11	0	0
2021	8	8	0	0

資料來源：作者整理。

二、轉變中的關係

綜合分析深度訪談及客觀資料發現，行政部門（規劃執行者）與其他利害關係人的互動關係，也在推動「參與式預算」的協力過程中，產生微妙的變化。

㈠ 監督者

從「質疑」行政部門想直接跳過監督、攏絡 NGO 團體等，到開始關心選區內的提案進度及整體執行成效，還有部分議員將其作為選民服務的一環，協助處理提案未成功者，或是提案執行過程中，出現爭議或延遲等情形時，出面協調使提案得以順利執行，民意代表的角色，有逐漸轉變為「協力關係」的趨勢。

㈡ 指導者

部分公民團體，長時間在體制外倡議「建構公民社會、參與施政」，成立公民參與委員會之後，公開遴選其到制度內參與，從原本督促行政部門的角度，到更進一步積極參與、調和行政部門與民眾之間的落差，三方共同協力，圓滿提案的執行，可謂成功扮演溝通橋梁角色。

(三) 政策協力者

政府機關面對專業知能與人力資源嚴重不足時，最常透過「採購」將勞務外包，所以行政部門跟學界不是沒交集，就是廠商和業主的關係，對行政部門來說，只要履約過程順利，標案結束，雙方關係就結束。但「官學聯盟」就大不同，透過理論與實務的對話、學習，雙方協力合作，學界因長期在地陪伴，所以經驗和成果得以累積，不斷地反饋並協助策進執行，與政府的「夥伴關係」儼然成形。

(四) 參與者

剛開始因為陌生而產生疑慮，抱持著參加區公所活動的心情，沒有特別的期待，也不覺得提案真正能被執行，但因臺北市不侷限於倡議理念的階段，提案是否執行更受重視，所以公民參與產出的成果，都會獲得行政部門的相對回應，民眾逐漸發現，這是影響公共事務的新管道，並相信可以藉此力量改善公共事務。

三、互動關係的維繫重點

(一) 提供清楚明確的方案計畫，作為與利害關係人互動的基礎

溝通是由「聆聽」與「對話」兩種元素組成，不是單向輸出，尤其是公部門，會讓利害關係人覺得是「政令宣導」而感到厭煩，所以聆聽利害關係人的意見很重要，了解對方的態度及立場，另外告訴對方建議和想法時，必須是有用的資訊且具建設性的方案或計畫，雙方在相同的基礎上「對話」，才是有效溝通的開始。

(二) 管理利益衝突

人與人互動難免衝突，尤其是在利益上，面對衝突如何降溫？雖然提案是經由公民投票產生，但反對者還是大有人在，若提案人（參與者）與反對者（該提案的利害關係人）之間產生衝突時，政府機關的立場最為尷尬，這時如由公正第三者出面協調，最有可能化解衝突，例如

公民參與委員會的委員（指導者）、官學聯盟的陪伴老師（政策協助者）等。

肆、如果「重來」

用時間軸（2015-2022 年）看臺北市「參與式預算」推動的脈絡，從開始「制度化」、「官學聯盟」、「公民審議」、「攜手校園」、「關懷弱勢」到「國際接軌」，一點一滴構成「實踐的面」。回首來時路，這其中的經歷及所遭遇過的挑戰，尤其是與「利害關係人」互動、管理方面，其牽涉的層面的廣度，應該是公部門少有的經驗，如果以終為始，政策重啓，相信會有更多的思考和想像，過程中用文字、影音、臉書、網站等記錄下來的珍貴記憶，希望會是以後政府施政創新的重要參考。

政策推動期間，累積了許多「利害關係人」參與的軌跡，將這些歷史資料分析後，參照訪談分析結果，回顧公部門（政策規劃與執行者）在管理「利害關係人」的方法上，哪些是影響推動成效的關鍵因素？哪些力有未逮？及有什麼難解的習題，如果重來一遍，可以怎麼做，能少走冤枉路，讓政策更圓滿順利。

一、影響推動成效的關鍵因素

根據過去八年的經驗與觀察，輔以訪談及客觀資料分析結果，歸納如下：

㈠ 缺一不可的力量

非一人可成事，有來自各方的助力，「一個制度」才可能持續推動，包括1.市長充分授權並容錯；2.首長的支持；3.議會的信任與協力；4.公民參與委員會稱職扮演橋梁角色；5.官學聯盟的專業協助及年輕新動力（學生）的參與等，但最關鍵的續航主力是「有活力的民眾」及「優秀的公務員」二者之間的正向互動。

㈡ 制度化且資訊公開透明

　　將公民參與的流程，透過遵循或訂（修）定行政法規、作業程序等予以制度化，除可讓行政機關（規劃與執行者）執行時有所依據，若有人員更迭時，利於交接，此外亦可讓提案人（參與者）確實掌握其提案的後續處理情形，或是對「參與式預算」有興趣者、監督者等，可在專網中查詢到相關資料、活動資訊等，讓利害關係人之間或與利害關係人互動，都能在一定程度的理解及規範上，有助於提高彼此之間的「信任度」。

㈢ 官學合作協力推動

　　運用得天獨厚的教育資源，並將其與行政資源整合，建構了特殊的合作體系，就是所謂的「參與式預算官學聯盟」（10 個大學、3 個社大），提供專業協助，也因為老師們的加入，帶動公共行政、社會、政治等相關系所學生熱情投入（桌長、紀錄、專案諮詢櫃檯等），並鼓勵應用「開放資料」進行專題研究，提供許多中肯的專業意見，是制度滾動式修正的重要參考，也是制度持續向前邁進的重要動力來源。

> **參與式預算官學聯盟**
>
> 2015 年由臺北市政府（民政局）遴聘臺北市、新北市各大專院校政治、社會、公共行政等相關科系、臺北市各社區大學與社造中心推薦合適人選或臺北市政府各機關推薦之相關專業人士共同組成，目的在提供參與式預算推動上所需的專業諮詢，及協助規劃參與式預算推廣教育課程。同時藉由聯盟運作，臺北市推動參與式預算建構出一種特殊的「陪伴學校─行政機關」合作網絡。

二、力有未逮

　　有哪些事？當時如果想到了，或是處理了，會更順利、更加分？

㈠ 誰的意見未被考量？（缺席的聲音）

1. 利害關係人分類、分析要更細緻，儘量找出並掌握在政策制定過程中，可能有所影響的內、外部行為者，避免產生不必要的風險。

2. 管道多元化，讓「需要被服務的人」有機會發聲。

㈡ 意見反饋（利害關係人）

1. 多方蒐集反饋的意見：透過不同的方式、管道，交流分享彼此的意見及看法，例如：線上論壇、面對面反饋等，或許會發現可能錯過的缺陷或差距。

2. 判斷反饋意見是否有助益並即時處理，讓反饋者覺得提出意見是受到重視的，若無法採納，亦要提出解釋或說明無法處理的原因，避免其因誤解而反彈。

3. 建立政策參與網絡，尋求更多外部利害關係人的支持和資源，除可填補部分公部門不足的資源，還有可能因這層「協作關係」，讓彼此間關係更密切，共同讓政策朝正向發展。

㈢ 難解習題

辦理參與式預算，最困難的地方就是在政策制定過程中，必須花很多「時間」、「精力」與各方利害關係人溝通協調，除此之外，也發現了在推動上的限制及難以突破的困境。

1. 公部門預算編列有其限制，須遵守「預算法」規範

舉例來說，如果是跨機關的提案，相關預算只能分別編在個別機關，無法編列以「提案」為主體的整合型預算，所以這類提案執行效果，端看主協辦機關協作程度而定。

2. 無法對民眾「課責」

必須處理「責任政治」的矛盾，就是「課責」問題。據訪談資料顯示，從受訪者的經驗中，點出有關民眾提案的困境，包括「民眾提案難有全面性思考」、「主責機關與提案者間有認知落差，難以溝通及說服」等，如果公部門依提案通過的內容執行，但執行後發現效果不佳或是形成浪費，應該究責的對象是公務員，抑或是提案人？可以預期，最後的結果通常是「不怪任何人」。

3. 激勵公務員

在我國，政府施政，監督者慣用「合法性評估」，來查核執行的公務人員是否「依法行政」；或者，透過「預算執行率」的審核機制，審視行政執行機關是否「如期執行預算」，完成計畫項目。但「依法行政」與「預算依法執行」，只是「避免政府犯錯的制度設計」，對政府而言，只是及格，說不上「回應民眾的期待」，但對公務員來說，這可是明哲保身的利器，所以如何激勵公務員願意改變？「在體制下創造誘因」是值得深入探討的課題。

伍、結論與思考

經過八年的發展，隨著市長任期將屆，無論是實務界或學界，最近常出現的話題就是「參與式預算究竟會不會繼續辦下去？」這個疑問，從受訪者的訪談紀錄裡，可以略窺利害關係人，對於未來的想像及企盼。

一、參與式預算的未來

訪談資料顯示，大多數的受訪者都認為這是一個好的政策，包括它是一個可以讓行政機關傾聽民意的管道，民眾可以透過這個管道可以為自己發聲，直接參與政策的擬定或預算的提出，可提升民主政治的價值，不應因為市長更迭而停止推動……。由此可看出端倪，就是「支持續行」。

二、可以努力的方向

如果政策要續行，勢必要依據以往的推動經驗，加以調整，以下是參酌受訪者的建議，研擬出較為可行的方向：

(一) 加強跨域、跨機關協調的能力

一般來說，提案大部分都可以在制度內處理，僅有少部分提案，

會因為案情複雜，須跨領域、跨機關合作才得以圓滿完成，所以可以朝向「提案分級管理」的方式，制度內無法處理的提案，就採「例外管理」，提高統籌協調層級，讓各機關分工合作更有效率。

(二) 與代議制度從「接軌」走向「協力」

提高公民參政的強度，在某種程度上能避免行政獨斷或過度僵化，但不可諱言，「公民參與」最大的挑戰，就是必須處理與「監督者」間的碰撞。現行的民主制度設計，行政部門是無法跳脫代議制度的節制，所以取得議會的信任很重要，不是要顛覆或取代，一切都還是在體制內進行，但在理解之外，行政部門還可以更進一步邀請立法部門共同參與，因為雙方都是在為民眾福祉而努力，除了主動邀請參與討論、審議外，在重大提案方面，亦可共同協力推動，以降低溝通成本、創造多贏。

(三) 加強宣導並持續辦理公民養成教育

宣傳不應僅止於「公開相關資訊」或辦理「提案說明會」，應該朝「公民養成」教育邁進，除了讓民眾確實了解提案流程與後續執行的完整程序，更應讓其學習如何合理估算提案的預算，及政府預算編列的流程、審查程序等，並進而習得撰寫較完整的提案計畫書，以完整表達提案理念的素養，另外，「公民養成」須向下扎根，深耕高中職校園，引領學生開始關心並參與公共事務，期望他們在未來的公民社會裡，都能成為負責任、具民主素養的社會中堅。

(四) 擴大並優化參與

對參與者的輔導與協力機制，應擴大並優化，除了各區公所的專案諮詢櫃檯外，應更主動、廣泛地引進社區專業人士、大專院校學生、以及具提案經驗者，就近協助輔導民眾將想法具體化，並撰寫提案計畫書，或透過系統性地整理、累積民眾提案的經驗及案例，以文字或影片的方式，提供分享，以降低民眾參與的成本，及適度減緩基層承辦團隊

的壓力。

㈤ 調整績效指標

目前的績效管理，大抵上有以下三個面向：

1. 參與人數是否有達到年度目標？
2. 提案執行，均訂定里程碑，並於網路平台公開執行情形。
3. 各階段參與人員的「參與情形調查」。

受訪者認為，未來的績效指標應著重在「質」而非「量」，惟檢討依據「量」訂定的績效指標是否合宜相對簡單，可以參考調查市民參與特性的結果推論，但「質」的評估就複雜許多，像「參與式預算」推動的「價值」是什麼？應如何評價？才能讓評價結果、反饋的訊息，成為政策續行正當性的主要基礎等，就牽涉到更專業的評估手法，企盼爾後能有先進們投入這方面的研究，開發更臻成熟的評估機制。

三、政府有責任讓政策利害關係人「有序參與」

㈠「有中生新」有助於說服利害關係人

從「參與式預算」在世界各國實踐的案例來看，要確立「唯一的最佳模式」似乎不可能，在具體的實踐上，都因地制宜，結合各個國家整體的政治經濟體制來進行。以臺北市推動的經驗來看，那就是新的制度或程序，如果能與某些原有的參與模式結合起來，在推動上，會比「無中生有」，更能讓參與者接受，帶來更好的效果，即「在既有基礎下發展，以降低溝通成本」。

㈡ 模組化、制度化，具「穩定」及利於「經驗複製」的優勢。

臺北市有 12 個行政區，一起推動參與式預算，雖然可以因地制宜，但無法承受各自發揮的後果，加上人員更迭頻繁，不利於經驗與知識的傳承，為改善這情況，把所有的程序「制度化」，進一步演化成簡

單的模組，是能夠有效處理的方式，雖然「模組」開發初期是辛苦的，但實際執行後，的確在「穩定」、「溝通」、「新手上路訓練」等方面，發揮效果。

㈢「公民養成」從關心周遭環境開始

　　以「參與式預算」推動經驗來看，民眾較關心與自身有關的議題，提案的內容當中，「環境改善或美化」、「公園設施改善」分居一、二名，所以如果公部門想要增進公民參與的動機，可以引導民眾從討論周遭生活環境需求或是渴望開始，由下而上，循著一致且公平的規範，逐步養成參與公共事務的文化底蘊後，才有機會談建構全面的公民參與網絡。

參考文獻

1. 李仲彬（2021）。105 年至 110 年臺北市參與式預算歷史資料暨人物訪談分析，臺北市政府民政局委託（未出版）。
2. 陳志瑋（2014）。以專案管理打造公共組織學習的基礎：利害關係人分析法的應用，T&D 飛訊，185：1-24。
3. 陳敦源、劉宜君、蕭乃沂、林昭吟（2011）。利害關係人管理之概念與實務：以我國全民健保政策改革為例，國家與社會，10：1-65。
4. 臺北市政府公民提案參與式預算資訊平台 https://pb.taipei/
5. 中央選舉委員會資料庫網站 https://db.cec.gov.tw/
6. 中央選舉委員會網站 https://www.cec.gov.tw/

PART 2

運作流程的精靈

在前一篇從理論、全球、跨國比較等宏觀角度探討參與式預算的基礎下，本篇呈現臺北市參與式預算幾個核心階段的運作實況以及所遇挑戰，從打底的市民大會、審議工作坊、預算的編列、提案的分析，到最後執行及結案等，作者深入淺出地描述及不同觀點的分析，呈現參與式預算在臺北市落實的多元樣貌。

　　第 6 章以參與式預算最為關鍵的「住民大會」為分析焦點，描繪「參與圖像」，觀察並分析「參與改變」，並反思「參與深根」的議題，最後並指出住民大會提案之核心價值為「你好、我好、共好」。本章掌握參與式預算核心的元素及流程，深度而有系統的剖析，頗具啟發。

　　接續住民大會，第 7 章則討論其後的審議工作坊，作者從審議式民主的觀點出發，細緻地描述審議工作坊兩個階段的運作流程及實務觀察，在這個基礎上，作者進一步提出了參與提案工作坊各不同角色的相關議題，值得做為執行單位未來精進的參考。

　　第 8 章進入參與式預算在參與（P）之外的另一要素：政府部門預算編列。作者針對從分案到各局處之後，由各局處開始編列預算，到市議會通過預算的整個流程，也分析 2016 年到 2022 年參與式預算的錄案數及議會審定預算數，並以兩個臺北市的個案來具體說明參與式預算的成果。本章詳實的分析，對於理解預算的籌編有頗大助益。

　　第 9 章聚焦參與式預算不同階段提案廣案或收斂的問題，作者提供不同情境下，影響提案整併的因素以及其涉及的爭議。本文也描繪冗長的提案過程動態的樣貌以及來自政治環境的不確定外因，最後則討論到提案成本的問題。本章呈現影響提案的動態因素，提供參與式預算的另類觀點，值得省思。

　　第 10 章討論參與式預算最後一個階段：從定案到結案。包含執行權責機關（PM）的產生，提案人和主責機關各自面對的環境，彼此的想法及期待，執行過程如何互動以及有哪些因素和偶發的狀況影響最後的結案。作者從這些分析提出對參與式預算制度上的建議，也值得參考。

Chapter 6

住民大會的打底：
參與的味道是什麼？

方凱弘、蔡素貞、謝國清

壹、前言

如果將參與式預算視爲一種公民參與的機制，那麼以民眾可以提出方案、參與提案討論以及選擇方案的「住民大會」，便是臺北市參與式預算流程中最關鍵的階段之一。參與住民大會的第一步是透過網路線上報名，或是向臺北市各區公所經建課報名，並在當天親臨會場。會議中的參與主要可以分爲兩個階段：分別爲小組討論與全場投票，前者是將報名的民眾分組，讓民眾在小組中進行提案發想；再由小組民眾基於審議式民主的精神透過討論與投票，選擇出小組成員認爲最好的一個提案；後者則是由小組提案的主要發想者擔任提案人，向全場民眾說明提案內容，並由全場民眾投票選出該場住民大會通過的方案。

本章以下基於「參與」的視角進一步介紹民眾在住民大會中的參與，首先，「參與圖像」的單元從住民大會辦理過程中各個關鍵的制度性面向進行觀察，嘗試勾勒出民眾在住民大會中的參與行爲；其次，「參與改變」的單元嘗試針對住民大會的參與對於社區以及對於我國公

> **住民大會**
>
> 爲參與式預算程序中的第一階段，提供市民或居住在該地的民眾參與討論的場域，由參與民眾自行提案，經由公開資訊及知情討論，並依提案產生原則決定該場成案的案子，再經由相關程序進入政府政策規劃、預算編列到執行的流程。以臺北市參與式預算住民大會爲例，區級每場次以 40 人至 60 人爲原則（最適討論規模），得視需求進行分組，並配置桌長及紀錄人員，協助完成提案。

共政策創新所能帶來的改變進行描述；「參與深根」的單元則嘗試針對住民大會辦理的效益進行歸納並反思；最後，本章在結論中指出住民大會提案之核心價值為「你好、我好、共好」，也期待住民大會的參與可以延伸而為社區參與打底，激發出更多社區參與的熱情與創意。

貳、參與圖像

住民大會為參與式預算流程中，民眾參與提案與討論的主要階段。民眾在住民大會中的參與，可以從住民大會的 5 個制度性面向進行觀察，這些面向包括：分組提案、桌長與紀錄引導、提案發想、小組討論與方案選擇，以及提案發表與投票。

一、分組提案

參與住民大會的民眾，是透過分組的方式參與提案的發想與討論，希望透過分組的方式，讓參與的民眾能夠在討論的過程中，可以有足夠的發言機會與時間暢所欲言，充分表達意見，並且可以藉由問題的提出，深入了解各個提案的內容，進而提出建議讓提案更為完整周延。基於對各方案內容的了解，在選擇小組提案的時候，小組成員便能夠在深思熟慮的情況下做出最佳的選擇。

二、桌長與紀錄引導

為了確保在小組討論的過程中，能夠營造出融洽的討論氛圍，讓小組成員都能彼此尊重，進而擁有平等的發言機會與不被打斷的發言空間，因此住民大會的小組討論，是在一位桌長與一位紀錄的協助下進行，由桌長引導小組討論的進行，並由紀錄將小組成員的發言與意見，在一張大海報上進行記錄與彙整，讓小組討論更為具體與聚焦。為讓住民大會的小組討論能夠符合「審議」的精神，因此桌長在帶領討論的過程中，會積極地促成小組成員間的對話與多元意見交流，甚至基於小組

討論的內容提出問題，透過詢問的方式，刺激小組成員針對各項議題做更深入的思考與反省，進而能在知情（informed）的前提下，在不同的提案間進行選擇。

三、提案發想

　　參與住民大會的民眾，有些會在事前準備好方案，有些會先想好希望解決的問題，有些則是到了現場才檢視生活周遭有哪些希望市府做的事情或解決的問題。不管有沒有帶來提案或問題，桌長在小組討論一開始的時候，便會希望所有小組成員都先靜下來想一想，並且在便利貼上寫下希望市府做的事情或解決的問題，然後再輪流把字條上的文字對著小組成員唸出來，讓紀錄寫在大海報上，並且在小組成員後續的討論中進行彙整。透過這樣的流程，每一位參與小組討論的成員，都至少會有一次發言的機會，在大多數的情況下，即使小組成員婉拒發言，桌長也會持續積極鼓勵發言，提高該位民眾融入討論的動機，也創造出小組成員全體參與討論的氛圍，避免小組討論被少數意見領袖或較為積極發言的民眾主導。

　　針對住民大會提案發想與討論的流程，各區公所會先與陪伴學校討論後確認，因此各區住民大會提案發想與討論的模式並非完全一致。除了透過小組討論的方式產生提案外，在部分行政區的住民大會中，會先由陪伴學校老師或區公所官員帶領全體參與民眾一起發想生活周遭所出現的問題，並且透過表決的方式決定在場民眾最關切的主題。決定各分組討論的主題後，參與民眾再自行選擇加入某一小組參與提案的發想與討論。不過不管採用哪一種提案發想與討論的流程，多數參與式預算提案的主

> **陪伴學校**
>
> 由臺北市參與式預算官學聯盟中各大專院相關專業科系及社區大學組成，以一行政區一學校為配對原則，適時提供參與式預算相關的專業協助。陪伴學校主要任務除「知識性」的諮詢指導工作，更在秉持在地陪伴的理念下，進行包含推廣教育課程、提案說明會、住民大會及提案審議工作坊等業務，並推動校園深耕等工作。

題，仍多爲民衆生活周遭所遇到的各種問題或公共議題，例如公園的修繕與改建、或是道路或人行道的優化等。

四、小組討論與方案選擇

在住民大會中，不論是在小組討論的階段，或是在提案發表的階段，若希望自己的提案獲得通過，需要爭取支持的對象，並不是市府相關局處的官員，也不是現場引導小組討論的桌長或紀錄，而是和自己一起討論的民衆。因此，在小組討論的階段，若希望自己發想的提案能夠成爲小組的提案，取得向全場參與民衆發表的機會，那麼便需要取得小組中其他成員的支持，而這也意味著，在小組討論中，相對於「說理」，「聆聽」與「尊重」更爲關鍵，也是個別成員的意見或提案能否取得其他小組成員支持的重要因素。

多數小組成員在桌長的引導下，都會提出自己偏好的方案或是認爲應該被解決的問題，但是由於只能有一個方案可以成爲小組方案，因此小組成員若希望自己的提案成爲小組提案，便須要先能聆聽與尊重其他小組成員的提案內容與想法，才有可能讓其他小組成員願意聆聽自己方案的內容，進而在小組成員彼此說理比較各個方案優劣的時候，透過提出更具有說服力的理由，或是參考其他小組成員的建議調整提案，以爭取更多小組成員對於提案的認同，進而讓所提出的方案，可以在小組表決的過程中，取得多數的支持脫穎而出。

五、提案發表與投票

成爲小組提案的方案，提出方案的民衆便爲該方案的提案人，代表小組向全場民衆說明提案的內容與效益，以爭取現場民衆的支持。由於民衆通常僅會對自己參與討論的方案較爲熟悉，因此爲了讓民衆在投票選擇方案的時候「知情」，亦即可以了解各個方案的內容並且進行比較，有時會在提案發表的前後，留一些時間讓各提案人到其他小組說明

並拉票，或是鼓勵民眾到其他小組去了解其提案內容。此外，在某些住民大會的流程中，會納入提案人到各組說明提案內容並接受提問的程序，以強化民眾對各組方案內容的了解與印象。

　　由於多數民眾對於自己參與討論的方案會有較高的認同感，因此為了讓民眾也願意了解其他小組提案的內容並且考慮支持，因此提案發表後的投票，會基於該場次分組數目的多寡規定每位民眾必須投 2 個以上的方案，通常是 4 組以下每位民眾必須選擇 2 個方案支持，而 5 組以上每位民眾則必須選擇 3 個方案支持。根據這樣的投票規則，提案在住民大會通過的門檻，通常設定為「過半取前 2 或前 3」，亦即除了須取得現場過半數的民眾投票支持外，也必須在該場次獲得前 2 或前 3 高票的提案，才能在住民大會中獲得通過而「成案」。

參、參與改變

　　政府的資源有限，但是民眾的需求無限，因此在代議政治的運作模式中，就由民眾選舉出來的民選官員與民意代表，基於他們對於政府公共事務的熟稔與專業，依法幫民眾做出資源配置的抉擇。相較於上述之政策決策模式，臺北市參與式預算制度設計的理念，是希望落實直接民主的精神，讓民眾不再僅能透過選舉間接參與公共議題的決策，而是能夠在日常生活中關心周遭各項公共議題，並且透過參與式預算的機制，由民眾提出並決定最後那些方案能夠通過並被執行。

　　換句話說，參與式預算制度設計上的重點，除了方案的選擇必須透過民眾投票決定，確保最符合民意需求的方案可以脫穎而出外，也必須在提案的過程中，讓不同民眾的聲音、政府機關的意見都能夠充分表達與溝通，確保民眾選擇出來的方案具有可行性，而不會天馬行空而無法執行。相對於其他公民參與機制，民眾在臺北市參與式預算中的參與，由於以提案執行為前提，所以除了意見表達之外，也能促成改變，除了為社區問題的解決提供解決方案而改變現狀外，也可能引發政策創新，

為政府各項政策的推動注入新思維，進而產生更長期、更深遠的影響。

一、改善社區問題

　　參與式預算提供了民眾一個不需取得官員同意，也不須藉由議員幫忙，就可以透過提案解決生活周遭各種問題的機會，包括民眾上班上學、回家、雜貨採買、散步休閒或是運動健身過程中所觀察或感受到的各種問題，都可以成為透過提案改善生活周遭環境的起點。基此，民眾進行提案發想與討論的住民大會，便成了民眾針對社區各項公共議題交流與問題解決的場域，而當所提出的方案獲得通過並且執行後，民眾在住民大會中的參與便進一步轉化為日常生活中可以看得到、感受得到的改變。當民眾可以透過提案促成改變而感受到被賦權（empowered），這樣的感動也將回饋到日常生活中對於生活周遭的關懷，持續累積未來透過提案促成改變的熱情。

二、引發政策創新

　　民眾在住民大會的討論中，由於透過多元意見與經驗的表達與激盪，打開對於公共議題處理與公共設施建設的想像。這些想像，不論是來自民眾天馬行空的發想，或是參考外國或其他縣市既有的經驗，或是在民眾現場的腦力激盪下浮現，都會在住民大會後，藉由提案的討論與執行，回饋到市府各項業務的推動上，藉由民眾回到社區與親朋好友的分享，逐漸在社區民眾對於公共事務的認知中發酵，進而成為未來市政創新的種子。換句話說，民眾在住民大會所提出的方案與想法或許天馬行空，但也由於這些跳脫既定公共事務決策框架的發想，讓參與住民大會的民眾，甚至是後續辦理參與式預算提案的官員，有機會從不同的角度檢視公共議題，有機會嘗試用新的方式推動業務，進而埋下政策創新的種子，逐漸結出政策創新的果實。

　　舉例來說，還我特色公園聯盟幾個媽媽對孩子遊具的倡議與公園

設計的想像，除了在臺北市掀起共融式公園的浪潮外，也逐漸在我國其他縣市擴散，改變了我國公園的面貌與民眾對於公園的期待。基此，民眾藉由住民大會的參與，除了可以更加了解與關心社區生活周遭的現狀外，也可以透過聆聽小組其他成員解決生活周遭各種問題的想像，激發對於各種公共事務解決方式的創造力，並且在提案執行完成後，因為看到各種提案發想的落實以及對於社區生活所產生的改變，進一步被鼓舞，對於社區事務投入更多關注，也讓政策的創新得以逐漸擴散，開枝散葉。

肆、參與深根

　　民眾在住民大會中的參與，是參與公共事務的起點而非終點，民眾在住民大會結束後回到社區，由於對生活周遭的公共事務更加關注，對各項公共問題的解決更有想法，因此讓住民大會參與的經驗與能量，得以在社區中延續與擴散，讓辦理參與式預算的效益得以在社區深根，也讓民主生活的實踐、官民協力在社區的扎根以及年輕新動力的鼓動成為我們社區生活的日常。

一、民主生活的實踐

　　民主的生活方式，不能停止於選舉與投票，也不能僅僅只有選舉與投票，民主，作為一種生活方式，必須落實在我們每一天的日常生活中。當民眾願意走出來參加住民大會，在住民大會中集思廣義，檢視生活周遭需要改善的問題或是提出解決方案，最後透過民主的程序決定哪些提案市府優先執行，並且在回到社區後持續關注社區生活中的點點滴滴，那麼民主便在我們的生活中逐漸深根，成為我們日常生活中不可或缺的基因。而這也意味著，民眾藉由住民大會的參與，至少在兩個層次上實踐了民主生活。

　　首先，由於臺北市參與式預算制度的設計，融入了審議式民主的精

神，因此可以讓民眾藉由住民大會中的參與實踐民主，讓民眾在平等發言與尊重不同意見的前提下，除了可以提出方案，也可以針對不同提案提出問題、表達不同看法，進而透過小組成員彼此說理與溝通的過程，逐漸凝聚出小組的共識，或至少確保各種不同意見都可以被充分表達與討論，而小組成員也能在消化討論過程中所獲知的各種資訊後，透過民主投票的方式在選擇方案時做出知情的決定。其次，當民眾參與過後，仍然持續關心生活周遭大小公共事務，表達意見，並且採取行動試圖改善生活中的各項公共問題，那麼民眾在住民大會中的參與，便外溢到民眾的社區生活中，成為維繫民主生活的具體實踐。

二、官民協力在社區的扎根

政府官員基於專業，推動政府各項業務，提供公共服務，以滿足民眾生活中的各種需求。然而官員在提供公共服務的同時，卻不一定能完全理解服務使用者的需求，而使得公共服務的提供與民眾的期待間出現落差。透過參與式預算制度的推動，臺北市政府建立起民眾提案、民眾決策、政府機關執行的公共服務提供模式，當市府各機關執行這些民眾在住民大會發想與討論所產生的提案時，看到一些過去所沒有注意到的民眾需求，而能縮小專業決策與民意期待之間的落差。

由於區公所在參與式預算提案與執行過程中必須站到第一線，因此改變了過去區公所與民眾距離較遠，許多團體與民眾有事也習慣直接找市府局處的現象。站在第一線協助民眾發想方案並與局處溝通協調，雖然一開始造成區公所業務量的增加，也必須改變與民眾的互動方式，但是在幾年的調整與適應後，區公所不但已經習慣，也經常站在提案者的角度，與市府機關針對方案進行協調溝通，甚至有時幫提案人向提案執行機關據理力爭，希望幫民眾爭取提案能夠順利完成。此種官民的關係的改變，也象徵著政府機關與民眾的關係，藉由參與式預算，至少在區公所的層次，已經從傳統公共服務提供者與接受的關係，逐漸轉化為社

區服務提供的協力關係，這也將進一步對於我國基層民主產生很大的影響。

三、年輕新動力的鼓動

　　年輕力量對於公共事務的關注與參與，除了將有助於我國民主進一步深化之外，也將為公共事務決策注入新的點子與能量。臺北市參與式預算的制度設計，將參與年齡的下限訂為 16 歲，希望藉此鼓動更多年輕學子的參與，而基於這樣的思維，臺北市近年推動參與式預算的重點之一，是希望讓參與繼續向下扎根，包括辦理高中職教育訓練課程與提案競賽，都是希望讓更多高中學子認識參與式預算，並且藉由參與，燃起對公共事務的熱情，願意採取行動改變我們生活周遭的環境。

　　2017 年北市府推動參與式預算，首次有「準公民」高中生提案。為讓公民意識向下扎根，松山區住民大會首度前進高中校園，在中崙高中舉辦參與式預算活動，邀請高中生提案討論（陳紜甄，2017）。從這刻起，我們開始在社區的住民大會看到高中生熱情組團參與，也看到住民大會成為各年齡層，能夠自由相遇對話的社會空間。民政局與教育局乃從 2019 年開始推動向高中職扎根，2020 年頒訂「臺北市參與式預算高中職推廣教育執行計畫」，包括從模擬住民大會體驗公民參與，學生也可參與公共事務，激發不同想法。高中同學的表現超乎想像，提案內容在公共性及公益性常讓人眼睛為之一亮，甚至引用數據爭取認同，與成年市民不相上下。為此北市府近兩三年特別舉辦「參與式預算高中職推廣教育課程成果發表會」，期待透過公民素養教育，持續有年輕聲音的參與，為城市注入新活力！

　　邇來關於投票權年齡限制由 20 歲下降到 18 歲的呼聲時有所聞，透過參與式預算的學習，可以讓我們 16 到 18 歲的「準公民」們，擁有對公共事務的投入及討論熱情，為投票權年齡限制的放寬預做準備（PeoPo 公民新聞，2017）。民主政治不是只有投票，更重要的是討論

參與，也需要培養，所以將參與式預算推動到高中職，是很大的成就，讓他們在這個年紀能關心學校、社區，並透過參與式預算的機制去實踐想法，藉此培養、訓練未來能夠繼續深化民主生活的下一代公民。同時也落實 12 年國教的核心精神與價值，其理念「在於涵育新世代的公民素養，以培育公民面對各種挑戰時，能做出迎向『共好』的抉擇，並具社會實踐力」（教育部，2018）。透過參與式預算的審議式民主參與，讓年輕世代能培養發展民主社會所需之溝通互動、團隊合作、問題解決及社會參與等公民實踐的素養。

事實上，近年高中學生提案在住民大會中獲得通過並且順利執行的幾個案例，除了可以印證這幾年參與式預算年輕新動力的擾動，已經可以看到初步的成果外，也讓我們對未來充滿希望，知道年輕學子在住民大會中和其他民眾一起提出方案、一起參與討論，而這些方案和其他方案相比，也能得到支持，產生實際改變我們周遭生活的力量。

伍、結論

住民大會的參與，是臺北市參與式預算制度中，除了 i-Voting 之外，民眾可以直接參與提案發想、討論與選擇的關鍵場域。其流程的設計，基於審議式民主的精神，希望民眾基於生活周遭生活經驗發想提案，並且在提案發想、討論與選擇的過程中，能夠在平等發言與彼此尊重的前提下，透過多元意見交流與充分討論，逐漸累積決策資訊，並且在「公共性」、「適法性」與「預算可行性」等面向的討論與評估過程中，在爭取身邊一起參與討論民眾支持的過程中，讓住民大會提案的核心價值，從「我好」逐漸昇華為「你好、我好、共好」，並且能在會後延續與擴散，除了成為民眾在社區生活中關心與參與公共事務的基礎，也期待能激發出更多社區公共事務參與的熱情與創意。

參考文獻

1. 陳紜甄（2017）。北市推動參與式預算，首次邀高中生提案。自由時報，https://news.ltn.com.tw/news/life/breakingnews/1993443，檢索日期：2022 年 8 月 31 日。

2. PeoPo 公民新聞（2017）。參與式預算首度進入高中校園。PeoPo 公民新聞，https://www.peopo.org/news/331179，檢索日期：2022 年 8 月 31 日。

3. 教育部（2018）。十二年國民基本教育課程綱要：國民中小學暨普通型高級中等學校 —— 社會領域，https://www.naer.edu.tw/upload/1/16/doc/819/ 十二年國民基本教育課程綱要國民中小學暨普通型高級中等校 - 社會領域 .pdf，檢索日期：2022 年 8 月 23 日。

Chapter 7

公民審議：多數決民主的安全閥？

席代麟

壹、前言：審議式民主的學理與操作

從臺北市推動參與式預算的歷史與經驗來看，公民提案是參與式預算的發動機，市民在住民大會提出提案，提案經過表決通過後就進入了審議階段。臺北市設計了「審議工作坊」，並分為提案討論及提案審議兩個階段。在提案審議階段，出現了「公民審議團」，審議團決定了哪些提案可以進入 i-Voting。審議團是由主持人、副主持人（審議員）與具有資格的市民所組成，各自扮演不同角色。

許多討論參與式預算的中外文獻，均會提到參與式預算與公民審議的關聯。簡單來看，公民參與是直接民主在社會生活中的實踐，參與式預算就是公民參與的體現，而公民審議就是參與民主理論的核心概念。

審議二字乃是審查討論的意思，審議式民主是參與民主的重要形式，而參與民主乃是對代議民主的修正，因此我們要了解參與式預算與審議之間的關聯，必須回頭檢視民主政治的發展及其制度設計。民主政治理論的發展，從西元前雅典的直接民主為起點，直接民主是指每一個城邦（City-State）的公民，均能就影響公共事務的政策來表達己意。隨著城邦國家的擴大以及社會生活益趨多元複雜的情勢演變下，多元的菁英民主自十九世紀以

> **代議民主**
>
> 相對於直接民主也稱間接民主（indirect democracy），是由公民以選舉形式選出代議士（如立法委員、議員），由其代表人民進行統治、制定法律、或管理公共事務的民主制度。

來逐漸成為民主實踐的重要指導原則，其可以透過議會民主（代議民主）來加以體現。議會政治（代議政治）成為二十世紀以來，民主國家的主要政治體制，也在實踐過程中出現了若干弊端，參與民主就是對代議政治反省的最具代表性的思潮。參與民主理論並未否定議會民主與政治菁英的角色，然而在社會多元化以及民眾知識程度提升之後，議會及其成員已不能充分滿足公民參與公共事務的需求，為了因應公民參與的擴大，參與民主逐漸演變出多種實踐形式，審議民主就是其中常見的一種樣態。

審議式民主在台灣的實踐，並不是近一兩年的事，2000 年以後，針對不同的社會議題或是社會改造，已有不少學術社群及社造團體透過公民會議的方式在推動審議式民主。當然，有關審議式民主或是參與式預算的學術論著，也在 2000 年之後日漸增加，尤其是在 2014 年柯文哲當選臺北市長並在隔年試辦參與式預算之後，討論參與式預算的學術論著更是快速增加，較具有代表性的包括：

陳朝政與楊三東（2012）在「審議式民主在民主教育的實踐」一文中指出，審議式民主除了可以使參與者藉由參與不同的民主模式而重新評價民主，提升對民主活動的參與動機，亦可使其學習參與審議、問題解決以及分析討論公共政策議題。林國明（2014）

> **社會資本**
>
> 根據 Robert D. Putnam 的定義，社會資本指的是社會組織的特徵，例如信任、規範和網絡，並能夠透過促進合作行為，進而提高社會效率。

則是從社會資本的角度去檢視公共審議的參與者的政治參與程度，他指出，如果公民在日常生活和社會交往中，缺乏經常性的參與機會，一次性的參與經驗，長期而言並無顯著提升參與者整體的政治參與程度。林國明（2016）在他的另一篇論文中，探究公民審議的參與意願、社團參與、日常公民討論和社會不平等的關係。就發現，社團參與以及日常生活的公民討論，能夠養成政治效能感、政治興趣和表達能力等公民心性與能力，提高人們參與正式的公民審議的意願。林祐聖與陳東升

政治效能感
意指個人對於自己投入政治行動，如參與政治團體或公共事務的討論或決策等，在主觀上認為自己是否具有影響能力的態度與感受。

（2018）從社區營造的角度，比較不同社區對參與式預算的參與程度，以檢視公民社團與民主實踐的關係。傅凱若在 2019 年與 2020 年，分別從民主創新與公共價值的實踐、公民參與與專案管理兩種不同角度來分析臺北市推動參與式預算的經驗。

　　從這些對審議式民主及參與式預算的理論思考及實踐經驗的文章中，我們發現，「審議」的形式、程序及結果並沒有定於一尊的做法。參與式預算當然是審議式民主的實踐形式，臺北市政府在 2014 年柯文哲當選市長之後，隔年（2015 年）即開始推動參與式預算，迄今已有 8 年的執行經驗，參與式預算當然必須透過「審議」的過程，才能符合公民參與及審議討論的精神。

貳、審議工作坊的設計

　　2015 年臺北市政府開始推動參與式預算，推動的第一年，整個制度設計與進行程序從無到有，幾乎是在摸索中逐步修正。我們目前看到的參與式預算推動流程，是來自於臺北市政府民政局（以下簡稱民政局）在 2016 年訂頒的「臺北市推動參與式預算制度公民提案與審查作業程序」。也就是說，參與式預算經過了 2015 年的試辦，並且在 2016 年底檢討修正推動流程之後，訂頒了前述作業程序。因此從 2017 年開始，住民大會通過的提案，接下來便進入了審議工作坊，審議工作坊分為第一階段的提案討論與第二階段的提案審議。而在審議工作坊的第二階段：提案審議，提案必須經過公民審議團的審議，才有機會往下續行。

參、審議團的組成與分工

　　根據 2019 年民政局修正之「臺北市參與式預算提案審議工作坊執

行計畫」，提案審議工作坊即可分為「提案討論」及「提案審議」兩個階段，公民審議團不需要在提案討論階段出席，但到了第二階段，也就是提案審議階段，公民審議團就扮演了提案能否進入 i-Voting 的關鍵角色。

　　審議團由審議團員（也就是審議委員）12 人組成，審議委員的類別與擔任資格分述如下：

1. 臺北市政府公民參與委員會委員 2 人（擔任主持人，負責主持會議進行，彙整主責機關及審議團員之意見，必要時扮演機關與審議團員之間溝通之橋梁，另為保持中立，原則不加入實質審議）。

2. 審議員 1 人（擔任副主持人，襄助主持人進行會議，另為保持中立，原則不加入實質審議）。

3. 領有進階卡市民 2 人。

4. 領有初階卡之市民 5 人。

5. 前年度提案人 2 人（排除原提案行政區）。

　　至於如何取得初階卡與進階卡？必須話說從頭。民政局早在 2015 年規劃了「參與式預算培訓課程」，該課程分為 3、6、9 的初階、進階、審議員課程及審議員實戰培訓等階段，完成 3 小時初階課程取得「初階卡」，完成 6 小時進階課程取得「進階卡」，完成 9 小時審議員課程除取得「審議卡」之外，同時也取得擔任工作坊「主持人、桌長、紀錄」及擔任提案審議小組「副主持人、紀錄」之資格。

　　由是觀之，公民審議團的主持人、協同主持人，以及擔任副主持人的審議員，為了保持中立，原則上不加入實質審議，住民大會的提案在經過了提案審議工作坊第一階段討論之後，必須在第二階段經由參與「實質審議」之審議委員過半數通過，才有機會進入 i-Voting。而參與實質審議的審議委員，包含了領有進階卡的市民、領有初階卡的市民及前年度提案人（排除原提案行政區）共 9 人，也就是說，這 9 名審議委

員是決定提案是否有機會進入 i-Voting 的關鍵角色。當然，議員及里長也可在該階段出席，如其對提案有意見，可填寫建議表，不過議員與里長不能參與實質審議。再據「公民審議團作業程序」，審議團員的組成必須透過抽籤產生。

根據民政局的統計，截至 2021 年底，領有初階市民卡的臺北市民共有 23,311 人，領有進階市民卡的共有 1,385 人，具有審議員資格的臺北市民共有 137 人。每一場次的審議工作坊所需要的審議團員中，五名需領有初階卡及兩名需領有進階卡的團員，乃是由前開 23,311 人與 1,385 人中抽籤產生。

肆、如何審議

依據 2019 年民政局修正之「臺北市參與式預算提案審議工作坊執行計畫」，提案審議工作坊即可分為「提案討論」及「提案審議」兩個階段。

第一階段的提案討論，主要是由提案人與提案主辦（主責）機關針對提案進行初步討論，討論的結果包括「提案人撤回提案」、「主責機關逕予執行」，以及「提案續行至第二階段的提案審議」。提案撤回的原因相當多元，總之，提案撤回就是提案的生命終結。逕予執行表示主責機關認為提案立刻可以執行，不必再經過審議及 i-Voting。提案續行而進入審議則是較常見的結果。

審議工作坊的第二階段就是「提案審議」，此階段的操作流程包括：議程說明、審議評估標準說明、個案執行影響程度評估、審議結果統計，以及總結報告。

> **逕予執行**
>
> 參與式預算的提案必須經過提案說明、住民大會、工作坊、提案公開展覽及提案票選等程序後，才會進入公部門「編列預算」，而這樣的程序必須耗費較長的時間（通常是 6-8 個月），並且編列的預算必須「隔年」執行；然而，有些提案確實有需求，也符合合法性及公益性的要求，但執行金額不大且有急迫性（例如增設路燈），此時，為了增加行政效率，特別規劃在符合依訂條件下，提案可以由主責機關直接執行。

在這五個流程中，最重要的就是「個案執行影響程度評估」，其進行步驟依序是：主責機關逐案報告、審議團員聽取報告後得提問、主責機關答復、審議團員填寫審議表。填寫審議表就是進行投票的意思。

審議委員根據「公共性」、「適法性」或「預算可行性」等三項標準來進行審議，審議結果依下列原則認定：1. 原則以實質審議之審議團員過半數同意為原則；2. 如審議結果未獲審議團員過半數同意，但高度及中度可行之票數皆大於低度可行之票數時，以票數多者為最終審議結果，若票數相同時，以中度可行為最終燈號；3. 如審議結果不符合上列情形者，應再次商議最適結果，審議方式得由區公所依該區特性規劃。

審議工作坊的進行流程，即如上述。因為審議工作坊的第二階段是「提案審議」，從名稱上來看，參與式預算實施流程中，出現了「審議」工作坊，審議工作坊的第二階段是提案「審議」，顯然參與式預算所蘊含的審議因素，主要就是體現在此階段。第二階段的流程 4，就是對於審議結果的確認，審議委員必須根據「公共性」、「適法性」及「預算可行性」三項標準來進行燈號判定。所謂公共性是指個案執行符合公共利益的程度、公私產權歸屬及對政策之影響；而適法性是指個案權責涉及市府與其他政府程度、行政程序之繁雜性；最後，預算可行性是指預算編列額度、跨局處、跨年度、補助款之情形。

燈號判定也是一種特殊的設計，審議團員必須就上述三項標準來做燈號判定，紅燈代表低度可行，黃燈代表中度可行，綠燈代表高度可行。9 名審議委員進行燈號判定之後，主席會宣布結果，三種標準各有幾個紅或黃或綠燈，直接影響提案能否進入 i-Voting。

圖 7-1 是 2021 年臺北市某區公所召開公民審議工作坊第二階段的實況，我們可以從會場的座位看出，公民審議團的主持人與副主持人坐在主席台，9 名審議委員坐在會場的右側，主責機關坐在會場的左側。

圖 7-2 是另一區公所召開審議工作坊第二階段的現場實況，我們可以看到該區公所用投影片的形式將提案審議階段的議程與當日要審議的

圖 7-1　2021 年臺北市某區公所召開公　圖 7-2　區公所召開審議工作坊第二
　　　　民審議工作坊第二階段　　　　　　　　　階段的現場實況

提案名稱，呈現在主席台前的布幕上。

伍、問題討論

　　本章在第一節已經指出，許多討論參與式預算的中外文獻，均會提到參與式預算與公民審議的關聯。從實務上來看，參與式預算的提案必須經過審議過程，才有機會讓臺北市民進行 i-Voting。臺北市政府設計的參與式預算的流程，也出現了「提案審議工作坊」的名稱，更將審議工作坊的第二階段，定名為「提案審議」階段。

　　審議，就是討論議決的意思，提案審議階段，需要審議團的審議委員就提案加以「審議」，也就是投票，投票前，應該就提案加以討論。該制度設計看似周延，執行時仍有問題需要釐清，分述如下：

一、審議員與審議委員的差異

　　審議員是一種專門角色的稱呼，目前臺北市只有不到 80 人取得審議員的資格。在審議工作坊第二階段扮演關鍵角色的審議團員之中，只有不參加實質審議的副主持人需要具有審議員的資格。根據「臺北市參與式預算提案審議工作坊執行計畫」的規定，副主持人是審議團成員之一，他具有審議員的資格，然而因為他必須襄助進行會議，因此須保持中立，不加入實質審議。由此產生一種奇特現象：具有審議員資格的副

主持人是公民審議團的成員，但他不能參與實質的審議。所謂的實質審議，意味著參與提案的討論或是表決（燈號判定），上述執行計畫並未明確加以規定。審議員如果可以發言但是不能投票，則這種審議並未對提案產生具體影響；如果審議員不能或是沒有發言卻可投票，我們又如何判定審議員的真實意見？審議員此刻亦與投票部隊無異。這樣的制度設計，是否與「審議」的本意有所牴觸，確實值得深思。

當然，審議過程中的角色正名我們也不應該輕忽：審議委員與審議員不僅頭銜有異，所需具備的條件及角色扮演亦不相同。根據近兩年的觀察，只有極少數的區公所承辦課能夠正確稱呼審議團的成員，多數的主持人甚至可能無法分辨審議員與審議委員的差異。

二、審議委員的來源與其審議表現

公民審議團的 12 名成員中，主持人與副主持人占了 3 名，9 名參與實質審議的審議委員，是否盡忠職守（認真討論）？應該可以從其發言次數與內容加以判斷。單以發言人數與次數來看，根據統計（請參閱表 7-1），2021 年的審議工作坊第二階段（12 個行政區都必須召開），總共有 37 人發言，其中男性是 26 人，女性是 11 人；男性發言共 46 人次，女性發言共 15 人次。

由是觀之，我們發現大多數審議委員對提案保持沉默。筆者以為，既然名之曰「審議」，其目的就是在深思熟慮之後，暢所欲言。因此，我們應該思考如何能讓審議委員在充分了解提案內容之後踴躍表達意見，根據臺北市政府民政局的研究報告，學者指出，審議委員的來源及篩選方式可以稍做調整（臺北市政府民政局，2020：27）。公民審議團是由臺北市公民參與委員會的委員、審議員、領有進階卡市民與初階卡市民及提案人（非當年度）所組成，目前公民審議團的作業程序，對審議委員的組成方式、抽籤原則與邀請方式，皆有所規定。根據 2021年的觀察結果，大多數審議委員皆一言不發，從統計數據來看，發言的

表 7-1　2021 年審議工作坊第二階段發言次數統計表

	審議提案數	通過提案數	審議團員發言人數	審議團員發言人次
信義區	5	3	3（男）	7（男）
內湖區	3	3	2（男1，女1）	4（男2，女2）
南港區	7	6	3（男）	6（男）
北投區	6	5	1（男）	1（男）
萬華區	4	3	3（男2，女1）	4（男3，女1）
中正區	4	3	4（男2，女2）	7（男5，女2）
士林區	5	4	3（男2，女1）	5（男3，女2）
松山區	5	4	1（男）	1（男）
中山區	1	1	2（男）	4（男）
大同區	2	2	6（男2，女4）	10（男5，女5）
大安區	9	5	4（男3，女1）	5（男4，女1）
文山區	3	3	3（男2，女1）	5（男3，女2）
合計	54（件）	42（件）	35（人）	59（次）

資料來源：作者整理。

審議委員確為少數。我們可以假設審議委員樂於當一個傾聽者，可以在傾聽之後做正確的判斷。不過，審議委員對提案保持沉默的原因之一，也有可能是因為他是抽籤產生，例如某審議委員居住在甲區，當他被抽籤選上，去擔任乙區的審議委員之時，恐怕他難以在短時間之內去了解乙區的問題，對乙區的提案也缺乏情感上的連結，因此他就難以對乙區的提案表示意見。既然審議式民主的重點應該是在應該深思熟慮的討論過程，因此不審議或是保持沉默就不應該成為普遍現象。我們認為，目前提案審議階段的 9 名審議委員應該有部分比例（例如三分之一）必須是居住在其欲審議之該區，我們可以從而假設他對該區具有地緣與生活上的熟悉度，不至於對涉及該區的提案一無所知而保持沉默。臺北市政府民政局也可適時加強與擴大審議團員的培訓，讓審議團員的來源與數

量得到更多的補充。

三、沒有白吃的午餐－審議委員是志工嗎？

參與式預算的主辦機關，應否對出席審議工作坊的公民審議團成員支付出席費（也可以稱為車馬費或誤餐費）？從目前臺北市政府援引志願服務法的規定來看，9 名參與實質審議的審議委員可以支領每人 120 元的車馬費；具有審議員資格的副主持人如果具有公務員身分，而且審議工作坊是在上班時間出席審議工作坊，則不可支領出席費。然以 2022 年的第二階段審議工作坊為例，如果副主持人不具公務員身分，或是公務員利用休假時間來擔任副主持人，則可依照政府規定支領出席費，兩位由公參會委員兼任的主持人，亦可依照規定支領出席費。

當然，出席一場平均兩小時的審議工作坊，9 名審議委員每人只能支領 120 元的車馬費，遠低於勞動部規定的基本工資（每小時 168 元），因此我們相信這 9 名審議委員應該具有強烈的公共服務動機，也就是基於利他主義或是對於公共事務的興趣來出席第二階段的審議工作坊，車馬費並非報酬，當然不足以衡量審議委員為了審議提案而投入的心力。

總之，我們是否要將公民審議團視為是一種志工服務，需要審慎思考。9 名參與實質審議的審議委員近似於志工，其支領車馬費的適法性是勿庸置疑的。當然，如果我們肯定他們的審議是一種專業表現，或許未來可以討論其等支領出席費的可能性。

四、主持人與副主持人是否參與提案審議

審議工作坊的提案審議階段，是由兼任審議團成員的臺北市公民參與委員會委員擔任主持人，負責主持會議進行，具有審議員資格的副主持人襄助主持人進行會議。從近年各區區公所召開的提案審議會議來看，副主持人大部分是他區區公所的經建課長，根據公民審議團作業程序之

規定，兩位主持人與副主持人必須保持中立，不加入實質審議。

所謂不加入實質審議，在實務上就是不投票（燈號判定）。不過上述作業程序，並未就主持人或副主持人能否就提案加以發言、或是發言內容加以規範。因此，主持人之發言是在做提案詢問或申論己見，似較難明確劃分。

根據近兩年審議工作坊第二階段會議的觀察記錄經驗來看，有些主持人保持沉默，幾乎一言不發，有些主持人則是熱心發言，甚至曾經出現某場次的主持人指責主責機關一問三不知。我們無從判定主持人的發言是否會影響審議委員的燈號判定，但如單就會議主席的任務來看，不發一言跟過度發言似乎是過猶不及。再者，兩位主持人固然都是公參會的委員，不過相關作業程序或是執行計畫並未就兩位主持人如何分工加以規範。再論副主持人，其雖具有審議員資格，卻並非像其他 9 名審議團員，具有關鍵的表決權。2020 年審議工作坊的提案審議階段，就曾發生一種特殊現象，某區的審議團員因故未到場，而由副主持人（審議員）同時兼代，緣此，副主持人便參與投票，形成了類似球員兼裁判的矛盾現象。

其次，主持人與副主持人如何保持中立？維持議事順暢的同時，能否就提案的實體內容表示意見？假如主持人對提案表露出明顯的好惡，對主責機關亦復如是，有無可能影響審議委員的判斷？而不論是主持人或是副主持人，都應該具備主持會議的基本素養，也應該避免既要主持會議又要參加實質審議的矛盾現象。最後，臺北市議會依法監督臺北市政府，臺北市議員出席審議工作坊並就審議程序或提案內容予以發言，難謂不妥；臺北市政府也難以就議員的發言加以規範。我們希望議員在參加審議工作坊時能夠自律守分，反之，審議工作坊的主持人與作為來賓的臺北市議員在會場言詞交鋒或是抬槓，亦難謂妥適，允宜多加斟酌。

2021 年的審議工作坊第二階段，某區也發生了主持人與到場的臺

北市議員，爲了某提案的主責機關立場問題而高分貝互槓，成爲審議工作坊審議提案過程中少見的火花。

爲何審議工作坊的提案審議階段需要兩位主持人？爲何需要由區公所的公務員來兼任輔佐議程的副主持人？值得我們進一步思考。

五、提案人與主責機關在審議過程中的參與

每件在審議工作坊審議的提案當然都有提案人，提案人有時候是一人，有時候是一個團體。所有的提案，除了原始產出是來自於各區的住民大會，一定先經過了審議工作坊第一階段的討論，才會進入到第二階段審議。所有提案人或是提案團體的目標只有一個，就是通過審議，讓提案進入 i-Voting 的階段。審議工作坊第一階段結束時，主責機關會針對提案做出燈號判斷的建議，也就是無論是公共性、適法性或是預算可行性，主責機關都會在 9 名審議團員審議（投票）前，做出可行性高低的建議。

如果主責機關支持提案人的意見，而做出中度或高度可行性的建議，那麼通常提案人在提案審議階段就不會再發言，而且審議委員多半也會採納主責機關的建議。相反地，如果主責機關完全反對提案內容，而提案人又發言並與主責機關進行言詞攻防，審議委員最終審議的結果，就未必是與提案人或主責機關一致。大體上來說，審議委員發言次數爲零的提案，通常是該案經過審議工作坊第一階段之後，已經沒有爭議，因此在第二階段審議時，審議委員幾乎就不會再發言。

再看提案人，任何提案若能夠進入 i-Voting 之前的最後審議階段，該提案必然已經達到一定水準，提案人無論是個人或是一個團體（團隊）的代表人，在審議工作坊的第一階段：提案討論階段，提案人必然經歷了與主責機關的折衝妥協。且不論主責機關會在提案討論之後給予何種燈號建議，絕大多數的提案人對其（等）百般呵護苦心灌溉的提案，斷無不全力支持之理。因此提案人親自出席審議工作坊的提案審議

階段，或者強化主責機關本就支持該提案的正當性，或者透過表達強烈護航該提案的態度來爭取審議委員的支持，提案人的這些行為舉止厥爲合理。

如果提案人的提案已經得到主責機關的支持，提案人到場與否與發言與否，幾乎已經不會影響該案審議結果，除非審議委員在審議過程中質疑該案，並在最後推翻主責機關的燈號建議。反之，如果主責機關跟提案人的立場相左，而提案人又到場爲該提案辯護，那麼審議的結果就有可能兩極化。

根據 2021 年提案審議階段的紀錄來看，某區的某個提案，雖然主責機關表達反對意見，但在提案人及其代表多次發言之後，審議委員最終仍然審議通過該案，對提案人表達支持。也有提案經過提案人多次發言辯護，審議委員最終還是接受了主責機關的建議，導致該案未能進入 i-Voting。

陸、結語

參與式預算是臺北市長柯文哲爲了落實 2014 年第一次參選市長時，所提出的競選口號：「開放政府全民參與」，而在 2015 年開始試辦，更在 2016 年推動到全市 12 個行政區。雖然在 2000 年之後，已有一些零星的部會就特定議題而與非營利組織或學術機構開始操作審議式民主，不過這些零星火花完全談不上對代議民主形成衝擊。臺北市全面推動參與式預算，不僅讓其他五都爭相仿效，這種公民參與的浪潮，也席捲全台各縣市，各種不同形式的民主審議制度，也就成爲實踐參與式預算的重中之重。雖然審議式民主迄今難以撼動代議政治的多數決，審議的制度內涵與實踐經驗卻足以讓我們深刻反思民主政治在公民參與思潮下的最適模式。審議既然包括了審查討論與議決，從臺北市推動參與式預算的經驗中，我們發現，審議工作坊對提案的審議，不僅僅是因爲制度設計，讓審議過程成爲從住民大會到 i-Voting 的必經之路，也是因

為透過公民審議團的周延思考與討論，得以讓少數人的審議結果成為平衡簡單多數決的緩衝器（buffer）。

審議式民主之所以成為參與式民主的主要實踐形式，是因為代議民主雖然是以多數決為基礎，其在議決過程中卻無法完全避免代議士的私心與討論的粗率。因此，1990年代興起的審議式民主，就是希望民眾能夠在深思熟慮之後再來做決定。因此在審議過程中保持沉默或是在議決時夾帶私心甚至謀求私利，都是審議的大敵。

現階段的參與式預算執行流程，添加了審議因素，如果能夠推進民主社會的公民參與，這種制度確實值得鼓勵與讚許。當然審議式民主不是修補代議政治的靈丹妙藥，如何健全審議制度從而體現更真實的民意，應該是公民審議的未來努力方向。

參考文獻

1. 林祐聖（2018）。當社區營造遇到參與式預算：兩個社區的比較研究，台灣社會學，35：109-149。
2. 林祐聖（2020）。參與式預算中的陌生人，台灣社會學，39：39-88。
3. 徐斯儉、吳建忠（2018）。有限民主治理與威權鞏固：以浙江溫嶺參與式預算為例（2008-2015），遠景基金會季刊，19（2）：83-120。
4. 林國明（2016）。審議造就積極公民？：公民審議、社會資本與政治參與，人文及社會科學集刊，28（2）：133-177。
5. 林國明（2016）。誰來審議？：臺灣民眾對審議民主的支持程度和參與意願，台灣社會學，31：43-97。
6. 陳朝政、楊三東（2012）。審議式民主在民主教育的實踐，高師大學報，32：47-70。
7. 莊宜貞、王國政（2018）。參與式預算效益評估指標探討，政府機關資訊通報，355：68-73。
8. 傅凱若（2019）。民主創新與公共價值創造的實踐：以台灣都會區參

與式預算為例，臺灣民主季刊，16（4）：93-141。

9.　臺北市政府民政局（2020）。公民審議與臺北市參與式預算－審議工作坊審議過程之分析，臺北市政府民政局委託研究計畫結案報告。

10.臺北市政府公民提案參與式預算資訊平台 https://pb.taipei/Default.aspx

11.臺北市參與式預算提案管理系統 https://proposal.pb.taipei/publicV2/index.

Chapter 8

預算籌編過程：
自己的錢自己決定怎麼花？

郭昱瑩、林德芳

壹、前言

　　參與式預算源自 1989 年的巴西愉港市的經驗，當地公民透過參與公共預算的決策，逐步將資源轉移至公共服務項目和較貧窮的社區，同時促使市政府公開所有預算，像是人員費用、公共債務、基本服務、投資與發展等，而且市政府組織各種會議，協助公民參與討論。成功的經驗擴展至南美洲、歐洲、亞洲、非洲等地發展，至今在全球已有超過 1,500 個國家或城市在不同的社會，政治、經濟及文化背景下，以不同的模式來實施（蘇彩足、孫煒、蔡馨芳，2015）。我國地方政府推動參與式預算有行政機關模式、縣市議員工程建議款模式與委外模式（傅凱若，2019；蘇彩足、孫煒、蔡馨芳，2015），臺北市政府採用行政機關模式，秉持「開放政府、全民參與」的施政理念，致力建立一套由公民提案參與式預算制度，充分開放公民參與，強化預算透明度及對政府施政之監督，讓公民成為政府的一部分，共同參與市政的推動。

貳、民眾當家作主：自己的錢自己作主，務求錢花在刀口上

　　臺北市參與式預算由臺北市政府民政局為主辦機關，主計處、研究發展考核委員會（以下稱研考會）、工務局等為協辦機關，操作模式分為十個步驟：先徵求好點子，即提案構想書，再由民眾於住民大會充分討論，透過審議工作坊將提案轉化為具體的計畫，之後將提案公開展

覽，以利蒐集大家的建議與意見，進行提案票選，具代表性的提案獲得勝出，民眾爲預算編製提供建議。票選勝出的提案由臺北市政府相關局處進行預算評估，可行的提案由市府編列預算，再送臺北市議會預算審查，預算通過執行，並由議會監督（詳細說明可參考第 22 章）。

此外，爲了使各階段順利運作，臺北市政府有其重要機制與設計，包含五個要件：「參與對象」、「培訓課程設計」、「官學聯盟」、「主責機關（專案管理機關）設置」以及「提案管理系統建置」。

其一，「參與對象」是由 12 區的區公所負責招募，只要設籍在臺北市或在臺北市就學、就業、居住且滿 18 歲（走入校園計畫 16 歲）就可成爲提案者，年滿 16 歲就可參與 i-Voting 投票，其目的在於提供廣泛的公民參與的機會。

其二，「培訓課程設計」早在參與式預算開始推行前，就已先進行相關之培訓與推廣，使政府體系中公務人員和一般大衆對參與式預算的概念、意涵與目標等有所了解與認識。

其三，「官學聯盟」於 2016 年成立，主要是在各行政區建立一行政區一學校配對模式，找尋相關學校系所及學者們輔助 12 個行政區政策執行，透過建立實務與學術互動之網絡關係，來增進彼此合作學習的機會，亦可強化政策執行的可行性。

其四，由於 12 行政區都進行推動範圍過於龐大，且涉及許多機關與單位，因此「主責（Project management, PM）機關的設置」十分重要，是將每年度各區初步選出的提案，召開會議討論應交由哪個單位進行處理。

最後，提案管理系統的建立，目的在於透過一套透明監督機制，以保障人民知的權利，以便民衆掌握每一個提案的進度和執行過程。

參、預算籌編過程：結合直接民主與間接民主

一、新生措施與既有制度的磨合

臺北市參與式預算爲求落實民衆提案，有完整的公民提案與審查作業程序，分市級與區級程序，都是由市民討論提案並獲得通過之後，交由負責該項業務的市府各機關執行，但執行過程提案人可以適當參與，同時最後的結果也要提案人簽名認可，該案才算可以順利結案（完整的提案程序請見第五篇各章內容）。

因此，這樣的預算過程揉合市民提案的直接民主及由機關執行間接民主特色，但在這項特色發展過程，不免經歷過初期的不穩定階段，這本是新生事務遇到官僚體系運作上很常發生的現象之一，亦即所謂的陣痛期。

一般來說，政府預算編製過程，即是外界常說的「黑箱」（black box），於此並非指射是一種惡性的名詞，而是形容一種內部運作與專業知識的不透光性，很難從外面看見端倪，所謂的預算「黑箱」在程序與內容上有幾種特性說明如下：

> **預算編製**
>
> 政府每年都會對各種施政項目編列明年經費，各行政機關提出本身需求、經過一連串內部討論及審核會議，以確認各機關項目與金額，並彙編成爲預算書後送立法機關審議，經審議通過後才能成爲未來一年各機關可動用的項目與金額。

㈠ 政府預算是預先編好的

所有政府預算都是前一年編製完成，並且經過代表民意的立法部門通過，行政機關才依據立法部門通過的版本據以執行，所以即便通過的預算也反映是「過去」決定的項目與額度，並非反映「當下」及「未來」的需求。

㈡ 預算是匡列好的項目與數額

預算除了是前一年度編列好的特性外，它也依據行政機關業務分工與專業分項的特性，分門列項的列出各種預算科目與確定版的金額，行政機關只能在這個項目與金額去落實執行。

㈢ 流用跟預備金制度

　　雖說預算是前一年度編好且已經確定項目與額度，但為顧及「未來」使用上的需求與因應環境變化，所以會有各項目規定比例的流用（通常會在 10% 上下）以及以機關別的第一預備金及以整體政府別的第二預備金，另外還有包括災害準備金等制度設計，同時也可以在年度中追加減預算等，以供在前一年度無法預想到的需求變化等。

㈣ 預算編列最忌諱空白授權

　　民主政治在預算方面的設計就是行政部門編列預算及立法部門審查預算，執行與監督並行，以達成所謂的制衡原則（check and balance），讓民主制度循常軌前行。在這個過程中，立法部門最忌諱行政部門提出一個完全無法說明內容的預算案，甚或僅是列出額度就要求立法部門通過，這就會破壞這個制約與平衡原則，而讓制度運行橫生阻礙。

> **制衡原則**
>
> 意指各組織所具備權力彼此間相互制約及相互平衡，以避免權力向任何一方傾斜，造成無法約束的後果。

　　了解上述幾個原理原則後就會明白，當參與式預算在政見之初提出要拿出 100 億預算[1] 作為執行標的，當選之後轉化先從 5 億的預算額度開始試行[2] 以及制度穩定後納入市府既有預算程序辦理，這都是因為是上述的原理原則交互影響所致：

　　首先，為了讓市民提案可以順利納入預算程序，一開始的住民大會提案必須就在當年度的 1、2 月舉辦，經過審議後確立成案，就納入當年度各機關預算執行項目與額度；再者，整編後送議會審議，就不會衍生提案後無法確實執行以及無人負責的窘境[3]；最後，同時也避免當時議

---

[1] 參見柯 P 新政參與式預算篇：https://www.youtube.com/watch?v=6_LqnhuMhgA&t=22s。

[2] 臺北市政府民政局新聞稿：https://reurl.cc/W1kqr5。

[3] 其他縣市的許多參與式預算最後成案卻無疾而終，都是因為沒有辦法順利在後端行政機關部分落實執行。

會因為新生而來的參與式預算提案措施，而讓議會單方面認為剝奪他們預算審查的權力爭議。議會依然可以審查到，這就緩解外界常疑慮的直接民主與間接民主因參與式預算衝突的疑慮。

二、內部各機關的調和

　　在拆除外部這些因為原理原則或民主制度設計而可能導致制度失靈的炸彈後，另外要面臨的就是行政機關內部的預算分配爭奪戰，參與式預算一開始推動時，內部最需要整合的就是如何讓各局處能納入本身預算項目與額度內，對於行政機關來說，預算是種稀缺且必須競逐的資源，以彰顯組織及人員存在的價值與目的，這讓內部說服的作業跟外部的協調工作一樣艱難。

　　臺北市的例子是由主其政的民政局邀集負責研考的研考會及負責預算的主計處人員[4]進行協商討論，從當時各成案的案件入手，逐案審視其內容與所需預算數額，對焦到各案可能執行的市府各機關及其預算額度，確認機關為誰、確定提案金額未超過預算額度、如有不在機關項目與預算別者可以新增預算項目與額度（但這樣的案件量不多，多數都可以容納在既有機關及預算項目內），民政研考主計三方形成共識與決議時，就回歸到主計處的預算先期審查作業中初步核列，而在後續正式的預算會議上被追認通過，形成了下一年度必須執行的項目。

　　制度穩定後，更逐步推出如果提案現有局處當年度可以立即執行完畢的「逕予執行」措施，讓市民提案可以馬上於當年度年底前就可以完成，不用經過預算編列等的較長過程等待，這也是制度執行逐步優化的改進作為之一。

　　各局處預算規劃至最終市議會預算審查說明如前，另一般市民參與的住民大會提出的提案計畫書部分，提案計畫書預算之估算可實際訪價

4　主計處人員為已故張傑謙參議，當時為公務預算科科長。

（下節個案一）、參考政府採購相似案例的預算或徵詢市政府機關的意見。

　　如前所述市民提案成案後，會先檢視其既有預算，若無既有項目可新增預算項目與額度容納，更進一步說明臺北市政府的預算籌編的過程，市府內的預算審查分為初審、複審與最終核議，初審由「臺北市政府年度計畫及預算審查委員會」公民參與預算審查小組針對機關與算編列之妥適性進行討論，再由研考會、主計處、民政局等共同審議。複審由秘書長召開會議複審，最終核議先由「臺北市政府年度計畫及預算審查委員會」審查，再由市長、副市長、秘書長、副秘書長、財政局局長、工務局局長、地政局局長、資訊局局長、主計處處長、人事處處長、研考會主任委員等進行最終核議。表 8-1 為歷年預算籌編情形，

表 8-1　臺北市參與式預算提案預算編列統計表　　　　　　（單位：新臺幣／元）

提案年度	錄案數	市府概算數	議會審定預算	差異
2016	66	56,648,970	56,648,970	0
2017	76	150,346,518	150,346,518	0
2018	49	53,534,798	53,534,798	0
2019	44	62,815,518	61,965,518	850,000
2020	44	64,787,342	64,787,342	0
2021	42	34,423,000	34,423,000	0
2022	33	(12,244,200)	未審定	-
合計	354	422,556,146	421,706,146	850,000

說明：

1. 次年度概算由民政局彙整各提案權責機關預估執行經費。

2. 不含遲予執行案件。

3. 市府概算數、議會審定預算數、差異之合計，因 2022 年預算未經議會審定，不納入統計。

4. 臺北市議會審查信義區公所 2020 年度預算案（2019 年提案）「友善觀光培力方案」85 萬元（提案名稱：信義擺渡人—友善旅人服務計畫），認為應屬觀傳局做全市規劃，非信義區特殊需求，爰全數刪除；信義區公所提報 2020 年第 3 次參與預算組工作會議同意調整里程碑及辦理方式，改由「公民會館展覽活動費」10 萬元支應。

資料來源：臺北市政府民政局。

2017 年議會審定預算最高，超過 1 億 5,000 萬，截至 2021 年，累計臺北市參與式預算提案預算超過 4 億 2,000 萬。

三、消弭立法部門的疑慮

　　就臺北市議會監督而言，臺北市政府推動參與式預算之初，因為與議會溝通的問題，民意代表們誤會市府所謂的提案 5 億元預算，有讓議會空白授權的疑慮，反對聲浪大起，後臺北市政府積極透過議會政黨協商，才逐漸平息民意代表的誤解。因參與式預算各階段都有民意代表參與的機制，直接民主與間接民主相互融合，執行至今，民意代表也支持參與式預算的提案。不過，也有極少數個案曾遭議員否決，如上述 2019 年與個別行政區觀光培力相關的提案，因提案範圍僅侷限在單一行政區，議會審議預算時，有議員表示不同意見，因為他們認為其他 11 區應該比照辦理而刪除此提案的預算。雖然後來區公所勻支相關預算，也順利辦理完成提案，但這事件的啟示，乃在於若參與式預算的提案本身是具有全臺北市普遍或跨區適用的性質，則可嘗試以全市的觀點進行總體規劃，則提案的意義會比單一行政區各自提案更能彰顯。

　　臺北市民眾的參與式預算於市府編列預算前先進行住民大會，汲取民意，將民眾意見轉換為計畫，為使計畫領導預算，預算支援計畫，參與式預算的提案納入市府預算編製先期作業，之後循體制內程序由市府各機關編製預算，送交議會審查，得以確保民眾提案有預算支應，且受議會監督使其按時執行，直接民主之民眾預算參與可和代議政治之預算審查暨監督兼容並蓄，並行不悖。

肆、個案應用

一、信義區「我們的花樣年華」

　　2021 年臺北市立永春高級中學提案「我們的花樣年華」，具體內容有兩項，一是改造通往象山的圍牆，二是希望可以把校內的空地改造

成教學用的小田園。在這個過程中，高中生學習溝通，而預算編製採實際訪價，他們現身說法表達（臺北市政府民政局，2021）：

「從一開始的住民大會，我們跟許多哥哥姊姊一起討論、設計方案，在過程也有許多長官、專家幫助我們，給了很多實質的建議。過程中最印象深刻的就是提預算，一開始，因為沒有實際、精準的數據，用土法煉鋼的方式，拿繩子、捲尺測量計算。因為想要種喬木跟灌木，我們請教在臺大農藝系就讀的表姊以及松山工農的職工伯伯。圍牆如何整修、改建，請教建築系畢業的媽媽以及學校施工的包商。種植菜園跟種子的部分，我們拜訪社區的阿公阿嬤以及學校小田園的老師。在這過程中學會如何主動請教、詢問專業人員，慢慢突破困難。」

透過住民大會上簡報並闡述提案內容，主動參加公共事務，希望為社區盡一份心力，而學校的後花園改造成青銀互動基地，增進兩個世代間的感情，這群高中生懷抱著這樣的信念：

「敢想，是構築未來的能力；敢做，就能增進自己的能力；敢講，就是展現關懷社會的能力。讓我們成為一個幸福人，讓臺北市成為幸福的社會。」

有別於住民大會為區民的提案，「我們的花樣年華」不僅展現高中生的在地關懷，打造想要的社區，也透過提案設計與執行體驗參與式預算，高中生實際訪價，編列預算，自己決定如何花錢，由高中生做起，參與式預算也在高中校園逐漸遍地開花。

二、中山區「雙連大溝打勾勾，找到被遺忘的百年水路」
　　中山區住民於 2020 年提出雙連大溝打勾勾，找到被遺忘的百年水

路計畫，主要是希望進行兩大項工作（臺北市政府公民提案參與式預算資訊平台）：

第一項工作是進行整體的水文環境調查，包含：

1. 透過整體水文環境調查完整的串連柯市長在就任期間多次提及的「韌性城市」與如何建立「友善共生的都市水環境」。過去北市府透過各局處多項工程及管理手段，包括推動「海綿城市計畫」、「田園城市」、「雨撲滿及回收水的方式循環利用水資源」、還有超過 4 萬戶「污水接管」，但這些水治理相關計畫未被整合，也未與過往都市發展脈絡相扣連，因此僅能單點式的撒落在城市之中，需要有區域整體水文環境調查，方能統整相關市府計畫也才能把舊有水道紋理跟整個城市的發展及社區文史做串聯。

2. 透過新舊地圖之盤點及 GIS 套繪，找出舊水路的的遺跡，成果作為評估水道保存、再利用及修復之相關依據。區域整體水文環境調查是都市發展及更新的基礎，應將各時期的水路圖套疊於現今的地圖上，並研究分類水道之文化景觀價值，做為後續城市發展與更新時之基底。透過整體的研究調查，也才能避免後續其他水道在遇到文化資產及工程搶修時遇到文資審議無法快速反應的窘境。

第二項工作是辦理參與式工作坊及相關社區策展：

1. 辦理參與式工作坊，讓社區找到舊水文及認同感透過軟性參與式工作坊，讓居民及外界了解百年來見證清領時期雙連埤到日治時期都市化街區改正與排水改道的百年渠道。讓居民看到舊水道在哪，把水找出來，讓舊水文被認同重視，讓社區知道生命、生活文化裡，水道的重要地位，並找回認同感。軟性參與式工作坊形式可包含走讀、社區討論會、環境設計工作坊、社區綠美化工作坊等各種可能。

2. 盤整社區策展，由於中山區有許多舊水路的長期權屬問題，環境零亂，透過社區策展，驅動社區主動改善環境舊水路造成的髒亂後

巷，有時有排油煙、髒汙廢水等課題亟需解決處理，但民眾仍難以想像這些避之唯恐不及的環境問題該如何改善，應透過社區策展協助社區居民找到如何讓街區保有水路蜿蜒及轉角驚喜的韻味，創造未來生活與這些水路遺線，共創新開放性空間的可能性。

3. 工作坊與城北廊帶及無牆博物館計畫結合，讓中山區成為推廣雙連陂在地水文化的環境教育場域。雙連陂在中山區的重點範圍，捷運中山站到雙連站的街區正好是城北廊帶的範圍之一（提案內容摘錄自臺北市政府公民提案參與式預算資訊平台）。

「雙連大溝打勾勾，找到被遺忘的百年水路」計畫由中山區民眾自發性提案，大事紀如表 8-2 所示，2020 年 2 月於中山行政中心 10 樓大禮堂辦理提案說明會與住民大會（投票人數：46／得票數：42），3 月進行提案審議工作坊，之後提案公開展覽，2020 年 4 月經審議預算高度可行，由臺北市整府各局處協助召開文史調查諮詢會議（文獻館）、

表 8-2 「雙連大溝打勾勾，找到被遺忘的百年水路」計畫大事紀

日期	計畫進程
2020/2/26	提案說明會與住民大會
2020/3/25	提案審議工作坊並公開展覽
2020/4	文史調查諮詢會議（文獻館），走讀導覽（文化局），社區策展（都更處）
2020/4/15	第2階段提案審議公共性為中度可行，適法性及預算可行性為高度可行。
2020/6～6/15	提案票選
2021/1～2月	蒐集彙整地方文史資料，建立地方知識基礎資料，盤點新舊地圖及套繪（文獻館）；輔導社區策展提案申請（都更處）與輔導社區提案申請藝文補助（文化局）
2021/3	結案

資料來源：臺北市政府公民提案參與式預算資訊平台。

結合城北廊帶無圍牆博物館活動辦理 1 場走讀導覽（文化局）與社區策
展 1 場（都更處），於 2020 年 6 月提案票選（區投票總數：17632 ／ 得
票數：15,792），2021 年 1 月至 2 月則蒐集彙整地方文史資料，發展相
關論述，建立地方知識基礎資料，並盤點新舊地圖及套繪（文獻館），
輔導社區策展提案申請（都更處）與輔導社區提案申請藝文補助（文化
局），3 月則辦理結案行政作業（文獻館）（彙整自臺北市政府公民提
案參與式預算資訊平台）。

　　此案中山區民眾自發性提案，提案內容由文獻館主辦，都更處及
文化局協辦，預算約一千萬元，併入相關局處執行預算。中山區雙連大
溝打勾勾除設有臉書專頁外，同時拍攝短片紀錄被遺忘的百年水路，對
於在地文化的保存有其貢獻，充分展現民眾當家作主。藉由無牆博物館
概念的進駐，誠品地下街與線形公園的串連，加上赤峰街新興的文創小
店、獨立人文書店，以及「臺北當代藝術館」、「光點臺北」、「蔡瑞
月舞蹈研究社」等歷史古蹟，構築一座擁有綠意、文創、歷史風華的城
市博物館。透過與城北廊帶及無牆博物館計畫的連結，讓中山區成為推
廣雙連陂在地水文化的環境教育場域，也讓民眾及中山區中小學探索
與學習在地的水文歷史脈絡（臺北市政府公民提案參與式預算資訊平
台）。

伍、結論與展望

　　整體而言，大部分民眾對於政府預算編製的認知很模糊，常用個人
經驗或主觀的想像估算提案金額，與政府機關實際評估的預算金額，相
去甚遠，讓民眾知道怎麼編預算相當重要，不管是推廣教育課程、提案
說明會等場合，或專區網站、粉絲專頁中，可多加說明預算編製的項目
與內容。

　　其次，有關提案可能間接排擠到原定計畫的預算額度或順位之
虞，但根據林德芳等人分析 2016 至 2018 年提案金額數（林德芳、曾國

俊，2019），扣除部分極端值，第一年平均金額為 160 萬，第二年為 300 萬，第三年為 565 萬，預算金額雖然逐年成長，但以臺北市政府一年總預算 1,800 億上下的規模來看都可以容納；另外，市民對於自身提案金額，並非是以大型項目為思考基礎推估所需費用，且金額也都在臺北市各機關預算可以容納的額度內，況且如提案未在原本機關所列項目與預算額度內，前述的先審會議都可調整容納，這也表示一開始許多專家學者擔心參與式預算會造成政府預算資源的排擠，這種情況在臺北市政府推動八年內尚未發生。

最後，總體預算額度的概念也待強化，如道路整建一年總預算約為 10 億上下，但分配到各區各承辦人員手上，額度就會逐級配置，但參與式預算是各方提案，難免會出現某部分提案較多，但負責該業務的人員分配到的額度已經用完，誤以為已經沒有預算，常會用沒有預算這說法擋住後續提案，但這是個別不足而非總體不足，是可以透過內部調整就可解決，但承辦人員與市民都缺乏這方面的認知，這雖然是推動初期常看見的情況，現時已較少這樣的情況發生，但這也表示政府預算科普知識應該在內外部要努力地推廣。

參與式預算的推動，通常需有以下條件配合（徐仁輝，2017）：首長的支持、立法部門的包容、公民社會的深厚基礎、彈性的財政資源、預算透明、大眾傳播媒體的報導與傳遞資訊、適切實施範圍的選擇等。這些條件反映於臺北市的參與式預算，市長、民政局與各局處首長支持參與式預算的推動，議會的審查與監督讓民眾提案獲得預算，得以順利執行，再者，各區的臺北市民願意且熱心參與提案、住民大會與投票，納入代議體制內的參與式預算，有助直接民主與間接民主並行，整個參與式預算過程預算編製與執行過程的資訊透明，大眾傳播媒體的報導與倡議以及適切於各行政區同時展開等，展現臺北市參與式預算成功的關鍵。

參考文獻

1. 林德芳，曾國俊（2019）。參與式預算實踐過程的反思—以臺北市2016年至2018年成案分析爲例，第十五屆海峽兩岸暨港澳地區公共管理學術研討會。

2. 徐仁輝（2017）。參與式預算制度的理論與實踐，財稅研究，43（2）：1-12。

3. 徐明莉、莊文忠（2020）。臺灣民眾的公民意識與公民參與，人文及社會科學集刊，32（3）：333-336。

4. 傅凱若（2019）。民主創新與公共價值創造的實踐—以臺灣都會區參與式預算爲例，臺灣民主季刊，16（4）：93-141。

5. 蘇彩足（2017）。公部門推動參與式預算之經驗與省思，文官制度季刊，9（2）：1-22。

6. 蘇彩足、孫煒、蔡馨芳（2015）。政府實施參與式預算之可行性評估。臺北市：行政院國家發展委員會。

7. 臺北市政府公民提案參與式預算資訊平台，https://pb.taipei/，檢索日期：2022年7月2日。

8. 臺北市政府民政局（2021）。「2021臺北市參與式預算論壇」年輕世代閃亮登場，https://ca.gov.taipei/News_Content.aspx?n=080D7D061A30C74B&sms=72544237BBE4C5F6&s=E05D3759EB12CFF4，檢索日期：2022年7月2日。

9. 雙連大溝打勾勾，https://www.facebook.com/pg/%E9%9B%99%E9%80%A3%E5%A4%A7%E6%BA%9D%E6%89%93%E5%8B%BE%E5%8B%BE-119565399506429/videos/?ref=page_internal，檢索日期：2022年7月2日。

Chapter 9

提案的廣納與收斂：
理想與現實的拉扯？

徐淑敏、許耿銘、李天申

壹、前言

在臺北市推動參與式預算制度中，區級的公民提案程序，包含以下步驟：徵求提案構想、住民大會、提案審議工作坊、入選提案公開展覽、提案票選（詳見第 8 章）。以參與式預算制度而言，當然希望能廣納各方的提案，但是提案過程仍須遵守參與式預算制度的規範，並獲致民眾的同意與支持，因此對於提案需加以收斂以達到共識。

在臺北市推動參與式預算制度的過程中，即可發現提案的廣納與收斂兩股力量不斷地在拉扯。以下將分就市民個體與市政總體的關係、參與式預算制度程序漫長與選擇請求議員會勘以求快速獲得解決、跨域管理的問題、參與式預算經費規模、參與式預算提案規模之增減等面向，予以進一步探討提案之問題。

貳、提案過程中的兩難
一、內容相同或近似，誰來併？怎麼併？真的願意被併？

在住民大會當中，由於市民關注的議題多半與自身生活切身相關，而且來參加活動的民眾通常住在舉辦場地的附近，因此容易發生提案的性質類似、地點相同等情形。譬如，有市民提案加強某座社區公園的環境美化，而同桌當中也有其他人針對同一公園提出構想，但內容是希望更新兒童遊憩設施。當然，相同狀況也可能發生在不同桌之間。遇

到這種情況時，可以如何處理呢？

當同桌內有不同提案、但內容相近時，桌長就扮演重要的角色。桌長可詢問這幾位市民，是否願意將他們的構想整併為一案，譬如把某公園環境美化、遊憩設施更新的這兩案，合併為「某公園環境設施升級計畫」，同時納入這兩個構想。如果住民大會現場的公所主管（如區長、副區長、經建課長）、官學聯盟的陪伴老師能從旁推一把，民眾多半更願意將類似的構想整併。

另種方式是在住民大會正式開始之前，就先將興趣或構想類似的民眾安排在同一桌。具體的作法是，在住民大會當天，市民一抵達活動現場時，就先請他們寫下關心的議題，或是想提案的地點或內容。公所人員收齊後，立刻依據市民提供的訊息，將關心之議題或擬提案之構想近似的民眾放在同一桌。如此一來，同桌的民眾就能在相近的基礎上進行討論，提升提案的品質。

然而，是否併案是不能強制的。即使桌長、區公所主管、陪伴老師都建議不同的提案可以整併，但難免有提案人會擔心，若自己的提案與其他人整併之後，討論的焦點可能會分散，重要性會被稀釋，甚至被忽略。這種狀況曾在身障團體的提案發生，但這是為了保障弱勢族群的權益。另外，也有少數市民就是希望提案人的欄位上頭只有自己的名字，不願跟其他人共同陳列，或是被排在其他人後面。遇到這種情況時，也只能尊重當事人的意願。

二、你要，別人未必要，跨區更難！

參與式預算提案人的初衷，多半是為自己的居住地爭取好處，但提案有時會有「利己不利人」的狀況。而且，臺北市參與式預算的提案是以區公所為受理單位，因此提案容易受到行政區界線的羈絆。當提案涉及不同的行政區時，另一行政區未必想要，成案的難度就會大幅提高。這樣的案例，在士林與北投、中山與內湖等行政區之間均曾發生過。

　　首先是「點亮大安，城市光廊」，本提案主要是為了能夠增加社區的安全而提出的，提案起因主要考量危險總是發生在陰暗的角落，遺憾的發生也是因為受害者沒有求救的管道，因此希望能夠在陰暗與人煙稀少的地方增加照明設備。而本提案是為了想要美化城市而提出的想法，藉由光的藝術的展現，不只可以有照明的功用，還與藝術做了結合，有美化城市的作用，還可以做為一個觀光景點。依照大安區 2021 年度參與式預算住民大會第 4 場的會議紀錄，此提案之構想內容為：第一，點亮大安增強社區安全（泃跡、霧裡薛圳、大學公園、195 號綠地）；第二，設立智慧路燈或增強 LED 燈鑲嵌地底燈，以公園道路、死巷亮化照明為主（增強安全性）；第三，城市光廊─大安亮起來，以「光」為主體，結合藝術家、廣告公司（一場藝術與環境的演出）；第四，於公園死角、死巷設立「緊急按鈕」。

　　此提案是位處綠地很小的大學公園和溫州公園，原希望在公園中安裝光籌、地底燈、感應式路燈等設施。提案人認為增設照明等燈光，會讓公園變得比較浪漫，但是旁邊的鄰居卻會覺得是光害，並不覺得有其必要性。後來此提案於審議程序，審議團考量此案究竟是提案人想要，還是實際需要？最終經審議結果，評定公共性為低度可行、適法性及預算可行性為中度可行，因此並未過關。

　　另一個類似的案例是，士林區蘭興里民在 2018 年住民大會提案，希望在磺溪沿岸的橋梁加裝彩虹燈光。民眾提案的緣由是，蘭興里橫跨磺溪的橋梁共有七座，僅有華興橋在夜間綻放彩色霓虹燈，當地民眾希望其他橋梁也能比照裝設，打造為天母地標。然而，住在橋梁另一側的北投區民眾擔心，裝設彩虹燈光會造成光害，影響生活品質，因而反對這項提案。市政府雖然嘗試協調兩個行政區的里長與居民，並建議限縮到僅在兩座橋梁上裝設燈光，但北投區的里長與民眾仍堅持不同意，故最後無法執行。

　　此外，還有一個相關案例。劍南山是許多登山客、單車客運動的地

方，山上的劍南路跨越中山、內湖這兩個行政區。2019 年，中山區的當地里長提案，建議在劍南路 148 號燈桿至 261 號燈桿旁的道路側溝加裝水溝蓋，以提升道路的安全性。然而，若工程僅施作中山區的部分，到內湖區道路側溝就沒有水溝蓋，這會顯得很奇怪。因此，市政府與劍南路在內湖區境內的里長溝通，希望能與中山區里長共同提案，但未獲得同意。後來，中山區提案的里長就主動撤案了。

三、民眾的專業性不足，提案過程如何把關？

根據以往市政服務的經驗，常見到民眾會認為其想要的服務項目，政府都應該要予以滿足。在參與式預算制度推動的進程中，整體而言都是朝向正面的發展，惟思考部分公共問題的屬性，恐難單純僅以民眾的提案就需全盤接受。因此在參與式預算制度過程中，是否需要加入專業評估，實需予以進一步考量。倘若一個在實務上可能窒礙難行的提案，沒有在住民大會、審議工作坊中經專業評估的過程，一旦於 i-Voting 順利過關，最終是否還可能中止該項提案？實值吾人思考。

例如，根據 2016 年度「還我『行』的安全－大安交通問題」的提案計畫書，提案人主張「北市府 1979 年決定將仁愛路與信義路改為單向道，仁愛路單向道範圍從敦化南路端至中山南路端，僅公車可在專用道雙向通行，造成一側居民交通及生活不便，現捷運已完工通車，應恢復雙向通行」，並於住民大會經併案後獲得收案。

於第二階段提案審議工作坊中，與會的臺北市交通管制工程處代表陳述「……當捷運通車之後有去評估交通量，發現信義現在交通量變多了，就不去恢復雙向。現在每年都有檢討現在的交通量跟當時去對比，發現從 2011 年到現在交通量逐年上升。每年都會檢討，如果恢復之後，信義路跟仁愛路周邊可以負荷的話我們會去進行」。有委員認為「……可能是些許人的便利……應該是交工處是不是有每年去做問卷，當地的鄰里之外，所有相關人的問卷都要做，去呈現這樣的公共議題大

家的看法是如何……」，另有委員表示「……單行道改雙向道這個茲事體大，所謂的幹道，都市大動脈不是只有里民在用，還有很多用路者要用，……犧牲一點繞道、帶來大家的順暢是大家可以考慮的」。由此可知，在參與式預算制度過程中，無論是交通、學校的營運空間、彩繪、交通等，都是需要加入專業評估的考量。

　　再者，先前有很多參與式預算的提案是關於堤壁彩繪，例如：有民眾認為捷運高架下的梁柱並不美觀，提案希望能加以彩繪。若以捷運局或是捷運公司的立場，會覺得高架梁柱彩繪後不容易看出哪裡有裂縫；但以提案民眾的立場而言是美觀，但是否實際有其需要性？

參、提案的漫漫長路

一、程序冗長，提案人還可能不見！

　　在參與式預算的推動過程中，區級的公民提案程序，包含徵求提案構想、住民大會、提案審議工作坊、入選提案公開展覽、提案票選等階段。在提案構想或住民大會的階段，民眾可以依照地方的需求提案；不過若到審議工作坊階段，因為遭遇實際的機制、法令、經費等問題，提案人會較為願意面對現實，而非僅是隨意的提案。特別是在審議工作坊時，現在有許多審議員會更在乎經費規模，並提出相當實際的考量因素。

　　對於區級提案而言，倘若提案有順利過關，有許多階段需要提案人的協助，才能完成整個提案程序。不過曾經有提案已經通過 i-Voting 的考驗，但卻找不到提案人。經區公所與民政局的努力找尋，才發現該提案人為一位學生，其參與提案，主要是因為老師要求提案為學校作業的一部分。對於學生而言，出席與提案可能只是嘗試練習，學生提案的內容可能是創意或即興的發想。至於在住民大會提案成功之後的發展，恐怕就不是該位學生在意的事情，也就因此不容易再聯繫上了。

二、複雜與專業的提案更費時

若住民提案具備跨機關性質、複雜性或專業性程度高，則跨局處協調過程，可能要耗費更久的時間和協調成本。在此過程中，政府機關必須與提案人溝通。倘若提案人完全不能溝通，政府機關可能就需採取專業評估，例如：多少的距離才能做橋，完全用既有的條件與規範予以溝通。而專業評估時，如果邀請的評估者都是由政府機關代表所組成，提案人應該會不服氣。因此評估者可以由政府與提案人雙方共同推薦人選，並採科學的方式予以評估。

例如：2017 年度士林區的「三腳渡自行車道跨岸吊橋」提案，根據計畫書之內容構想，是由於「以單車代步」享受低碳生活已蔚為時尚，如能自士林三腳渡碼頭橫跨基隆河至圓山碼頭打造一座吊橋，橫跨基隆河南北兩岸之自行車道，也是一座觀光吊橋，又可優游在吊橋上騎自行車，清風徐徐，享受低碳自由自在的生活。且三腳渡是臺北市唯一有漁民的碼頭，對岸又有圓山碼頭，自行車道跨岸吊橋，加強了兩岸民眾通行之便利性，兩岸之圓山捷運站、劍潭捷運站，可帶來觀光人潮，其又有基隆河及圓山之襯托，著實美不勝收，將見證臺北市變遷的重要據點。

該提案的吊橋下方有一個龍舟公園，但主責機關無法確認公園蓋好以後有多少人使用；如果來的人多的話，該案就有推動的必要性，反之則無須再議。之後經由研究設計，測量在哪些時間區段之間共有多少來訪人數，以此較為科學的方式予以評估。但事實上，在以 9,000 萬建置龍舟公園之後，當

> **主責機關**
>
> 實務上多稱 PM 機關，PM 為英文 Project Management 的縮寫，係指專案管理。由於參與式預算的專案推動常涉及跨機關，須由某一機關主責執行與管控進度，而該主責機關即為 PM 機關。

地的民眾並沒有感謝你，只記得市政府並沒有設置吊橋。

三、提案規避參與式預算的作法

　　由於參與式預算提案的行政程序冗長，推動跨機關、複雜、專業的提案更是曠日費時，行政機關、地方人士有時會為了爭取時效，刻意規避參與式預算的流程，藉由機關逕予執行、議員會勘等方式，加快推動的速度。

㈠ 逕予執行

　　提案中逕予執行的部分需要符合以下原則：1. 當年度預算可執行；2. 當年度執行完成就結案；3. 提案人與權責機關達成共識；4. 提報市府公參會參與式預算組工作會議確認（傅凱若、張婷瑄，2020：63）。逕予執行的提案一旦超過期限就會檢討，因為主責機關可能會因為自利的考量向提案人建議，採取逕予執行的方式，不要讓提案採取原來參與式預算的程序，否則要經過審議與 i-Voting 的程序，而且研究發展考核委員會會予以列管。但若以民政局的觀點，如果逕予執行無法順利完成，會說服提案人繼續遵循參與式預算的程序。甚且，因為採取逕予執行，就沒有提案計畫書和 i-Voting 等必須上傳提案管理系統的文件，更無法約束提案人必須按照原始提案計畫書執行。

　　但因為在原來逕予執行過程中，部分局處會同意原提案增加其他內容；若逕予執行無法順利完成，該提案得回歸參與式預算的 i-Voting 等程序，此時得重新檢視原始提案，就會發現當時的提案內容常會迥異於原始提案，此時就得要公民參與委員會同意如何結案的方式。

㈡ 議員會勘

　　在住民大會時，民意代表（立委、議員）及里長／審議顧問，得以顧問身分列席，聽取討論內容，但不主導討論意見或方向。不過相對於參與式預算的程序，議員會勘也是民眾爭取地方建設的管道之一。依照「臺北市政府各機關參加臺北市議會會勘、協調會注意事項」，各機關接獲臺北市議會或議員通知參加會勘、協調會時，除應指派適當層級人

員準時出席外，並應獲得充分授權，以利行政效能之提升。

一般的議員現地查勘，常見的程序是民意代表收到民眾（或里長）的陳情或反應，經過議員（或助理）評估，發公文給政府相關局處，並邀集相關單位共同前往；經確認時間與連絡陳情人，依照約定時間抵達現場共同會勘，以確認民眾的陳情與建議（林于翔，2019）。無論是議員的會勘或選民服務，可以讓民眾對於地方建設的需求，與政府官員有直接提出訴求的機會。相對於參與式預算的程序，需要至審議工作坊才有機會與政府主責機關人員對話的機會，議員會勘反而可能是較為省事的管道。

肆、提案很燒錢？低成本也能高效益！

由於多數市民沒有在公部門服務的經驗，對於如何編列政府預算也缺乏概念，因此在住民大會進行參與式預算的提案時，說到提案金額的部分，常常是憑直覺來「喊價」，甚至有人會覺得一開始先寫高一點，才有被人家「砍」的空間。另外，也有人以為參與式預算必須「大撒幣」，才能做出令人眼睛為之一亮的「亮點」。其實，參與式預算提案「燒錢」是個迷思，是否有亮點也不重要，重點是要符合市民與市政需求。因此，參與式預算未必要花大錢，有時只要花小錢、甚至不花錢，也可以做出令市民滿意、對市政有利的成果。

舉例來說，臺北市有超過三萬名的新移民，其主要來自中國（含港澳）、越南、馬來西亞、印尼、泰國、菲律賓，也有少數來自於其他國家。由於新移民的市政需求與土生土長的臺北市民不盡相同，所以臺北市政府期望也能透過參與式預算，更了解其想法。有新移民在參與式預算的活動中提案，表示他們的子女長大即將就學，但因為語言能力的限制，有蒐集資料的困難，搞不清楚各種學制以及升學方式，希望市政府能幫忙。

為回應新移民家長的需求，市政府教育局在 2017 年 5 月、9 月，

分別在南港、萬華新移民會館舉辦各三小時的說明會，向新移民家長介紹國中升高中與高中升大學的升學管道、孩子多元發展的可能性、各校特色，最後將會議資料存放在新移民專區網站，並提供多種語言讓新移民家長參考。市政府在這項參與式預算的提案上，除了舉辦活動的行政支出之外，幾乎沒花到錢，就讓新移民家長的問題得到滿意的解答，也使其知道要如何諮詢與取得相關資訊。

另外，2018 年度北投區曾有民眾提案成立「嗄哩岸打石文物館」，祈望藉由文物館的成立，除了透過文物的展示，恢復嗄哩岸岩風光的歷史面貌。根據該案的提案計畫書可以得知，當時並無一個場地可以完整且文圖並茂的展示所有的打石工具及體驗教學。當需要進行鄉土教學或導覽時，僅能借用慈生宮的廣場或東華街臨時打石場做為教學地。打石工具當時置放多處，初估約 500 件。

根據提案審議工作坊中機關建議成案構想項目，嗄哩岸採石及打石為北投區在地傳統產業之一，教學、文物展示及文化導覽深具意義，然博物館之成立，須符合《博物館法》相關規範，包括藏品之典藏管理、研究展示、人才培育、公共服務及行銷管理等，且須有固定館舍場地及專職並具相關專業之館員，設立要件門檻較高，恐難達成。

在 2018 年 9 月 5 日會談，確定展示設置於嗄哩岸捷運站外線型公園，確定以嗄哩岸石牆及打石相關器具展示為主，展示已委託地方團體進行腳本及文物整理。以文化局為主責機關，實際支用金額為新臺幣 116 萬 15 元，相對於成立一個打石博物館，此案的結果雖然是在捷運站外公園的空地和廣場，配合設置小型的展示空間。甚且，提案人有拍攝影片，其表示只想要把打石文化流傳下去，至於是否成立博物館，或是用什麼形式呈現，提案人皆可以接受，是一個官民合作的極佳範例。

再舉一個例子，2016 年時，有大安區民眾提出「淨化天空纜線：一網打盡」的案子。提案人認為臺北市區的天空纜線雜亂，有礙市容觀瞻，因此希望把地面上的纜線地下化，整理到排水溝裡面，並從大安區

仁愛里開始施作。然而，該提案的路段爲私有地，市府無法直接處理，而且若將纜線放到排水溝之內，可能會影響排水功能。市政府水利處爲回應此類提案，特別制定「臺北市政府舉辦雨水下水道工程注意事項」，若市內未來也有將纜線整理到雨水下水道的需要時，就有規定與程序可以遵循。這項提案未讓市府花一毛錢，就獲得全市適用的法規。

　　總之，民眾關注的事情多半與自己的日常生活相關，因此參與式預算的提案規模通常不會很大。況且，參與式預算的屬性與要撰寫計畫爭取政府經費補助的社區營造不同，不必陷入「數大才是美」的迷思，只要能符合市民需求、有利市政推動，花小錢、不花錢的提案也能立大功。

伍、結語：邁向官民好夥伴

　　臺北市政府從 2015 年開始推動參與式預算，已累積值得深入探索的大量個案。在這個過程中，對於提案的市民、市府公務員而言，都是寶貴的經驗，各方都能從中學習與修正作法。市民會透過參與式預算來提案，必然是因爲有需要，只是可能對公務體系的運作不夠了解，未必了解自己提案的可行性，不知是否符合專業，也不容易關照到每個細節，更不可能從整體市政的宏觀角度來思考問題。甚至曾有學生的提案明明已經 i-Voting 通過，但卻從此避不見面。相對地，對參與式預算抱持期待與熱情、持正面肯定的公務員不在少數，但也有部分公務員未必能同理提案人的期待與需求，在面對提案時，會有「多一事不如少一事」的心態；或囿於本位主義，希望提案盡量不要通過；抑或推給其他主管機關，影響提案人對於參與式預算的信心。

　　最後，在民主治理的時代中，參與式預算是公民參與的具體實踐方式，每個環節都充滿「眉角」。提案若要推動成功，除了要

本位主義
當處理複雜的跨部門事務時，相關單位未將整體效益作為主要考量，而是為了謀求自身利益、便宜行事，不願意配合，甚至扯後腿。

符合專業標準，也不能傷害他人利益；而且，提案人、公務員必須好好溝通，針對每個細節進行討論，相互理解對方的需求與立場，共同走完程序。如此一來，政府與民間才能成為好夥伴，共同提升市民福利與市政品質。

參考文獻

1. 林于翔（2019）。什麼是會勘？會勘勘什麼？ https://www.facebook.com/yuxianginty/posts/285644122373857/。
2. 傅凱若、張婷瑄（2020）。當公民參與遇上專案管理：以臺北市參與式預算的專案管理為例，行政暨政策學報，71：43-88。

Chapter 10

走完參與式預算的最後一哩路：定案、執行與結案

黃東益

壹、前言

隨著台灣民主化的發展，中央及地方政府無不積極設立各種機制，提供民眾在政策推動的不同階段表達意見或協力參與。但過去推動的許多民眾參與機制常常因為公民討論的結果束之高閣、欠缺與政府體制連結、或無法落實結論，而被嘲諷為「狗吠火車」。不同於過往只強調民眾討論過程及創新模式的參與機制，參與式預算（Participatory Budgeting）主要是由兩部分組成，一個是前端提供給人民參與的機制（Participation），另一個是政府落實預算的後端過程（Budgeting）。有關參與式預算的這項創新，台灣近幾年來的研究大都著重在前端的參與機制，強調在實務運作上需要有一些制度的建立與調整來因應這個新的措施。不過，在民眾提案過後，機關如何有效地執行民眾提案、使民眾有感，是參與式預算執行過程中非常關鍵的一哩路。

本章主要探討參與式預算在民眾參與提案討論及定案之後，執行的主責機關（PM）怎麼產生？在過程中提案人和主責機關各自面對哪些不同的環境？彼此的想法及期待如何？在這個執行的過程如何互動以及有哪些因素以及偶發的狀況影響最後的結果？本章也將從這些分析提出對參與式預算制度上的建議。以下將先說明參與式預算的整個流程以及本章所關注的階段，接續說明主責機關如何產生。第三及第四節分別探討承辦人以及提案人各自所面對的環境。第五節則分析在執行錄案的過

程中有哪些因素影響到最後的結果，最後則根據這些分析提出參與式預算制度精進的建議。

貳、在定案之前

臺北市在 2014 年推動參與式預算的背景和發源地巴西愉港市的時空環境有所不同。巴西推動參與式預算的背景，主要是在人民黨當選執政後，爲增加弱勢族群的公共參與機會，讓弱勢族群透過由下而上的方式提出需求，讓政府有效的解決他們的問題，改善他們的生活，進而擴大其支持勢力，鞏固其政權（萬毓澤，2015）。不同於參與式預算在巴西的發展背景，在臺北市推動該制度之前，台灣已經進行了十幾年審議民主的實驗，包含公民陪審團、審議式民調、公民會議與願景工作坊等，累積了可觀的公民參與經驗（Huang & Hsieh, 2013）。此外，在制度推動之初，是由政府機關、公民團體與審議式民主的學者專家共同擬議與制定，因此在制度過程中融入了審議民主強調「公平參與」以及「知情討論」等重視討論品質的相關元素。

在以上的制度脈絡之下，臺北市在推動參與式預算之初，就非常具有系統性地去規劃制度的細節與流程。這些細節與流程可以參考其他章節。

在參與式預算提案到結案的過程中，提案人和政府相關部門之間在許多環節必須攜手合作，才能夠讓提案順利地在法制上以及實質上完成。在這些環節中，民眾要呈現其所遭遇問題、真正需求以及解決策略，相關局處則須針對民眾提出的建議或構想，提出專業的意見以及必要的資源，協助落實民眾的想法。民眾提案在經住民大會票選成案後由主辦單位指派主責機關及相關業務機關，在審議工作坊召開之前在區公所辦理預先審查會議，由主責機關、相關局處進行初步的評估，提供審查機關的技術專業及法律意見。必要時則須進行實地會勘、適法性確認或與提案人進行更進一步的溝通，並針對提案初稿在提案人的同意之下

進行必要的調整。

　　在預先審查之後的提案審議工作坊，同樣需要提案人和公部門主責機關及相關業管人員進行互相溝通。提案審議工作坊可分為兩個階段，第一階段為「提案討論」，這個階段會議中，雖然權責機關對於提案窒礙難行之處提出說明，但提案人常有其堅持，在僵持不下時，則由在場的公參委員或陪伴學校的老師等進行協調。「逕予執行」的提案則由主責及相關機關在該年度所編列的預算中開始執行，而決定不可行的提案則由提案人同意之下簽名結案，其餘通過第一階段的提案，即進入第二階段的「提案審議」過程。

　　最後一個提案人和公部門互動合作完成提案構想的階段，是提案經過議會預算通過的執行過程。在提案執行階段，往往遇到一些不可測的問題，使得提案的落實遇到障礙。由於提案在規劃階段可能無法獲得足夠的資訊，或未做詳盡的規劃等因素，在開始執行時容易發現原先規劃時未能預料到的問題，例如產權不清、技術上無法執行、或法律上不允許等，此時公部門即需要嘗試去說服提案人進行提案上的調整。若提案人無法諒解提案調整的幅度，也不願退讓或拒絕結案，則容易形成執行上的僵局。

　　整體而言，在這個從住民大會成案到預算通過後提案定案實際的過程中，提案人和權責機關的協力關係將影響到整個參與式預算的整體成效，包括提案落實的程度以及民眾問題的解決或需求的滿足等，進而影響到民眾對於參與式預算制度的評價、未來參與意願，以及對於政府的整體信任。根據過去的觀察，這個過程並非一直都很順暢，這主要牽涉到主責機關所面對條條框框的公務環境以及提案民眾所面對的生活世界之間的差異。以下將分別就主責機關與提案人兩者間的環境進行探討。

參、主責機關的指派以及承辦人的組織環境

　　在住民大會成案之後，提案進入審議工作坊之前，各區區公所針

對提案內容所涉及的業務指派主責機關以及相關業務機關。主責機關的指派，主要有下面三個目的：1. 進行提案人溝通：主責機關需了解民眾的提案構想，釐清提案內容的疑點，針對窒礙難行之處，提出專業的觀點，並藉此修改提案內容，以符合公益性、適法性以及預算可行性，讓提案可以順利在參與式預算的流程中往前推進；2. 進行跨機關的協調：由於民眾的提案可能同時包裹多個不同的議題，且即使提案只有一個單一項目也可能涉及到不同機關或單位，例如將國小預定地改為運動公園有可能牽涉到教育局、公園處、新工處等，而不同局處有不同的權責、法規以及政策方向以及預算規模，此時即需要主責機關協調整合，以符合前述參與式預算的各項原則；3. 管考錄案後的執行進程：主責機關需定期的去檢視執行概況，並依照計畫期程、管制進度，最後能夠如期如質完成。

從以上所提到主責機關的各項職能可知，主責機關是提案執行成敗的關鍵。但對於機關的指派，並不是一件單純的任務。雖然在政府內部各機關以及各單位的權責及分工都很清楚，但從民眾的角度，提案常常是基於解決生活環境中的難題或要讓生活更為便利，透過參與式預算管道要求政府，民眾所提建議常常不會匡限在特定機關的權責，而大都涉及到各局處。但遇到提案涉及的各局處時，又要如何讓相關局處能夠願意來協助落實提案呢？為此，除了設計前述的主責機關機制之外，市政府也規劃了「提案主責機關指定及調整原則」，作為在審議工作坊與 i-Voting 過程中，區公所依照個案需求指派與調整主責機關的依據。

主責機關指定的原則主要有四項：第一，提案標的或主要項目權管機關，如果提案內容夠明確，很容易就可確認主管機關。當涉及到眾多的機關難以分辨時，則可依照第二個原則，選擇提案中執行期程最長機關作為主責機關。如果各單位的提案執行期程相當，難以選擇時，則適用第三個原則，以提案執行期程在最後的機關作為主責機關。最後，如果上述以時程的原則難以適用時，則以負責提案項目最多之機關作為主

責機關。主責機關指定後，並非就從一而終，而會隨著提案的變更而轉換。例如，提案人調整提案項目或執行期程改變，或是上級機關依據提案調整的內容，認為由其所屬機關擔任主責機關為佳，直接指定所屬機關為主責機關。[1]

　　在主責機關指派之後，通常該機關會依據提案性質所涉及的內部單位指派一位承辦人以及主管共同負責。然而，政府部門的許多特性會影響到主管及承辦人的配合度，例如機關或單位本來就有其法定的職掌，但提案往往處在其法定職掌的邊界；機關每年度也有其固定的預算或者是既定或即將推動的計畫，參與式預算亦可能排擠到原來的經費獲優先推動的計畫。再加上承辦人或其主管本來就需負責固有職掌的業務，參與式預算將會增加他們非預期的工作量。因此，在參與式預算執行初期，許多部門承辦人及主管對於參與式預算的提案採取較為被動的態度。

　　不過，在市府經過一段時間的宣導與建立嚴密管考機制之後，再加上市長在各種不同場合對於參與式預算表達支持，主責機關已逐漸能配合參與式預算的機制及流程以扮演適當的角色。參與式預算自 2015 年開始實施，至 2022 年未曾間斷，每年都針對不同局處員工進行訓練，已有相當比例的員工都曾經參與過參與式預算初階課程。但如上所述，參與式預算的結果是提案人和主責機關的協力所促成，因此，提案人的思維以及在過程中的投入也是另一個值得深入分析的要素。

肆、林林總總的提案人和他們的生活世界

　　相對於主責機關承辦人所處的公務機關強調依法行政、層級節制以及嚴密管考的組織環境，提案人則在一個相對自由、多元、而較不受限

---

[1]　此處關於提案主責機關的工作事項、指定及調整原則等相關資料，係參考臺北市民政局於 2021 年 1 月 29 日所召開的「110 年臺北市參與式預算機關共識會議」之簡報資料。作者感謝臺北市政府民政局方英祖科長提供相關資料，惟文責由作者自負。

的生活環境。從臺北市過去參與式預算執行的經驗來看，提案人大概可分成幾類。第一類是里長，里長作爲社區具有民意基礎的地方領袖，除了要了解當地民眾的需求外，也必須能夠將這些需求落實爲社區的有形或無形建設，以爭取連任的機會。僅管里長原先就可透過正式管道（例如區政檢討會議）或非正式的管道（例如在地議員在議會質詢或提案）來反映民眾的需求；但在市長的鼓勵之下，並且爲了凝聚社區的人氣，與展現其爲民服務的努力，許多里長仍會透過參與式預算來提案。由於參與式預算推動的初衷主要是讓一般較無管道參與的民眾提案，因此在參與式預算執行之初，里長的積極參與引起一波辯論。

除了里長的提案，社區中有林林總總、不同背景的提案人。首先，社區內諸如建築師、土木技師、社區大學的老師或在地的文史工作者等專業人士會透過參與式預算進行提案。這些專業人士除了有特定專業外，也在社區生活或工作一段時間，對於社區的認同甚高且對鄰里問題知之甚詳，因此提案時會帶著事先準備好的藍圖到住民大會現場向民眾說明。其次，部分現任或退休的公務員會針對個人或社區的議題提案，這些公務員除了有特定的專業，對於政府的運作也頗爲嫻熟，其提案往往是解決生活周遭的困難或爲了促進某些社區的便利。第三，有些提案主要是由在地居民提出，旨在解決自身住家或周遭議題；這些議題往往已嘗試透過不同管道尋求解方，但基於管轄、法律、技術或其他窒礙難行因素，最終仍無法獲得解決。因此，在地居民得知有參與式預算這個提案機制後，即希望透過這個新的管道來解決自身長久未決的問題。部分較爲私利導向的提案人往往在提案時隱藏對其不利的資訊，導致在錄案之後執行的困難，並影響到結案。最後是一些對於社區事務不嫻熟，非基於自身利益，也無專業背景的常民，往往對於社區有一些期待或基於新的理念，提出社區改革的想法；其提案通過則純粹基於構想的新穎，以及其在會議過程中努力地說服及拉票，但整體而言，這一類的提案並不多。

　　面對不同背景以及提案動機各異的提案人，市政府在規劃參與式預算之初，為了讓民眾的需求能夠被充分地反映，在參與式預算的流程中，從提案大會之後提案的修改、提案審議工作坊對於議案內容的深度討論與具體化、審議工作法之後的內容修改，到錄案之後的執行等過程，都提供提案人表達意見及讓主責機關有深度溝通的機會。甚至到最後的結案階段，也必須要由提案人簽名同意，整個案件才算結束。在這冗長的過程中，對於具備專業或已經退休的提案人，是一個和政府協作、落實建議的好機會，但對於部分未具備專業背景以及尚在工作的提案人，則需另外花費時間參加，且有些提案人並不見得有充足時間跟意願參與後續流程。因此，為了在不同階段協助提案人轉化其需求與意見，民政局規劃了提案陪伴制度，在各公所設立參與式預算櫃台，由陪伴學校提供工讀生協助擬具提案初稿或修改提案，將民眾需求具體化為提案內容。理想上，該制度希望官學聯盟的陪伴學校可以提供各項專業支援，協助提案通過，並且讓提案更符合公益性、適法性以及預算可行性等特質，以利錄案後的執行。本項措施在參與式預算實施之初，發揮了部分成效。

> **提案陪伴制度**
>
> 在區公所設立櫃台，由陪伴學校老師及學生協助提案人構想轉化成具體提案、過程中修改提案，以及提供提案人參與各項相關活動的諮詢。

　　如前所述，一方面主責機關及承辦人面對政府部門依法行政、層級節制、條條框框、嚴密管考、預算限制以及機關既定的政策及計畫的組織環境；另一方面，提案人花費時間提案及其原因不一而足，里長主要是協助里內推動公共事務或為部分里民解決特定問題，社區專業人士以及部分年輕人則是為了要落實某些理念或構想，少數人為了解決私人個別問題。整體而言，除了里長及具備公部門背景的提案人之外，其餘提案人對於政府組織環境大都缺乏較深刻及全面性理解。同時，有部分提案人對於參與式預算的機制認識不清，總認為提案之後，所有的工作就交給政府部門，而未能想見在提案大會成案後和提案構想真正落實的結

案之間，仍需和政府協力完成提案構想。由於提案人的不同背景以及提案動機，也就造成和政府合力完成提案的過程中有許多不同的過程。

伍、影響執行過程及順利結案的因素

　　從住民大會提案開始到了計畫落實及結案階段，這個階段是提案計畫的最後一哩路，也可以說是參與式預算非常關鍵的一哩路。在結案階段，參與式預算執行列管的流程可依據提案人的狀態分為三種情形（如圖 10-1）。

(一) 提案人同意結案

　　此時提案需提報「臺北市公民參與委員會參與預算組工作會議」，經委員同意後結案；若委員不同意結案，則主責機關需偕同公參委員與提案人辦理會勘或協調會，進行進一步的協調後，再次提報「臺北市公民參與委員會參與預算組工作會議」進行結案討論。

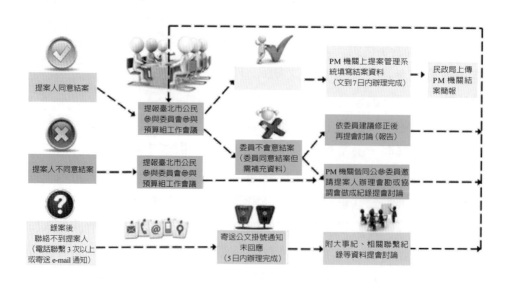

圖 10-1　臺北市參與式預算錄案案件主責機關提報結案流程圖
資料來源：臺北市政府民政局提供。

㈡ 提案人不同意結案

此時提案需提報「臺北市公民參與委員會參與預算組工作會議」，並由主責機關需偕同公參委員與提案人辦理會勘或協調會，進行進一步的協調後，再次提報「臺北市公民參與委員會參與預算組工作會議」進行結案討論。

㈢ 錄案後聯絡不到提案人

經電話聯絡 3 次以上與寄送公文掛號通知後仍無法聯絡到提案人，此時提案會檢附提案大事紀、聯繫紀錄等資料，提報「臺北市公民參與委員會參與預算組工作會議」，由公參委員協調提案後續進行之狀況。

在這個階段，提案的性質、主責機關的投入與提案人的期待及參與等三個重要因素影響到提案執行的順暢與否、執行的成效，以及參與式預算整體的成果。第一個影響提案執行的因素是提案的性質，包括提案執行的專業難度、提案所涉及的機關數量多寡以及社區利害關係人的複雜度等。就提案的專業難度而言，經過兩階段審議工作坊的提案雖具有公共性、適法性以及預算可行性，但暗藏許多長久無法解決的專業挑戰。在票選之前的階段，雖然主責機關以及協辦機關雖已能夠搭配參與式預算的流程盡力蒐集多方資料，但仍會有掛一漏萬的情形，或提案人基於私利隱匿資訊、或執行才發現執行過程專業上或法律上難以克服的障礙。另外，牽涉到愈多機關的提案本身就愈複雜，再加上各機關之間有不同的權責與專業考量，因此需要愈多機關同意或協助的提案需要愈多的聯繫協調工作，大量的協調工作讓執行的過程變得困難，所需時間也愈長。最後，提案在社區所影響利害關係人的複雜度也將會影響到執行的過程及成果。如果提案對於特定利害關係人產生不利的影響，在錄案之前又未有充分溝通，其執行的過程也將會遭遇到一定程度的反彈。

第二個影響提案執行過程及成果的因素是主責機關的投入。主責機

關在提案工作坊成案經指派後，即可積極投入評估提案的內容。雖然在制度上以及形式上，主責機關都能夠配合流程進行，但在這個過程中，機關承辦人能否願意積極投入，發揮專業，在公部門的條條框框的限制下，想方設法為落實提案而努力，將可能直接影響到提案落實程度；此外，承辦人也被期待要能夠在政府內部進行跨局處的溝通，並適時與提案人保持良好的溝通。

第三個影響提案執行的因素是提案人的期待與投入。如前所述，經過參與式預算的提案有其複雜度，而提案人不管其背景為何，基本上都是較具公共參與實踐精神或較為活躍的人士，因此對於政府期待本來就較高。除提案人的期待之外，提案人的投入是另外一項重要因素。雖然在經過提案後，提案人並未有參與整個過程的法定義務，但提案人在過程中若未能積極參與，釐清其需求、表達其偏好以及提供必要的資訊，則提案將無法如質如實的落實。特別是在臺北市參與式預算的制度中，為了要落實課責的精神，在過程中提供許多機制讓提案人參與。除了正式的會議，承辦人在會議之外如需場堪或私下諮詢或溝通，也會和提案人聯繫。部分提案人積極投入，在不同階段都能配合出席表達或提供關鍵訊息，票選階段動員社區居爭取支持。但有部分提案人因為工作忙或嫌棄整個過程繁複，無暇參與，或心態上認為提案之後就可撒手不管，交由政府或里長處理，而置之不理，最後市府也因為少數提案人消失，而需要設計一個機制交由公民參與委員會來辦理結案。可見，不同的期待以及投入參與的程度影響執行成效以及與主責機關的關係。

基於過去研究以及實務觀察，順暢的提案執行過程有賴下列因素：1.提案涉及的局處數量較少；2.社區的利害關係人阻力較小；3.PM機關的早期涉入；4.提案人的高度投入；這些因素亦有助於形成一個較符合專業以及民意需求的結果。相對的，若提案所涉及的局處以及利害關係人愈複雜、主責機關愈晚參與提案評估以及提案人對提案較無投入的話，提案的執行過程將可能較為艱辛，提案落實的結果也較不符預期。

最後，仍有許多不可測的因素影響到提案的執行。例如在執行階段，選區議員為了強化其與社區選民的連結，增加其選區知名度及服務績效，可能會強行介入提案施作的變更，以增加其在選區的貢獻。或提案人不願意投入或不堪負荷，最後消失，無法結案等等。這些在成案之後豐富的動態，除了需要更具系統性的研究，也涉及到實務上課責的問題：例如這些變更是否需要重新在住民大會獲得認可？提案在執行上的更動是否需要告知i-Voting的投票者？上述議題都需要再做進一步的制度設計。

陸、結論

參與式預算在臺北市政府實施了將近八年，除了許多制度上的創新，提供民眾參與機會，也完成了許多有形無形的市民提案，增進市民福祉，累積可觀的成果。在參與式預算的過程中，涉及到前端的市民提案以及後端的政府預算執行，然現存的文獻較少探討從民眾提案後，民眾的發想在政府內部這個「黑盒子」的運作過程，以及在政府現有複雜的體制下，影響提案權責機關和提案人合作以及提案執行的種種因素。本章作者為官學聯盟一員，透過參與觀察與非正式訪談初步探討這個議題，希望本章初步的觀察以及淺見引發更多的討論以及系統性研究，在經驗研究的基礎上，不僅對於理論有所貢獻，更能提出具體建議，對於臺北市參與式預算的精進，以及其他政府機關公民參與的落實有參考的價值。

參考文獻

1. 萬毓澤（2015）。巴西愉港的參與式預算：神話與現實，載於鄭麗君編，參與式預算：咱的預算咱來決定，頁 29-73。
2. 臺北市政府民政局（2017）。臺北市推動參與式預算制度公民提案與審查作業程序—區級及市級，https://reurl.cc/yQx1Vl，檢索日期：2022 年 3 月 27 日。

3. Huang, T. Y., Hsieh, C. A. (2013). Practicing Deliberative Democracy in Taiwan: Processes, Impacts and Challenges. Taiwan Journal of Democracy, 9(2): 79-104.

PART
3

利害關係人的熱情

公共政策大都是在處理與「人」有關的事情，但同一件事，從不同的人的角度來解讀，往往會得到相當不同的結果。因此，盤點不同「政策利害關係人」（policy stakeholders）並了解其各自獨特的角色與需求，是每一項成功的公共政策都必須多加著墨的。唯有如此，才能夠確保政策規劃的內容更貼近大家的生活，提供的服務也才更能夠滿足大家的需求，同時更能讓政策推動時面臨到較少的阻力，最終有效解決民眾的問題。

然而，臺北市政府的參與式預算只與民眾有關嗎？又與哪些民眾有關呢？參與這個活動的民眾都是哪些人？不同行政區的民眾參與程度是否不同？在參與式預算這個政策中，還有哪些關鍵的角色？本篇中的各章，將逐步帶領大家從政策利害關係人的角度來了解臺北市政府的參與式預算。

第 11 章首先盤點所有與臺北市政府參與式預算有關的利害關係人，並根據其「權力大小」與「利害相關性高低」進行分類，同時將焦點鎖定在與此政策最息息相關的「民眾」身上，呈現過去八年的相關數據，讓讀者了解參與民眾的特性與變化。

第 12 章接著介紹參與者中權力相對較大的「政務人士」，包括里長、議員以及政務官等，讓讀者了解這些人在參與式預算中扮演了何種角色。

第 13 章則進一步介紹參與式預算的「協力推動者（中介團體）」，例如社區發展協會及官學聯盟，讓大家了解這些中介團體如何成為此項政策推動的催化者（facilitator）。

第 14 章則從實際推動及執行臺北市參與式預算的「公務人員」角度來討論此項政策，將實踐公民參與精神背後辛苦的一面呈現出來，並作為未來精進政策的參考。

第 15 章則將焦點放在「學生」群體身上，讓讀者了解臺北市政府是如何透過舉辦教育課程及優秀論文比賽等方式，在各高中及大學推廣公民參與的精神，達到「公民意識從小培養」的最終目標。

Chapter 11

大家一起來：誰會來參與？

董祥開、高于涵

　　臺北市的參與式預算，是近年來國內相當令人矚目的公民參與的活動。從 2015 年舉辦第一場活動開始，至今已舉辦 7 年之久，那麼這個活動究竟是「誰在參與呢？」本章從利害關係人的概念談起，首先介紹利害關係人的分類，並提供臺北市參與式預算的相關統計結果。

壹、利害關係人之起源與發展

　　利害關係人（stakeholders）的概念開始被廣泛討論，是源於 Freeman 於 1984 年所著《策略管理：利害關係人的途徑》（Strategic Management: A Stakeholder Approach）一書。他將利害關係人定義為：「組織中會影響組織目標或被組織影響的團體或個人」。而利害關係人又可依其特性區分為不同的類型，其中一個常見的分類，是以「權力」（power）與「利害相關性」（interest）兩個面向，將其分為「主要利害關係人」、「次要利害關係人」、「系絡制定者」及「大眾」（Ackermann & Eden, 2001）。以下將搭配臺北市參與式預算的利害關係人加以說明（如圖 11-1 所示）。

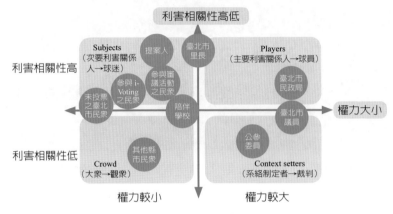

圖 11-1　臺北市參與式預算利害關係人圖
資料來源：作者自行繪製。

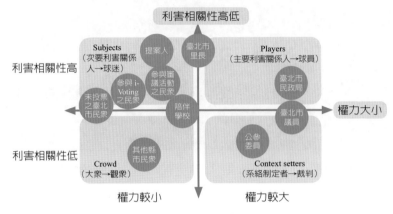

圖 11-1 内標示：

利害相關性高低

利害相關性高

Subjects
（次要利害關係
人→球迷）

提案人

臺北市
里長

Players
（主要利害關係人→球員）

臺北市
民政局

未投票
之臺北
市民眾

參與 i-
Voting
之民眾

參與審
議活動
之民眾

陪伴
學校

臺北市
議員

權力大小

利害相關性低

其他縣
市民眾

公參
委員

Crowd
（大眾→觀眾）

Context setters
（系絡制定者→裁判）

權力較小　　　　　權力較大

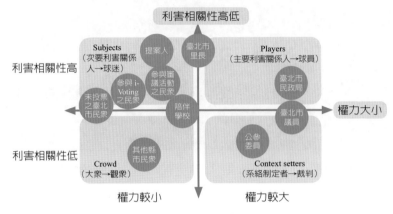

一、主要利害關係人（players）：權力大、利害相關性高，如同一
　　場球賽中的「球員」

　　臺北市民政局負責整個參與式預算的規劃及執行，對該政策的影響
力最大，包含規劃各種推廣課程、遊戲規則的訂定，以及案件的執行與
監督，對整個參與式預算的成敗需承擔最大的責任，因此屬於主要利害
關係人。

二、系絡制定者（context setters）：權力大、利害相關性低，如
　　同一場球賽中的「裁判」

　　臺北市參與式預算在「審議工作坊」的程序中，設置有「公民參與
委員」，扮演提案民眾與相關局處之間協調者的角色，其職責主要在於
確認相關流程皆按照標準作業程序進行，並且在前述兩方意見有所歧異
時，扮演居中協調與仲裁者的角色。而臺北市議員則是會在臺北市政府
將通過 i-Voting 票選案件納入整體預算後，於送交議會審議時，扮演決
定是否予以通過的關鍵角色。上述兩者對於參與式預算皆有頗大的影響
力，但因本身的利害相關性相對較低，因此屬於系絡制定者。

三、次要利害關係人（subjects）：權力小、利害相關性高，如同一場球賽中的「球迷」

「球迷」，相較於後面第四點會談到的「觀眾」，是一群更關心比賽結果的人，當支持的球隊獲勝時，會感到高興、甚至會因此受益，但其個人能夠影響比賽結果的能力不高。在臺北市的參與式預算中，無論是參與住民大會、審議工作坊或 i-Voting 活動的任何一位民眾，都是與這些案子有關的人，但每一個人要能夠單獨影響整體結果的能力都有限，例如提案人、里長、陪伴學校的老師、參與審議活動的民眾、參與 i-Voting 的民眾、甚至是那些未參與投票的臺北市民（儘管未參與投票，但當案件通過且執行時，仍然可能會受到這些案件的影響），皆可算是參與式預算中的次要利害關係人。

四、大眾（crowd）：權力小、利害相關性低，如同一場球賽中的「觀眾」

「觀眾」，相較於前面所提到的「球迷」，較像是一群「看熱鬧」的人，無論誰贏誰輸，與其都沒有太大的關聯。在臺北市參與式預算的情境中，「其他縣市的民眾」因為不具有參與的資格，案件結果與其亦無明顯關聯，因此較屬於大眾的角色。

貳、相關利害關係人介紹
一、利害關係人之一：陪伴學校

臺北市政府民政局於 2016 年 4 月成立「官學聯盟」，邀請 10 所臺北市公私立大學相關領域系所及 3 所臺北市特優社區大學（詳見第 23 章），共同推動參與式預算。參與的學校主要負責傳授提案審議活動所需的理論知識，並帶領大家實際演練參與式預算的過程，目的在於能夠提升民眾參與公共事務之素養。

臺北市政府與官學聯盟共同推出「推廣教育 369」，意即「3 小時

初階課程、6小時進階課程，以及9小時審議員培訓課程」，其中初階課程主要讓參與者認識參與式預算中各階段的內涵與流程，進階課程主要學習如何實際提案及精進提案品質、審議員課程主要在培養擔任主持人、桌長及紀錄的能力（藍世聰，2016）。許敏娟（2017）指出，陪伴學校的目的在於提供專業諮詢，以確保各審議階段的討論品質，同時能深耕校園，將參與式預算的概念拓展至各大專院校及高中職，除讓年輕學子了解公民參與的精神，也提供一個為自己發聲的管道。

二、利害關係人之二：公民參與委員（會）（Citizen Participation Committee）

為確保整個參與式預算流程順利進行，臺北市政府於2015年4月成立「臺北市公民參與委員會」（以下簡稱公參會），訂定《臺北市政府公民參與委員會設置要點》，並依職責分成三個工作小組：公民參政組、開放資料及探勘組，以及參與預算組。[1] 其中，參與預算組主要由民政局負責，每個月定期召開小組會議，負責規劃參與式預算的執行模式、教育推廣、人才培訓及提案審議機制。在提案審議的過程中，提案人、專家學者及提案主責機關會針對提案內容之公共性、適法性及預算可行性進行討論，而公參會則會派員出席會議，監督各權責機關之審議結果是否合理，當雙方有疑義時，扮演溝通及仲裁者的角色，也負責監督民眾的提案是否被政府確實執行。

> **公民參與委員會**
>
> 為了讓政府施政能夠更符合民眾需求，當今許多國家都會成立公民參與委員會，來擴大公民參與的廣度與深度。臺北市政府為落實開放政府、全民參與的精神，亦於2015年成立「臺北市公民參與委員會」，其下分設三個工作小組，而其中的「參與預算組」即負責參與式預算制度、規劃及流程等相關事宜。

---

[1] 參考資料：《臺北市政府公民參與委員會設置要點》。臺北市法規查詢系統，https://reurl.cc/44q45D，檢索日期：2022年2月22日。

三、利害關係人之三：臺北市民眾

　　參與式預算是一種積極的公民參與活動，民眾可以提出各自的想法，藉由圓桌會議集思廣益，最後再以投票表決的方式得出共識。從前述過程的統計資料中都可看出民眾參與的情形，以下圖表係綜整參與式預算提案的相關數據[2]。

㈠ 提案與提案人特性

　　首先，從 2016-2022 年臺北市參與式預算的提案統計可以看出，總提案數為 1,562 件，其中 902 件成案，660 件未成案。而在 902 件成案中，有 58 件不需經由 i-Voting 而直接錄案[3]，332 件通過審議工作坊進入 i-Voting，123 件獲得逕予執行，但也有 389 件撤案或可行性較低等原因而未通過審議工作坊階段。在 332 件進入 i-Voting 票選的提案中，共有 299 件通過並錄案，33 件未通過（如圖 11-2）。

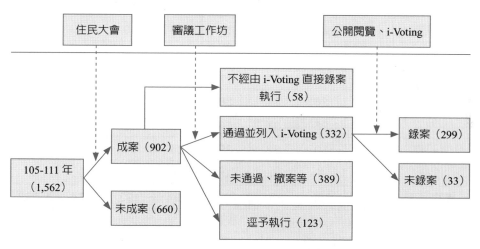

圖 11-2　臺北市參與式預算歷年提案數量圖（單位：案件數）

---

[2] 圖表數據來源為臺北市政府民政局、參與式預算提案管理系統。

[3] 2016 年屬試辦階段，除大安區外之其他行政區不經 i-Voting 即可錄案，共 47 件；同時市級新移民及身障團體參與式預算，為求社會正義，亦直接錄案，2016 年 3 案，2017 年 5 案，2021 年 3 案，合計 58 案。

1. 各行政區「提案」總數

在歷年臺北市各行政區中，以大安區民眾的參與最為踴躍、所提案件數最多，共 329 件。其次為北投區，有 191 件，以南港區提案數最少，僅 76 件。另外在市級亦有 12 件提案（如表 11-1）。

表 11-1　臺北市參與式預算提案總數表　　　　　　　　　　　單位：案件數

行政區 ＼ 年	2016	2017	2018	2019	2020	2021	2022	小計
松山區	5	35	18	12	21	11	15	117
信義區	6	24	24	12	12	12	16	106
大安區	26	83	58	48	44	46	24	329
中山區	4	17	22	15	11	10	15	94
中正區	5	30	16	15	14	15	12	107
大同區	4	20	16	12	14	12	11	89
萬華區	2	24	23	12	10	10	12	93
文山區	5	30	19	14	10	9	9	96
南港區	2	21	11	11	8	12	11	76
內湖區	5	26	21	36	12	15	15	130
士林區	4	25	31	18	13	16	15	122
北投區	5	50	32	39	25	21	19	191
市級	3	5	0	0	0	4	0	12
提案總數	76	390	291	244	194	193	174	1,562

2. 各行政區「成案」總數

若以通過住民大會的成案數來看，仍以大安區最多，共 148 件；其次為內湖區，有 129 件；而以大同區成案數最少，僅 45 件。另外在市級參與式預算亦有 11 件成案（如表 11-2）。

表 11-2 臺北市參與式預算成案數表　　　　　　　　　　單位：案件數

年\行政區	2016	2017	2018	2019	2020	2021	2022	小計
松山區	5	15	9	6	7	6	7	55
信義區	6	11	10	7	7	7	9	57
大安區	26	29	25	16	22	17	13	148
中山區	4	9	15	9	8	7	12	64
中正區	5	12	11	10	9	9	5	61
大同區	4	8	7	6	8	6	6	45
萬華區	2	12	15	6	6	6	7	54
文山區	5	15	13	11	8	7	9	68
南港區	2	11	9	6	6	7	6	47
內湖區	5	26	21	35	12	15	15	129
士林區	4	14	16	11	8	10	9	72
北投區	5	22	16	15	10	11	12	91
市級	3	5	0	0	0	3	0	11
成案總數	76	189	167	138	111	111	110	902

3.「通過 i-Voting 票選」之錄案總數

　　從歷年各行政區通過 i-Voting 票選的錄案數來看，仍以大安區最多，共 49 件；儘管 2016 年僅有大安區開始試辦，扣除當年度的 16 案後，大安區仍有 33 件，仍是最多。其次為文山區，有 31 件；而大同區錄案最少，僅 13 件。另外在市級參與式預算亦有 2 件經 i-Voting 投票錄案（如表 11-3）。

表 11-3　臺北市參與式預算經 i-Voting 錄案總數表　　　　　單位：案件數

年 行政區	2016	2017	2018	2019	2020	2021	2022	小計
松山區	0	6	3	4	3	4	2	22
信義區	0	6	6	4	6	3	3	28
大安區	16	8	8	4	3	5	5	49(33)
中山區	0	6	3	2	3	1	2	17
中正區	0	5	4	4	3	3	2	21
大同區	0	1	1	3	4	2	2	13
萬華區	0	5	5	2	3	3	2	20
文山區	0	7	7	6	4	3	4	31
南港區	0	4	3	3	5	5	3	23
內湖區	0	8	4	5	3	3	2	25
士林區	0	8	3	5	4	4	2	26
北投區	0	7	2	2	3	4	4	22
市級	0	0	0	0	0	2	0	2
錄案總數	16	71	49	44	44	42	33	299

　　圖 11-3 呈現各行政區提案、成案未成案的整體分布。提案總數方面，大安區最多（329 件）、南港區最少（76 件）；成案總數方面，大安區最多（148 件）、大同區最少（45 件）；未成案總數方面，大安區最多（181 件）、內湖區最少（1 件）。

4. 通過 i-Voting 票選之錄案案件提案者屬性

　　從表 11-4 可以看出，臺北市參與式預算的提案大約有三分之一是由里長所提，另外三分之二是由一般民眾所提。細看各年度時可以發現，2019 年及 2020 年兩者的比例更加接近，2019 年的提案者中，里長占 48%、民眾占 52%；2020 年的提案者方面，里長占 41%、民眾占 59%；而 2022 年度兩者的比例差異最大，里長僅占 22%、民眾占 78%。其他年度則大致維持三分之一比三分之二的比例。

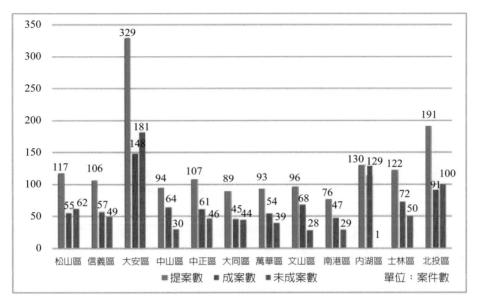

圖 11-3　臺北市參與式預算各行政區歷年提案、成案與未成案總數

表 11-4　臺北市參與式預算歷年通過 i-Voting 之錄案提案者屬性表　　單位：人數

年	屬性		小計
	里長	一般民眾	
2016	20（30%）	46（70%）	66（100%）
2017	23（30%）	53（70%）	76（100%）
2018	15（31%）	34（69%）	49（100%）
2019	21（48%）	23（52%）	44（100%）
2020	18（41%）	26（59%）	44（100%）
2021	14（33%）	28（67%）	42（100%）
2022	7（22%）	26（78%）	33（100%）
合計	118（34%）	236（66%）	354（100%）

5. 通過 i-Voting 票選之錄案案件提案者男女比例

　　臺北市參與式預算的提案人在性別比例上相當平均，從整體的數據來看，男性提案人占 51%、女性提案人占 49%。各年度中僅有 2018 年、2021 年及 2022 年男女比例較爲懸殊，2018 年男性提案人占 60%，2021 年女性提案人占 62%，而 2022 年則是男性提案人占 65%。其餘年分兩者之差距則相對較小（如表 11-5）。

表 11-5　臺北市參與式預算歷年通過 i-Voting 之錄案案件提案者性別表

單位：人數

年	性別		合計
	男	女	
2016	49（54%）	42（46%）	91（100%）
2017	44（50%）	44（50%）	88（100%）
2018	32（60%）	21（40%）	53（100%）
2019	21（43%）	28（57%）	49（100%）
2020	23（50%）	23（50%）	46（100%）
2021	27（38%）	44（62%）	71（100%）
2022	34（65%）	19（35%）	53（100%）
合計	230（51%）	221（49%）	451（100%）

(二) 參與提案審議活動之民眾

　　臺北市參與式預算在其「討論階段」，共有「提案說明會」、「住民大會」以及「審議工作坊」等三大審議活動。以下呈現臺北市參與式預算 2016-2022 年各階段活動參與狀態之數據。

1. 各提案審議活動之參與人數

　　在提案說明會、住民大會以及審議工作坊中，參與人數最多的是住民大會，共有約 45% 的民眾是參與住民大會，人數達 13,008 人。而審

參與式預算：一本公民素養的全攻略

166

議工作坊參與人數較少，僅有 7,143 人，但因為審議工作坊通常只會有通過住民大會成案的案件相關人員出席，因此仍屬合理（如表 11-6）。

表 11-6　臺北市參與式預算歷年各提案階段活動參與人次表　　　單位：參與人次

各階段活動	2016	2017	2018	2019	2020	2021	2022	合計
提案說明會	704	1,090	578	1,900	1,587	1,491	1,494	8,844（30.5%）
住民大會	1,185	3,206	2,179	1,866	1,587	1,491	1,494	13,008（44.86%）
審議工作坊	540	1,273	1,139	991	1,016	1,145	1,039	7,143（24.64%）
合計	2,429	5,569	3,896	4,757	4,190	4,127	4,027	28,995（100%）

　　將表 11-6 之數據以折線圖呈現後，可以看出逐年數量之變化。就各提案階段參與人次方面來看，提案說明會以 2019 年參與人次最多（1,900 人）、2018 年最少（578 人）。而住民大會參加的人則以 2017 年最多（3,206 人）、2016 年最少（1,185 人），原因在於 2016 年僅於特定行政區試辦，而隔年第一次正式舉辦時，能夠吸引到較多的注意，民眾參與意願較高（如圖 11-4）。

2. 住民大會參與情形

　　挑選三個審議活動中參與情形最踴躍的「住民大會」進一步分析，在所有行政區中，以大安區的參與最為踴躍，共有 1,782 人次參加過。其次為士林區，有 1,245 人參加過；而參與人次最少的是南港區，僅有 754 人次參加過住民大會的討論（如表 11-7）。

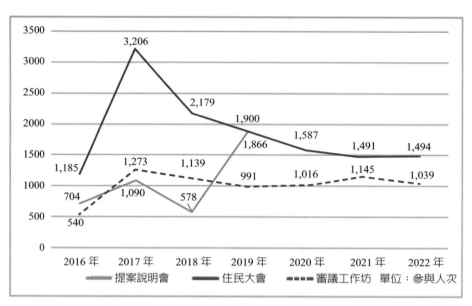

圖 11-4　各提案審議活動階段參與人次圖

表 11-7　臺北市參與式預算歷年住民大會參與人次表　　　　單位：參與人次

行政區＼年	2016	2017	2018	2019	2020	2021	2022	小計
松山區	83	385	160	134	116	104	121	1,103
信義區	95	219	201	113	113	112	166	1,019
大安區	279	368	288	238	253	189	167	1,782
中山區	88	185	236	201	105	106	134	1,055
中正區	72	287	143	107	170	101	97	977
大同區	87	198	117	114	157	111	103	887
萬華區	49	212	168	158	137	124	113	961
文山區	97	333	189	190	111	69	62	1,051
南港區	49	169	121	104	79	120	112	754
內湖區	100	300	210	146	66	111	130	1,063
士林區	81	269	197	187	158	179	174	1,245

表 11-7 臺北市參與式預算歷年住民大會參與人次表（續）

年 行政區	2016	2017	2018	2019	2020	2021	2022	小計
北投區	75	216	149	174	122	139	115	990
市級	30	65	0	0	0	26	0	121
參與總人次	1,185	3,206	2,179	1,866	1,587	1,491	1,494	13,008

㈢ 參與 i-Voting 投票之民眾

臺北市政府民政局在鼓勵大眾參與投票上，投入相當多的心力，除實體投票外，也透過 i-Voting 投票系統，鼓勵更多民眾參加參與式預算的投票，讓提案更正當性。以下呈現臺北市參與式預算 2016-2022 年 i-Voting 投票的情況。

1. i-Voting 投票參與人次

圖 11-5 呈現歷年各行政區 i-Voting 投票之參與人次及投票率趨勢。從整體參與人數來看，臺北市參與式預算的投票人數逐年增加，從 2017 年的 57,486 人（投票率 1.88%）開始，每年皆約 5 萬人的幅度穩定增加，一直到 2020 年達到最高峰（218,328 人，投票率 8.75%）。2021 年參與人數減少，主要是因為新冠疫情（COVID-19）嚴重，全國實施嚴格的三級警戒管制，相關實體投票管道皆關閉所致。2022 年警戒解除後，參與人次及投票率回升，為六年度最高（253,021 人，投票率 10.56%）。從各行政區來看，參與投票最為踴躍的是大安區，達 99,986 人次，其次為內湖區，也有 92,408 人次（如表 11-8）。

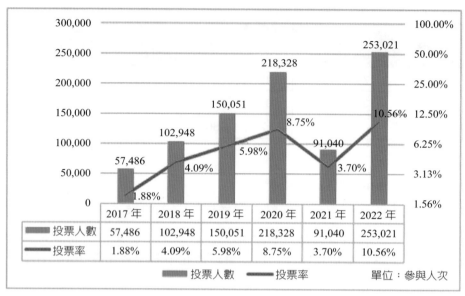

圖 11-5　臺北市參與式預算歷年 i-Voting 投票人次與投票率

表 11-8　臺北市參與式預算歷年 i-Voting 投票參與人次表　　　　單位：參與人次

年 行政區	2016	2017	2018	2019	2020	2021	2022	小計
松山區	－	5,040	11,152	14,013	17,309	5,559	19,203	72,276
信義區	－	4,223	7,604	15,068	21,161	8,299	32,305	88,660
大安區	3,616	6,186	9,521	13,265	26,311	9,041	32,046	99,986
中山區	－	4,540	8,017	12,750	17,632	10,142	22,852	75,933
中正區	－	2,887	7,029	9,362	13,247	4,087	7,286	43,898
大同區	－	2,107	5,786	7,418	9,310	5,348	13,021	42,990
萬華區	－	4,283	12,172	16,180	15,949	7,013	10,644	66,241
文山區	－	8,355	11,427	12,287	21,988	7,412	16,321	77,790
南港區	－	3,937	6,650	8,623	10,811	5,025	6,659	41,705
內湖區	－	5,879	11,294	16,153	25,296	9,609	24,177	92,408
士林區	－	5,373	8,041	12,673	21,396	9,152	33,037	89,672
北投區	－	4,676	4,255	12,259	17,918	10,353	35,470	84,931
市級	－	－	－	－	－	－	－	－
參與總人次	3,616	57,486	102,948	150,051	218,328	91,040	253,021	876,490

2. i-Voting 投票率

　　表11-9進一步呈現各行政區i-Voting的投票率結果[4]。整體來說，從2017 年到 2022 年之間，六年度全市的平均投票參與率約為 5.82%，其中以 2022 年最高，達 10.56%。再從六年各行政區投票率來看，以大安區的投票率最高，達到 11.04%；內湖區次之，也有 10.59%。從任一行政區、任一年度的數據來看，則以信義區 2022 年時的 16.05% 為最高。

表 11-9　臺北市參與式預算歷年 i-Voting 投票率表　　　　　　單位：參與率

年\行政區	2016	2017	2018	2019	2020	2021	2022	小計
松山區	－	2.17%	5.82%	7.34%	9.12%	2.98%	10.66%	8.28%
信義區	－	1.61%	3.53%	7.04%	10.00%	3.99%	16.05%	10.16%
大安區	－	1.78%	3.33%	4.65%	9.26%	3.23%	11.89%	11.04%
中山區	－	1.71%	3.64%	5.82%	8.10%	4.72%	11.00%	8.70%
中正區	－	1.63%	4.83%	6.46%	9.20%	2.88%	5.30%	5.03%
大同區	－	1.42%	4.75%	6.14%	7.78%	4.54%	11.30%	4.93%
萬華區	－	1.90%	6.56%	8.79%	8.74%	3.91%	6.10%	7.59%
文山區	－	2.70%	4.46%	4.78%	8.60%	2.93%	6.58%	8.91%
南港區	－	2.83%	5.78%	7.50%	9.48%	4.44%	6.00%	4.78%
內湖區	－	1.82%	4.23%	6.04%	9.50%	3.64%	9.32%	10.59%
士林區	－	1.62%	2.94%	4.66%	7.92%	3.44%	12.76%	10.27%
北投區	－	1.60%	1.77%	5.10%	7.49%	4.38%	15.28%	9.73%
市級	－	－	－	－	－	－	－	－
投票參與率	－	1.88%	4.09%	5.98%	8.75%	3.70%	10.56%	5.82%

---

[4]　2016 年因屬於試辦年，只有大安區有進行 i-Voting 票選，故該年度無計算投票率。

3. i-Voting 投票者性別

從 i-Voting 投票者的性別來看，在 2019 年至 2022 年之間[5]，男性的總投票人次為 390,722 人，約占總投票人數的 54.84%，而女性總投票人次為 321,718 人，約占總投票人數的 45.16%，男性投票人數略多於女性。從各年度的分項數據來看，也呈現男性多於女性的趨勢（如表 11-10）。

4. i-Voting 投票者年齡

從 i-Voting 投票者的年齡分布來看，投票人次最多的為 40 至 49 歲的民眾，共有 154,553 人次，約占整體的 21.97%；其次為 30 至 39 歲的民眾，共有 117,664 人次，約占 16.73%。而當年紀愈大時，投票的意願也逐漸降低，70 至 79 歲的民眾，僅有 51,174 人次（約 7.28%）參與投票；80 歲以上的人數更少，僅有 20,663 人次（約 2.94%）參與投票。值得注意的是，在 16 至 19 歲的民眾中，雖然僅有 86,957 人次（約 12.36%）參與過投票，但此年齡層中僅包含四個不同年紀的民眾，與其他年齡層皆包含十個年紀的民眾不同，相較之下參與程度並不差。此一現象與臺北市政府民政局與官學聯盟近年來努力推廣的高中課程有關，有愈來愈多的高中生也願意參與相關的活動（表 11-11 及圖 11-6）。

參、結論與討論

參與式預算是一個提供公民參與公共事務討論及決策的方式，當面對多元意見時，能夠透過討論來降低歧見、達成共識。除此之外，當對照本章開頭所提到不同利害關係人的特性時，更能夠發現，參與式預算的活動其實是在提供那些本來對公共事務沒有什麼影響力的「次要利害關係人」做決定的「權力」，讓一般民眾感受到自己也有對周遭事物做

---

[5] 2018 年以前無統計 i-Voting 投票者之「性別」及「年齡」，故表 11-10 及表 11-11 僅呈現 2019 年後之相關數據。

表 11-10 2019 至 2021 年臺北市參與式預算 i-Voting 投票者性別分布表

單位:參與人次

行政區 \ 年	2019 男	2019 女	2020 男	2020 女	2021 男	2021 女	2022 男	2022 女	小計 男	小計 女
松山區	6,671	7,342	8,455	8,854	2,573	2,986	12,185	7,018	29,884	26,200
信義區	6,938	8,130	10,283	10,878	4,847	3,452	21,959	10,346	44,027	32,806
大安區	5,990	7,275	17,039	9,272	4,814	4,227	25,378	6,668	53,221	27,442
中山區	5,877	6,873	7,924	9,708	4,683	5,459	11,229	11,623	29,713	33,663
中正區	5,020	4,342	7,736	5,511	1,825	2,262	3,536	3,750	18,117	15,865
大同區	3,417	4,001	4,263	5,047	2,512	2,836	7,687	5,334	17,879	17,218
萬華區	6,968	9,212	8,313	7,636	3,992	3,021	5,976	4,668	25,249	24,537
文山區	7,211	5,076	11,265	10,723	3,373	4,039	7,787	8,534	29,636	28,372
南港區	4,301	4,322	6,037	4,774	2,145	2,880	2,763	3,896	15,246	15,872
內湖區	11,066	5,087	17,270	8,026	6,250	3,359	13,265	10,912	47,851	27,384
士林區	6,678	5,995	10,394	11,002	4,866	4,286	19,291	13,746	41,229	35,029
北投區	5,882	6,377	10,015	7,903	4,958	5,395	17,815	17,655	38,670	37,330
參與總人次	76,019	74,032	118,994	99,334	46,838	44,202	148,871	104,150	390,722	321,718
百分比例	50.66%	49.34%	54.50%	45.50%	51.45%	48.55%	58.84%	41.16%	54.84%	45.16%

出改變的能力，提高「自我效能感」。在參與討論的過程中，將有助於培養整體社會的公民精神。然而，在推動參與式預算多年的情況下，也從參與者的角度看到許多值得我們持續努力的地方。

表 11-11　2019 至 2022 年臺北市參與式預算 i-Voting 投票者年齡分布表

單位：參與人次

年齡 行政區	小計							
	16～ 19歲	20～ 29歲	30～ 39歲	40～ 49歲	50～ 59歲	60～ 69歲	70～ 79歲	80歲 以上
松山區	7,660	5,422	4,720	8,076	10,267	9,711	7,413	2,815
信義區	19,890	16,357	8,064	13,666	6,063	4,903	3,656	1,664
大安區	7,287	7,970	11,221	35,154	11,195	4,375	2,572	889
中山區	2,550	7,724	6,880	9,796	10,925	11,005	7,815	1,891
中正區	2,822	5,132	8,155	6,693	4,498	2,862	2,579	1,241
大同區	6,447	5,886	4,371	4,043	3,942	4,704	3,791	1,913
萬華區	4,201	6,870	7,634	7,771	6,441	6,546	6,901	3,422
文山區	4,717	10,041	14,812	11,364	8,575	5,427	2,034	1,038
南港區	4,056	4,464	5,814	3,911	3,756	4,320	3,270	1,527
內湖區	3,501	8,572	15,025	26,221	15,409	2,968	1,682	169
士林區	6,059	11,050	15,389	14,351	10,898	7,955	7,153	3,403
北投區	17,767	9,657	15,579	13,507	10,876	5,615	2,308	691
參與總 人次	86,957	99,145	117,664	154,553	102,845	70,391	51,174	20,663
百分 比例	12.36%	14.10%	16.73%	21.97%	14.62%	10.01%	7.28%	2.94%

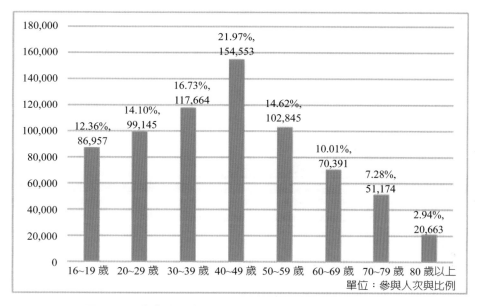

圖 11-6　臺北市參與式預算 i-Voting 投票者年齡分布圖

一、青壯年雖然投票率較高、但於提案審議階段的參與率較低

　　從 i-Voting 的投票結果可以看出，雖然 30 歲到 49 歲的民眾投票率較高，但在前面提案審議的階段，青（16 歲～29 歲）、壯年（30 歲～49 歲）的民眾卻相對參與較少，推測這樣的現象應與青壯年的民眾大多要上課、上班有關。然而，如果他們沒有參與提案，僅參與投票，會不會出現「能夠被票選的案件內容，都較偏向在處理其他群體的需求，而他們真正需要的東西又沒有人去幫他們提案」的問題呢？

　　儘管相關的問題過去已有被考量且加以處理，例如從 2017 年開始，規劃了許多走入校園的課程與提案討論活動，提高了 20 歲以下年輕族群的參與機會，但其他群族在提案討論過程的參與程度仍然偏低。未來或許可以提供更多元的提案及討論管道，例如改善場次辦理時間、或增加線上討論等方式，提高參與的方便性，以達到推廣參與式預算的最終目的，讓不同的利害關係人都能夠有相同的參與機會。

二、弱勢族群參與的困境

參與式預算的理念是希望民眾，尤其是相對較為弱勢、權力較小的群體，能夠擁有一個為自己發聲的管道（蘇彩足、孫煒、蔡馨芳，2015）。然而，從過去提案的內容來看，有關弱勢群族的提案數較少，其中還有接近三成（26.32%）未能成案（如表 11-12）。顯示弱勢族群

表 11-12 臺北市參與式預算弱勢族群相關提案

提案年	受理單位	提案名稱	執行進度
2016	大安區	銀髮及弱勢身心健康互助站（據點）	已結案
	民政局	新移民二代的教育規劃	已結案
	民政局	新移民培力、展能、就業三合一	已結案
2017	大安區	為社會減輕重擔優化身障兒就學助理員	已結案
	民政局	加強宣導新移民至本市社區關懷據點為老人共（送）餐烹煮	已結案
	民政局	我要適合的工作	已結案
	民政局	新移民親子文康活動	已結案
	民政局	多元課程	已結案
	北投區	母語是國語	未錄案
	松山區	65歲長者及身心障礙者搭乘大眾交通工具補助	未錄案
	大安區	住民心聲	未錄案
2020	大安區	無礙·永居	未錄案
	信義區	新住民身心靈抒壓課程	未錄案
2021	民政局	輪行天下APP	錄案
	民政局	臺北無礙山林	錄案
	松山區	幸福走出門，長者照護陪伴和福利	已結案
	松山區	輕盈青銀，間代拉好，從齡到一	錄案
	萬華區	艋舺公園無家者管理計畫	錄案
2022	松山區	樂齡友善城市	錄案

參考資料：臺北市政府參與式預算提案管理系統，http://proposal.pb.taipei/publicv2/projects.aspx，作者自行整理。

（如：身心障礙、原住民、新移民、單親家庭等）的聲音，在參與式預算中可能較容易被忽略，主要原因可能與其本身即處在相對弱勢的地位有關，例如缺乏訊息來源，根本不知道有這樣的活動、就算知道有這樣的活動，但因為需要工作因此沒時間參加、或是即便來參加審議活動，但因為缺乏表達或論述能力，而無法說服其他民眾等問題。因此，未來在推動參與式預算時，可以特別針對弱勢族群加以宣傳與協助，訂定評估指標，用於衡量弱勢族群的參與比例及是否達到一定的標準。亦可藉由各大專院校的實習課程，由老師帶領學生進去弱勢團體的社區與生活，協助了解需求、降低阻礙、提高其參與意願。

三、仍有許多民眾未參與參與式預算的活動

　　臺北市參與式預算實施至今，雖然參與人數逐年提高，提案及討論的品質也持續提升，但仍有許多民眾不曾參與或根本不知道有此制度，那些超過九成「符合投票資格但沒有參與投票的民眾」或許是最首先要突破的對象。在推動參與式預算上，臺北市政府已做了相當多的努力及宣傳，未來除了持續拍攝宣傳影片、透過里長或運用社區公布欄向民眾傳達相關資訊外，也可配合現代人常使用社交軟體、熱門網站，如FB、Dcard 等管道加以宣傳，更可以考慮延長投票時間，讓參與式預算提案討論的話題有更長的時間引起大家的關注。除此之外，也可定期舉辦推廣課程並結合社區在地特色，讓民眾了解自己的社區以及過去參與式預算所帶來的成效，讓更多人看到參與式預算對生活帶來的實質改變。

參考文獻

1. 許敏娟（2017）。臺北市參與式預算之初探官學聯盟─不可或缺的協力，臺北市參與式預算實務座談會。
2. 藍世聰（2016）。臺北市政府 105 年度參與式預算成果報告專書，臺

北市政府民政局。

3. 蘇彩足、孫煒、蔡馨芳（2015）。政府實施參與式預算之可行性評估，國家發展委員會委託報告，編號 NDC-DSD-103-020-005。

4. Eden, C., & Ackermann, F. (2001). Group decision and negotiation in strategy making. *Group Decision and Negotiation,* 10(2): 119-140.

5. Freeman, R. E. (1984). Strategy Management: A Stakeholder Approach. Boston, MA: Pitman.

Chapter **12**

政務人士（里長、議員、政務官）：
選舉和參與是一件事嗎？

吳建忠

壹、前言：體制失靈，所以需要引進更多外部力量

真的能打破代議政治的弊端？

參與不能迴避國家社會內部的系統問題。

政策分析制定必須面對政策歷史、利害關係、真實政治社會權力關係脈絡。

過去人民透過選舉，賦予代議士代替人民參與政策制定過程的權力，而代議政治也出現許多民主失靈的現象。當代議士變成預算分配的一份子，行政和立法的角色界限模糊了，還能期待代議士監督政府嗎？從權力結構來說，分配政治有議會內部制度性因素，選舉因素以及選區客觀需求因素。許多人會問這麼做真的能打破代議政治的弊端？

代議士
俗稱民意代表，又稱為代議士、議員、政治代理人，主要是由人民選出、於議會等各種立法機關代表人民行使政治權利的公職人員。在現代的代議制度中，人民藉由選舉選出民意代表，來行使間接民主的權利。

從政治現狀來觀察，傳統的里民代表大會、里鄰工作會報已成例行公式，屬於一種上對下的訊息傳達。公民在選舉投票外的公共參與缺乏彼此之間的聯繫和互動，少數積極公民可以透過代議士向政府表達意見及爭取權益，而多數公民與政府之間淪為單向溝通的投票薄弱關係。但

在參與式預算（以下簡稱 PB）模式下，不同於公民的「政務人士」與公民彼此之間，以及公民與政府官員之間開展新的互動，新的互動是否撼動真實政治社會權力關係脈絡，這是許多人關注的重點。

在參與式民主理論中，Pateman（1970）認為「參與」的主要的是教育功能，而且是最廣義的教育，包括心理的面向，以及實踐民主技巧及民主程序。參與式預算是否改變治理的實際權力，有哪些治理權力進一步「開放」呢？參與式預算談的是權力的重新分配，這也是許多積極公民帶著疑惑思考，推動參與式預算是否可能可行和可以做到什麼程度。

在公民參與的運作邏輯下，「政務人士」與公務部門、公民進行了什麼樣的互動過程？再者，「政務人士」在調適中做出什麼選擇？最後，「政務人士」的選擇怎麼影響了 PB 的執行策略？這對台灣的 PB 發展有什麼意義？直言之，PB 的核心價值在於「公民參與」，早期曾有議員認為參與式預算將造成議會與民間的衝突。

本章想要說明「政務人士」從原本熟悉的預算爭取模式到參與式預算模式的變化，其中在過程中的觀念轉變及行為調整，及臺北市政府在「政務人士」的溝通上採取哪些具體推動策略，以有效推動並落實參與式預算？主要原因或障礙為何？並外溢出現哪些共識型的成果。

貳、「政務人士」在參與式預算的參與想法及其範圍

傳統上，許多選民看重「政務人士」的選民服務，而台灣的地方政治常被形容為人情政治，普遍需求是路平、燈亮、水溝通，當民眾希望新增紅綠燈，發現水溝不通，甚至是道路有坑洞，常請託「政務人士」出面「喬事情」，這些「政務人士」也多會義不容辭地答應五花八門的選民服務。也有一些選民認為很多陳情案可透過民代、里長就可改變，

根本不用花時間寫企劃書來 PB 提案。

　　然而，「政務人士」在既有的代議政治承載一個穩定的權力關係運作，選民的需求可以透過政務官、里長、議員進行會勘、協調會等方式來承載願望，而事務官的訓練受到組織的規範限制，往往無法將公民的願望作為行事唯一的依據。事務官受限於法規條件與實際效益，常被「政務人士」與公民歸因於官僚心態，有苦難言。這些理想的公民參與，不管實體或虛擬，或是虛實的結合，臺北市政府如何讓公務系統有能力承載有誘因？而當「政務人士」與公民以不同的角色進入了參與式預算的情境，雙方價值觀差異造成的衝突更密集地浮上檯面，甚至於「政務人士」之間的暗中叫勁，也是個棘手難題。

　　熟悉巴西參與式預算操作與演進，就會知道這一切其實最重要的地方是行政首長的強力支持，依據 Wampler（2007）的觀察，政府採行 PB 通常具備改革主義的色彩，願意把這個「權力」下放和釋出。有效的公民參與，最需要的是政府部門長期的支持與承諾，同時也需要培養積極公民、利害相關群體與政府共同決策的能力和政治素養，避免讓公民參與的理念淪為工具與形式化的操作，成為空虛無效的短期興奮劑。

　　在試著回歸公共服務的本質，臺北市實務操作，一方面為了解放傳統爭取預算方式，一方面也需要「政務人士」的理解與支持，才能共同提升民主品質。臺北市政府以公務員為主體，輔以陪伴學校來改變外包模式，改變思維來試著打破「公民」與「政務人士」的界限。這樣的努力在台灣短期內或中長期是有可能的嗎？是否會人走政息？如何變得可能？那在這情況下，在台灣要談參與式預算，「政務人士」的心態如何調整，到底有制訂什麼樣的策略和程序可以讓「政務人士」的有效參與？

　　不同於傳統爭取預算的方式，「政務人士」對於參與式預算概念與作法的陌生，如媒體報導在一開始是持質疑或觀望的態度，期間事務官不斷溝通、說明，並將議員意見納入，完成新的說帖，讓議員能更清

楚。據本章的參與觀察，在某行政區初辦時，筆者觀察有議員或議員辦公室穿著議員服務處背心到現場致意、揮手，如同平時參與婚喪喜慶活動的行為，毫無發現這是一場公民參與的預算活動，有種事不關己的模樣；也有「政務人士」認為 PB 是在剝奪里長、議員的權利，里內的建設，就透過議員，寫給里長反應就好了，需要做得這麼複雜嗎？如果直接給公民參與提案，人家會覺得民意代表沒把工作做好，交給里民去處理，所以當然「政務人士」一定要參與；當然也有「政務人士」看到參與預算最後有一筆預算可以用，只是讓市民來提案投票，不可能持續太久，選擇持續冷眼旁觀。

> 柯府 5 億元參與式預算議員轟：說帖不清不楚（自由時報，2015）
>
> 　　國民黨北市議員吳世正昨在議會民政委員會痛批，實驗性政策編五億實在太多，且侵犯到民代職權，要求刪減至 5 千萬元；綠營議員許淑華也說，參與式預算恐造成議員與市民之間的矛盾。多名議員對明年執行的 5 億元參與式預算有諸多批評。吳世正指出，預算審查權本來就在議會，但未來如果市民提案，議會只能同意嗎？可以全部刪除嗎？根本是製造議會與民眾間的衝突。

　　然而，對於預算的編列、審議、執行到執行後的評估，整個完整的預算程序不僅須耗費相當龐大的作業人力，也需要經歷相當長的時間。依照我國預算法規定：「預算以提供政府於一定期間完成作業所需經費為目的。預算之編製及執行應以財務管理為基礎，並遵守總體經濟均衡之原則。」由此可知，有些「政務人士」在面對新興的參與式預算的初始心態，一來認為預算編列審查是專家的事，小覷公民參與的決心；二來，擔心這種參與模式會弱化他們的角色；最後，賦權（empowerment）也不是「政務人士」傳統做組織的方式。因此，對於產生新的政治空間與傳統勢力的資源競逐，並無太多思考。

參、作伙參詳的對話：新的政治空間與傳統勢力的資源競逐

里長適合提案嗎？議員如何加碼呢？政務官如何回應？

跟利害關係人與關注團體好好談的空間。

被劃定的預算範圍外，或被允許可以做的政策議題。

一、運作機制是否能強化政府跟民眾的有效溝通？

過去基層民主對於「參與」的定義過於狹隘，政府部門以為只要去地方與「政務人士」合辦幾場說明會，讓民眾能夠票選方案，就是參與、溝通，不僅沒有能夠滿足事前的「參與」，更遑論事後的「參與」，連滅火都困難。

在 PB 操作之初，許多人都有疑問，議員、里長會來提案嗎？議員、里長適合提案嗎？這項思考在 PB 執行後，本章觀察許多成功提案的特徵，多和周遭環境的社區議題有關，引起居民的共鳴，而成為勝選方案。

然而，不是里長所提方案會必然成為勝選方案，里長也是住民，也跟其他一般的住民一樣享有平等討論的權利，里長有較強的動員能力，可能會引發部分人憂心（自由時報，2016）。從實際操作來看，里長提案也不是提案過關的保證。而本章觀察到隨著市府的努力溝通，「政務人士」也逐步改變行為模式，當成是選民服務的機會或爭取預算新渠道，包括協助計畫書的撰寫及自行列管 i-Voting 提案通過後的案子，並追蹤進度。對於未能成案的 i-Voting，也有「政務人士」當成現成的選民服務，納入市政質詢題材，形成一個良性的政策循環。

關鍵在於，政府如果只是要蒐集意見，政策有一些互動，或是政府政策的回應要整理在網路上，這是可以透過網際網路。不過，PB 的關鍵在於政府設計多道機制，讓這些不同利害關係人的意見可以對話調

合，除了要達到行政效率的基本要求外，也需要回應民主的多元價值。「政務人士」、民眾與事務官等多個行為者之間磨合，考驗著如何取得民主回應與行政專業的均衡，進而建立夥伴關係以提升施政績效，這是實務應用上的關鍵議題。

二、運作機制是否撐出跟利害關係人與關注團體好好談的空間

「政務人士」是否促進 PB 的公共討論空間的優化，一直是個疑問。從議題空間上來說，利害關係人重要嗎？有些人是長期在社會上就關注那些議題、倡議那個議題、甚至是對立面。也有人是因為提案後，才開始深入了解該議題的重要性。PB 的真諦不是限制誰來參與，而是透過一套制度，讓所有參與者都能發聲。政府若是真的想要去處理爭議點，必須要讓不同利害關係人不斷的在一個空間下，在同樣的脈絡互相理解去談的話，社群網路其實很難做到，必須透過面對面的溝通。

因此，參與式預算讓公務員高乘載新的業務內容，除了不少是要滿足「政務人士」某種政治宣示和跟風，以至於一開始有不少淪於跑形式的疑問，根本的問題還是一再的重複。或者是公務系統學習的只是某些網路和審議技術，然後在某種特定框架下去滿足「政務人士」在政治上的需求，難以宣稱在做公民參與。

從對話的機制來說，在這個陌生人的關係建構過程中，組織者並不總會一帆風順，勢如破竹，而可能會受到其他行動者的挑戰。提案人面對的是專業文官，而非「政務人士」，專業文官會追著提案人詢問，你的意思是這樣嗎？你的提案內容是否是這個意思？

PB 強調的是直接反映民意的需求，臺北市再由陪伴學校來協助探詢，有利於促進行政人員對於公共政策的長期規劃。不過，由於台灣的審計制度，參與式預算的提案內容若超過行政人員的能力與法規，更是事務官的核心挑戰。換言之，參與式預算挑戰現存的預算體制及其專業。不過，臺北市政府的參與式預算鑲嵌在預算體制內，預算編製、預

算執行與決算的權責關係並無挑戰既有代議秩序，預算機關的角色與職能並無削弱，預算機關人員的心態也隨之調整。隨之而來，當進入議會審查，由於有了「公民參與」的程序與溝通，在 PB 提案的預算審查，府會關係顯得較其他縣市和諧。

　　進一步來看，台灣人民厭倦敷衍了事、推諉卸責的政府，因此人民有了「政務人士」客觀需要。把問題在問題發生前解決，考量多元聲音，以避免在偏頗甚至錯誤的基礎上做規劃，使規劃能夠真正讓在地民眾過得更好。而不是遇到問題，再來做公民參與溝通，或是透過「政務人士」出面來會勘協調。有了這樣的認識，在各區的住民大會或公聽會中，都能發現不同行政區的公務人員來支援，下一節我們將以「克強公園游泳池變身為複合式運動中心」做為案例，觀察「政務人士」的加碼，是否變相成為政策性買票，也要探討長期冷漠的選民在 PB 運作時，對於未能在 PB 運作的階段來表示意見，提出思考。

肆、政務人員的理解與科層體制的韌性：創新的虛實空間與容錯文化

> 踩煞車：公民參與與行政效率的矛盾。
> 踩油門：公民參與和專業知識的衝突。
> 資源競逐與容錯文化的博奕。

　　對於民眾想了解參與式預算，也不想透過「政務人士」來爭取預算，但不知道從哪裡可以找到相關資料？臺北市政府透過不同方式進行宣傳，不過 PB 的參與程度往往不高，可能導致預算分配的正當性不足的疑慮，這也意味著參與者可能為特定團體或特定頭人的社會網絡，在參與程度低的情況下，結果很容易就為這群人所掌控。

　　不過，也有另外的問題值得探究，反對者在參與程度低的情況

下，沒有在討論過程提出不同意見，反而在 i-Voting 通過後，在社群上發表意見，希望引發關注而無法在程序上踩煞車，引起公民參與與行政效率的矛盾。

　　舉例來說，2018 年士林區最後進入 i-Voting 的其中兩個案子備受矚目，第一個是蘭興里里長提案，要把將近五十年的「天母游泳池」（現稱克強游泳池）拆掉，然後在原址蓋一棟活動中心。第二個案子是蘭興里的鄰長提案，要在磺溪經過「蘭興里」範圍內的幾座橋梁，設置七彩 LED 燈（預計有華興橋、明德橋、東華橋、天母橋、木棧橋），以便裝飾橋梁、美化橋梁。

　　眾所周知，「克強公園游泳池」是天母具有歷史的游泳池，前身為天母游泳池，興建於 1971 年初，後於 2005 年改建，2018 年士林區參與式預算提案通過「克強公園游泳池變身複合式運動中心」。在完成 i-Voting 後，網路仍然大量出現「里長、鄰長說了就算嗎？」「怎麼沒有問問里民的意見」的質疑，也有人提出「大自然就是我們的運動中心，拒絕環境負擔」的訴求，「i-Voting 有七千多人投票，士林區有 28 萬人，這人數不到 3%」、「兩個提案都很爛，去哪裡抗議？我要保留露天游泳池」、「打電話給 1999 立案」、「如果照上述里長可以提議和決定，大家就一起向里長反映（反對），阿如果不行的話，就換個可以的里長啊！不是快選舉了嗎！」、「我是蘭興里民，居然不知道有這兩個案子！要去哪裡表達反對意見？這里長下次不用選他了～」。這些質疑聲浪，市政府都聽到了，但是「公民參與」的 PB 程序走完，卻仍餘波蕩漾。

　　本案是 2018 年 4 月士林區參與式預算提案，經 i-Voting 網路投票機制提議克強公園游泳池變身為複合式運動中心，並於 2018 年 8 月 i-Voting 提案通過；體育局經辦理公聽會說明及與提案人 4 次會談後，向市長簡報後確定複合式場館規劃內容。確認提案內容後，開始有地方議員開始承攬政績，認為是自己召開協調會，向市長爭取的建設成果。

更有議員加碼踩油門，要求體育局應該增加預算、加挖地下停車場等。還有議員提出如保留現有 50M 戶外泳池，根本不知道建物配置也將緊鄰道路，造成退縮及緩衝不足，建築量體與基地及戶外池甚難協調，無法滿足參與式預算提案的需求，「政務人士」這些踩油門之作，讓事務官徒增困擾。

國人都知道，國家的體制缺乏彈性，以至於無法容許失敗與錯誤。政府對於資源競逐這事顯得小心，避免成為政策性買票的指控。PB 嘗試去做一些過去沒有人做過的事，或跨局處的整合，因此難以預料整合的困難，「容錯空間」其實不大。政府最大的問題不是只有「容錯空間」的考量，只要預算用出去，「資金使用效率」沒有換到「有效的 KPI 成效」是不可以的，「防弊重於興利」的態度也由此而生。值得慶幸的是，國內的 PB 還尚未出現今年的 PB 提案推翻過往的 PB 提案，隨著積極公民的出現，「容錯空間」將會比過去還要難以容忍。

伍、結論：「政務人士」是共識型民主的關鍵

自 PB 操作以來，臺北市政府民政局不斷進行關係建構，這種組織者與相關行動者的溝通，例如「政務人士」可以開始思考其對於 PB 的影響。在看似不利的 PB 環境，臺北市政府民政局有充分行政授權與溝通能力，讓政府、民意機關與民眾接受 PB 的理念，PB 才能順利運作。這個社會要翻轉一些既有的結構或制度問題，勢必無法只是極少數的一群人可以做到。當「政務人士」碰到棘手難題，就會找尋事務官來答題，如何和社會中與更多陌生的市民互動，不能只有實際碰到了問題才知道。當組織者不被信賴時，其他行動者就會感到興趣缺缺，或甚至反過來加以抵制，都增加難度，因此共識型的民主更顯重要。

平心而論，參與式預算的前期、中期、後期的配套，需要的是超多方的意願，願意付出時間，願意好好的思考怎麼進行，願意去面對先前階段的既存狀態下，這個階段需要的轉圜與調整，也願意在彼此的位置

與角色下做出可以撐出空間的對話。在「政務人士」當前，事務官的各種技術、技巧等的培養都是基本功夫，但過程中各環節的協調與處理，說的都比較容易，可真的沒有那樣簡單。眾所周知，PB 要走下去的過程，多少會與各方的期待有所落差，但真的需要各方持續的接納與磨合，才能做出成績。

參考文獻

1. 蔡亞樺，柯府 5 億元參與式預算 議員轟：說帖不清不楚，自由時報，2015 年 10 月 22 日，https://news.ltn.com.tw/news/politics/breakingnews/1483725。

2. 郭逸、郭安家、謝佳君、梁珮綺、黃建豪，里長動員投票，臺北市參與式預算現負評，自由時報，https://news.ltn.com.tw/news/local/paper/1005599，檢索日期：2016 年 6 月 29 日。

3. Pateman, C. (1970). *Participation and Democratic Theory*. Cambridge: Cambridge University Press.

4. Wampler B. (2007). *Participatory Budget in Brazil: Contestation, Cooperation and Accountability*. State College, PA: The Pennsylvania State University Press.

Chapter 13

中介團體：旁觀者真的「清」嗎？

施聖文

一、前言

參與式預算（以下簡稱 PB）自台灣於 2014 年引進，以直接民主的形式，讓人民有機會參與政府預算的決策。這樣的熱潮某種程度象徵著民眾對於政府的不信任，亟欲透過 PB 能夠重新建立政治的信任基礎。然而，任何民主技術的發展與推動，都與公民社會成熟度有關。公民社會是以一種多元及開放的方式在運作，與地方社團組織、社群等的社會網絡彼此鑲嵌（Embeddedness）在一

> **鑲嵌**
>
> 最早由匈牙利社會學家卡爾·波蘭尼（Karl Polany 1886-1964）提出，是經濟社會學裡一個重要的概念，泛指經濟活動受到非經濟制度的約束。後延伸到政治、文化、社會等相關領域。在本章中主要是延伸其意涵，指稱民主的活動中也會受到其他活動的影響。

起。這些社團組織與社群多半是投注在政策倡議，無論是全國或是地方性的公共議題等，將弱勢、邊緣等被忽視的議題能夠被關注到。這也表徵在政治與社會變遷關係中公共領域的形成與成熟度。然而，民主並非是一蹴可及，它是一個「賦權」（empowerment）的過程，它需要對話的養成，需要相互理解，需要時間在人際之間的互動與陪伴，在這些過程中，往往需要一個「中介團體」（intermediary organization）協助。在台灣的 PB 的案例中，也多半有不同的中介團體針對不同的類型、主題的 PB 協助推動。

當然，在政府部門以採購案的方式，將 PB 的計畫委託給民間團體

承接，不僅只有在學術機構中，同時也包含許多不同的民間組織一起加入。例如 2017 年與 2018 年桃園市勞動局推動的移工 PB 計畫中，主要執行活動規劃的是熱吵民主協會，而實際接辦計畫的則是長期關注移工議題的桃園市群眾服務協會，除了協助找尋可聯繫的移工朋友外，也讓參與的工作人員都能盡快了解移工議題。這樣的民間組織團體共同協力的方式，在臺中市 PB 的推動過程也是有著同樣的模式，除了前述的熱吵民主協會外，包含臺中市社區營造中心、全國社區大學促進會等，都在推動過程中扮演了重要推手的角色。

因此，本章所謂的「中介團體」不單只是為承辦 PB 計畫業務的承辦單位，應是指在 PB 的推動過程中，從政府部門到民眾之間，一群協力推動的行動者。具體的指稱是：「協力或直接推動 PB 計畫的相關組織團體、學校與行動者（包含計畫主持人、參與審議的小組主持人，以及公部門承辦人等）」。所以中介團體多半是藉由 PB 在具體執行業務中而產生連結，但相對的參與其中的人因對於民主都有不同的理解，大部分成員基本上是秉持對於民主實踐的信念，背後所持的理念則是在「賦權」民主的意涵上。

賦權的概念基礎則是以 Pateman 在《參與和民主理論》所論述：「參與的主要功能是一種教育性的，所謂的教育性是指包括心理方面及實際民主技巧和程序的獲得」（Pateman, 1978: 49-50）。連結兩者，可以發現中介團體其實處在「行政機關與地方民眾之間，在面對地方公共議題時協助找尋一個平衡點，改善資訊不對等、自利狹隘等缺點，實現賦權的參與和審議的理想」。在 PB 的機制中，中介團體也必須自我的訓練，培養具體的公共討論技巧，進而與參與討論的民眾彼此有其增能的過程。當 PB 作為民主創新的實踐，過程中也對民眾進行某種賦權意識的挹注，當這股賦權的意識不斷地深耕，會發現對於政府的批判態度也就愈升高。在上述所提及的計畫中，可清楚看到這些中介行動者當進入到 PB 推動過程中，對於參與式民主的期待，倘若行政體制面對民眾

的訴求呈現消極回應時，在中間所感受到的落差，反而是對於台灣民主現狀有更現實的認識。

　　在民主觀念較爲成熟的西歐國家推動 PB 時，必須架構在高度共同治理的模式中，同時需要政治人物／政黨的強力領導，以及強大且高度動員的公民社會（Röcke, 2017: 157）。實踐經驗顯示，引入 PB 時需與地方情境配合，做必要的調整。在臺中市與桃園市的 PB 雖獲得首長的強力支持，但由於制度配套尚未明確，加上政黨、地方派系等不同程度的影響，直接透過由上而下的政府資源挹注，要求由下而上的參與式民主，立場上就會處於矛盾與弔詭的情境。因此，從一個中介團體的視角來觀察台灣民主的現狀，在具體實踐的過程中，或許更接近眞實社會的想像。

二、中介團體的任務與類型

　　依據青平台 2017 年的《臺灣參與式預算關鍵報告》中指出，台灣目前 PB 的類型共計分爲：市政型、主題型、社區型、議員型等四種類型，每一種類型幾乎都有其中介團體協助 PB 的推動。在市政型的模式中，主要是以臺北市與臺中市爲主。臺北市 PB 的操作方式，主要是邀請陪伴學校協助區公所辦理區內 PB 培訓課程、審議員的訓練、住民大會的舉辦與主持，以及區內高中職的推廣課程。藉此希望能達到彼此增能的效應。而臺中市的模式則是以委外承辦的方式，由承攬的組織來辦理。因此，其任務除上述外，更包含地方組織的串連，以及提案人的陪伴與輔導。

　　其次，在社區型的類型上，社區營造作爲一種社區民衆尋找地方認同的過程，是針對社區自身問題提出改善方案，而 PB 也十分強調在地居民的意見。兩者都強調「由下而上」的重要性與優先性。以雲林縣參與式民主協會 PB 推動爲例，是作爲一種擾動地方的方法，尋找地方熱心的參與者，並以擴大民衆參與爲主要目的，協助民衆進行實質的提

案，鼓勵民眾作爲一個實際提出具體方案的人，讓民眾相信可以透過這個機制實現，找到最符合自身社區與社群團體的實際需求。

這類型模式，也可能出現在市政型的類型，例如在臺中市的 PB 雖然是市政型的模式，但其中介團體，曾經以客廳座談會的方式，結合社區營造組織的協助，透過實際在地方的踏查，一方面向民眾說明 PB 的執行方式，另外一方面也不斷地接觸地方團體的過程中，找尋關心地方公共事務的組織或團體，創造新的跨社區議題性的討論模式。

第三，主題型的操作，針對主題的設定有不同的中介團體彼此協作，透過 PB 計畫的執行，將政府政策與目標對象彼此相互的串連起來。例如 2017 年到 2018 年桃園市政府勞動局舉辦移工參與式預算的計畫中，已委外的方式委託長期經營移工議題的倡議團體，但這類型組織與行政機關之間長期因爲移工權益問題，有著一定的緊張關係。因此，在執行中也邀請曾有實踐經驗的中介團體一同協作，從技術面支援不同國家的移工（越南、泰國、印尼、菲律賓）能夠彼此相互溝通，讓性質相近的提案產生對話與討論，符合審議的精神。

最後在議員型的部分，預算的來源主要是市議員自身可以影響的工程建議款，以 PB 的方式，邀請民眾參與設計提案，票選後交付公部門執行。然而，在設計提案的過程中，並沒有太多共同討論的程序，主要是鼓勵社區民眾以提案的方式來參與。除了地方的意見領袖協助邀請民眾外，也會邀請專家學者針對民眾的提案提出建議。

從以上四種類型來看，PB 雖然強調對話與公民參與，但在臺北市有其特殊的地方動員基礎，大部分會來參加住民大會的成員，是基於原本在社區與社群的社會網絡關係。中介團體在 PB 所扮演的角色，主要是提供一個資訊彙整與分類的功能者，以及住民大會辦理的協力者。不同於其他地區的案例，中介團體某種程度是在進行社會組織與串連的行動，透過公共討論與提案的方式，進而希望改變以往政府體制內分配預算的行政慣習。而在臺北市的 PB，在動員組織上多是由區公所協調在

地意見領袖（里長、社區發展協會理事長等）等來組織民眾參與。而在預算分配與使用上，仍須符合預算使用的相關規定，例如民眾若有超出預算的項目，仍是需要經由市議會同意。因此，在臺北市 PB 中介團體的介入程度，是在已規劃好的既定流程有限度的介入。

此外，中介團體帶有一項重要任務，就是設計要如何與民眾溝通的機制，其中「審議」的模式與原則也運用在 PB 的流程中，主要強調參與者有更多平等發言、相互說理的包容性，確保不同的聲音能夠被公平的對待。從執行流程的角度來看，「審議是一種討論，目的是為了要改變人們行動的偏好」（Adam Przeworski, 2010: 193），有可能是原本內在偏好的轉變，也可能是經由討論之後的選擇。因此審議的程序設計上著重在要如何「重視對話者的動機、強調論證的有效性、追求一致性的共識，以及強調策略行動與溝通行動的區別……指涉一種系統性的決策過程」（Jon Elster, 2010）。在行政部門所主導的計畫中，無論是具體政策的推廣，或是對於地方改善的提案，仍需要系統性的資料彙集與轉譯，以及與社會溝通的過程。而中介團體所掌握的審議技巧，也會對於 PB 的推動品質有所影響。

但在台灣 PB 的審議中，比較傾向是一種公共討論的類型。而 PB 的「公共審議」定義為「一種可以增加社會共識或社群感的公共討論」（James D. Fearon, 2010: 83），強調的是參與者的共識、對話、聚焦。而所涉及的公共事務不一定要對現在政策進行對焦，許多時候是面臨社區間生活的改善與便利。因此，PB 常被視作為一種公共服務的模式而現身。

三、臺北市 PB 中介團體的介入模式：以松山區為例

官學聯盟是臺北市 PB 較為特殊的設計，主要是在臺北市 12 個行政區，邀請不同的大專院校以及社區大學（共計 10 所大學，3 所社大，如圖 13-1），作為陪伴學校，希望透過知識性的諮詢指導，協力性的

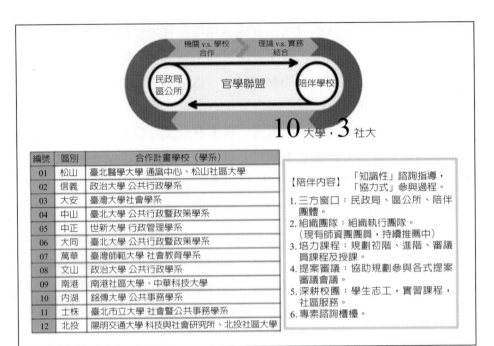

圖 13-1　臺北市官學聯盟各行政區陪伴學校與任務內容

資料來源：臺北市參與式預算官網：https://pb.taipei/News_Content.aspx?n=06E2A6EBECB4
00D9&sms=65798D7D91D648B2&s=CA8B25295A42FFA2。

參與過程，協助規劃相關課程，參與各式審議提案會議。茲就筆者陪伴松山區 PB 為例，針對上述的目標與任務，簡述對於中介團體在執行過程所扮演的角色，並藉此提出觀察與反思。

2019 年 12 月臺北市民政局與臺北醫學大學通識教育中心簽署「松山區參與式預算輔導計畫」以及「臺北市高中職參與式預算推廣計畫」之合作備忘錄，與松山社區大學共同協助松山區公所辦理 PB 的說明會與住民大會，以及至區內的高中職的校園中，協助推動 PB 能夠向下扎根。

剛開始與松山區公所討論有關 PB 的執行狀況時，發現原本地方說明會的形式太過單調，多半像是政令宣導一般地進行。因此建議導入願

景工作坊的方式，邀請民眾一同討論松山區面臨的議題，以及對於未來的願景。期間透過松山社區大學的協助，安排走讀課程，帶領參與的民眾一起認識松山區「錫口」的歷史文化。透過參與民眾對於松山區願景的描述，再由北醫的學生協助製作三至五分鐘的影像資料，提供給第二次參與說明會的民眾，看是否有其他意見或建議可以一起納入，期待透過引入願景工作坊的模式，讓參與住民大會的民眾，能夠在提案上更能聚焦與發想。

　　然而在執行過中也發現幾個問題，第一，過往松山區 PB 的程序，並未有這樣的設計，以至於在願景工作坊中，部分的參與民眾誤認為是住民大會的提案，紛紛提出社區的需求並想要提案。其次也發現，過去的住民大會並未設計相關的討論流程，招募的審議主持人除北醫學生外，也包含社區大學的工作夥伴以及區公所人員，因此，在帶領小組討論的過程中，往往取決在於審議主持人各自的發揮。而為改變這樣的狀況，中介團體也試著規劃住民大會中討論程序與方式，盡可能地將審議主持人在帶領方式、步驟與範圍，能夠調整成較為一致。

　　隨著願景工作坊的舉辦，原來的住民大會程序，是由每一組中投票出一個提案，藉此來篩選民眾的提案。然而，這樣模式並不符合 PB 中的包容性與多元性原則，因此，中介團體協調松山區公所修訂相關方式，以鼓勵民眾先討論想法，並且由審議主持人協助民眾將相近的想法彙整，找出併案的可能性，並且每一組不再限制一個提案，而是讓每一個參與的民眾都有權利提出自己的想法。只要願意寫出提案海報，並在住民大會上簡要向所有參與民眾報告，爭取大家的支持，最後再由所有參與的民眾，以複數投票的方式，提案就有機會進入到市政府。

　　願景工作坊的設計，在 2020 年之後，因為疫情的關係已經取消辦理，但從上述第一年的參與中可以發現，要推動一個行政區的 PB，需要更多的人加入中介團體的行列，無論在說明會與住民大會中，都需要有大量的審議主持人、記錄員等角色。因此，在北醫的協助下，每學期

都開設「公共討論與審議操作工作坊」（以下簡稱審議工作坊）的微型課程，一方面擴大審議主持人的數量，同時也將 PB 的概念導入到校園中。

　　北醫的審議工作坊課程內容，主要訓練學生將不同參與者的意見，透過各種討論的方式與工具，協助參與民眾釐清想法，並且彙整類似的想法，將相關意見進行紀錄與分類，協助參與者凝聚出可具執行力的相關提案。其次，需要訓練審議主持人的聆聽與議題分類的能力，考驗紀錄者能夠快速的捕捉參與者意見的關鍵字，而能讓參與討論的民眾，有一定範圍的發想，並在最後一起想出方案名稱。這種從混雜的意見到共識的凝聚再到方案的提出，基本上都考驗著審議主持人的帶領能力。隨著不同學期審議工作坊課程的舉辦，目前在松山區 PB 的審議主持人數，也不斷的累積。至 2021 年松山區 PB 的住民大會，每一場的主持人都可由修習過審議工作坊課程的同學來協助帶領。

四、陪伴中的觀察與反思：魔鬼就在細節中

　　在松山區公所的同仁與松山社區大學的夥伴一起合作的三年中，協助著北醫的學生參與一場民主的實踐，在操作過程仍有許多值得玩味的課題，逐漸發現參與式民主的理念，當置入在 PB 的實作現場有時會感到自我懷疑，以下提出一些觀察與反思：

㈠ 討論中的沉默者

　　無論在住民大會或是說明會時，都會有口才較好，或是議題的先備知識較為充足的民眾，會帶領議題討論的風向，此時小組就會發生沉默者。又或是在小組討論的過程中，變成分散式的討論，兩三位彼此認識的民眾便互相討論了起來，而孤身前來的人也會淪於沉默者。兩者的情況皆會使審議主持人需要當場的臨時反應，提出一些議題來引導參與者共同討論，這些議題有時也會產生爭議。當然，透過對於爭議的討論，

來增進相互理解的模式並非不好。此處的懷疑是，作爲一位審議主持人，是否可以引導議題討論的方向？引導與帶風向的之間的差異爲何？

㈡ 動員中的投票部隊與沉默者

第一次進入住民大會帶領討論時，便發現有許多參與的民眾，其實都被動員來當人頭投票的。討論過程中並未提出自己的意見，多是回應里長或是社區發展協會理事長等人的意見爲意見，現場多屬於沉默者。因此，審議主持人會盡可能地鼓勵民眾提出問題。而松山區參與住民大會的民眾多爲高齡長輩，透過高齡與地方社區的關係，不斷詢問參與者在過往生活中，有沒有什麼不便利的狀況，逐步引導這些參與者提出問題，透過主持人的協助逐步彙整出來完整的提案。然而，如果這樣引導出來的問題，反而使得原本地方意見領袖的提案在投票中失利，是否會造成地方原本社群關係失和？

㈢ 提案投票機制的盲點

從松山區觀察的經驗來看，大部分多爲高齡長者，參與者年齡層相接近，帶領討論的審議主持人發現，非地緣關係或是不同於高齡的年齡層提案，往往在投票時，就會就被排除了。因此，若是希望自身的提案的能夠通過，是否需要動員投票部隊來予以支持？

從以上問題的顯現可以發現，參與式民主所強調廣泛參與和公民賦權是在於 PB 的各種細節中展現出來。所謂的有效參與、知情理解和包容都在具體的討論細節中一一的顯示出來。中介團體不僅協助住民大會的執行過程順暢，同時也協助小組討論將公共議題出現在討論過程中，無論民眾是否被動員，又或是帶風向的人還是現場的沉默者，都需要重新檢視公民參與在實踐中的問題，使得民眾在參與 PB 的過程中有其賦權的可能。

參與式民主的實踐對於中介團體而言，是具體而微表現在每一個人看待彼此的意見表達。審議民主中強調理性的對話、公平的資訊以及同理的認識，以一種公共討論的程序設計聯繫起來，針對不同議題、不同的爭議，以及相對應的利害關係人，都能在審議主持人的帶領，取得一定程度的彼此理解，甚至某種程度的共識。當然帶領一群不同背景的人坐下來一起討論，探討議題中的問題，探尋民眾對於地方的需求，發展可能的解決方案，中介團體可以透過可操作化的課程訓練，以及實戰的經驗逐漸累積看到效果。他們基本上都相信 PB 能夠從良善的溝通發展與政府的信任關係，而良善的溝通基本上奠基在政策以及對於參與式民主概念的轉譯工作上。這些中介團體在不斷與地方民眾接觸的過程中，展現出一種民主實踐的行動。

但是在臺北市 PB 推動的過程中，可以發現陪伴學校所扮演的中介團體的協力其實是有所侷限。我們面臨的是原本臺北市政府所設定的流程制度，能介入的部分僅限在諮詢建議、協辦會議、審議課程的舉辦，以及訓練審議主持人。雖然是市政府並未強迫各行政區要完全依照設定的流程，仍然有其調整的空間，也鼓勵創新的方法可以提案至民政局試辦。但是，就區公所的角度來看，行政且其立場似乎很難跳脫原有程序的窠臼。就算有創新的想法，在既有程序仍為民眾所熟知的情況下，很難有理由更動。

在推動數年後，也發現參與住民大會的民眾逐漸地同質化。因為在地方宣傳與動員的管道過於單一，中介團體並未有時間或能力協助區公所進行地方團體的組織與串連。再者，一旦通過提案，提案人要多花費許多與行政部門溝通成本，也讓許多想要參與的民眾逐步淡出，以致於參與意願降低。

臺北市的 PB 實行八年以來，的確展現出參與式民主的氛圍，然而，過度制式的模式，也讓原本具有創意的 PB 開始流於形式。制度與

實踐之間，需要有許多彈性與創新的空間，才能使得中介團體在知識性的介入過程中，有其協力並實踐的可能。

參考文獻

1. 劉介修，陳逸玲譯，Button, Mark and Ryfe, David M.（2012）。我們可以從審議民主的實踐中學到什麼，審議民主指南，John Gastil and Peter Levine 編。

2. 李宗義、許雅淑譯，Fearon, James D.（2010）。討論及審議，審議民主，頁 63-93。

3. 李仰桓譯，Fung, Archon（2016）。賦權的參與：再造都會民主。

4. 白舜羽譯，Röcke, Anja.（2017）。公民參與的框架與擴散：法、德、英的參與式預算。

5. 朱堅章等譯，Pateman, Carole.（1978）。參與和民主理論。

6. 李宗義、許雅淑譯，Przeworski, Adam.（2010）。審議與意識型態宰制，審議民主，頁 193-223。

7. 青平台（2017）。臺灣參與式預算關鍵報告，發表至「翻轉吧！公民—參與式預算 17 行動論壇」。

8. 李宗義、許雅淑譯，Jon Elster.（2010）。審議民主理論與經驗研究的對話，審議民主。

9. 鄭麗君主編（2015）。參與式預算—咱的預算咱來決定。

Chapter 14

官僚觀點的參與式預算：
受命、噤聲、忠於公民？

陳俊明

壹、具有官僚特性的公務員與參與式預算

大體而言，「官僚」（bureaucracy）是指因為執行法律與政策，而由具備專業，能承擔管理政府事物責任，非政治性的「受任命官員」（appointed officials），所構成的大型組織。在運作時，必須依照指揮系統或權威層級（hierarchy of authority）的規定與程序，展現某種理性、一致性，和可預測性。

具體來說，如果根據第一位從事官僚研究的著名德國社會學家 Max Weber 的說法，官僚的定義可以包括下列判定標準（Roskin et al., 2017: 275）：

1. 科層式組織的行政機關。
2. 各機關有其自身的職能領域（area of competence）。
3. 文官（civil servants）是依據文憑或考試所決定的技術資格任命而非選舉產生。
4. 文官依據職等取得固定薪資。
5. 職業是終身的且僅以文官雇用（the sole employment of civil servants）。

> **受任命官員**
>
> 所謂的非政治性「受任命官員」，是相對於「政治性任命」（political appointment）。一般在通過國家考試後，獲派至政府機關服務的公務人員，是典型的官僚體系的成員，強調的是「專業」（expertise）。前者不同於由選民所選出的市長，和因認同或支持市長，而被委以帶領市政府各個局處的局處長們；後面這樣一個通稱為執政團隊的組合，主要顯現的則是「代表」（representation）的意義。

6. 官員並不擁有其職位。
7. 官員臣服於控制和紀律。
8. 升遷根據上級的判斷。

事實上，官僚之所以會受到矚目，並擁有相當可觀的影響力，主要是因為下面幾個原因：

1. 官僚能夠取得資訊並掌握對民選和政治任命長官的資訊流向，提供政策選項的規劃並評估這些選項，而在相當程度左右政策的決定。
2. 官僚因為實際擔負政策的執行，而有機會詮釋政策的意涵，並因此可能拖延或阻擋特定政策的執行。
3. 官僚（特別是高階官僚）（leading bureaucrats）往往會因為是一群具備專業知識，強調績效的菁英，被賦予維持國家利益的責任而獲得一定的敬重。
4. 相對於民選或政治任命首長必須隨著政黨輪替而來來去去的「暫時性」，官僚因維持中立、持續在任，形成永業（Heywood, 2013: 369-371）。

但也因此，民選及政治任命的行政首長，可能需要面對官僚與生俱來的保守性格，和維持職業安逸與物質保障的傾向；使現代官僚組織不易受到節制（checked）。影響所及，甚至造成「代議政治」與「責任政府」流於形式。

有鑑於此，民主政治制度下受任命的公務員，必須以某種方式對民選及政治任命政治人物負責，再由政治人物對市民大眾負責。關於這個議題，參與式預算的設計，因為提供公民彼此之間，以及公民與官僚之間，進行「知情」（informed）、「對話」（dialogue）和提案的「論壇」（forum），使公民有機會分配資源、排列政策優先順序和監督支出；也是使政府更為公開、透明與貼近民意等公共價值，最具實踐

可能性的機制，即使這樣一來，可能會以使
官僚喪失原本近乎獨占的「政策議程設定」
（policy agenda setting）（丘昌泰，2022：
110）權做為代價。

　　然則，具有官僚特性的臺北市政府文官或公務人員，如何執行
2015 年開始實施、源自於現任市長柯文哲先生競選政見的「參與式預
算」？如何看待這項已然全面制度化運作的「草根民主」（grass-root
democracy）[1] 活動？

貳、公務員如何執行參與式預算

　　基本上，承擔臺北市「參與式預算」制度的全般規劃、執行和評
估，協助落實審議民主的臺北市政府民政局，在實際運作「參與式預
算」時，係以臺北市的 12 個行政區為實施範圍。

　　比較特殊的是，這項由政府的行政機關所主導的新興公民參與活
動，在辦理的時候，並未選擇假手外在力量執行，反而是由各區的區公
所，以及臺北市政府的相關局處公務員，自行辦理。為了順利執行「參
與式預算」各階段的相關工作，民政局也為公務人員開辦初階乃至進階
的培力課程，提升專業素養。一位受訪的區公所主管就證實：

　　公訓處可能會開一些課，然後就是各局處派人來，……（NC-1）

　　此外，為了要在公共參與的過程中，同步「檢視行政部門的執行
力、權責分工及資源分配是否合宜」，臺北市的「參與式預算」，還別

---

[1] 所謂的草根民主可見諸於公民協會、地方非正式機構、乃至一般人，根據他們本身參與社會
及集體生活中，所獲致歷經數世代的經驗、規範和價值以及在地知識，參見 Tandon（1996:
7）及 Kaufman（1997: 1-24）。

出心裁地結合了設立於臺北市的多所大學和社區大學，形成「參與式預算官學聯盟」，協同進行「推廣、提案審查、預算評估、預算審議」等階段的實作。

正因如此，這項主要由官僚組織自力設計和操作的公民參與政策過程，除了對於促進公民培力有所努力，更著重行政機關能否就獲同意的公民提案加以執行，以及就前述「各階段辦理情形、提案產生過程，以及後續提案管理等資訊」，加以公開，以供查閱。

茲先就臺北市「參與式預算」各階段的重點，略事說明如後：

在提案審查階段，主要有四個環節。首先是住民大會的召開。這個部分是由市民針對公共問題及其解決策略，進行腦力激盪，以供形成提案構想，並由與會市民進行票選。

其次是參與式預算的第一步：提案審議工作坊的兩個階段。其中，先進行的是「提案討論」階段，由權責機關官僚代表與提案人，就所提案的替代方案或不可行理由，進行溝通，繼由專家學者提供修正建議和注意事項。

接下來進入由公民審議團代表，依據公共性、適法性、預算可行性等三項指標，審議提案。完成後，將提案計畫書在線上或實體加以公開展覽，以供了解提案和發表意見。

在提案票選階段的提案，必須在提案審議的三個指標上，均能獲得「高度」或「中度」可行評價，才由 i-Voting 系統執行票選。

至於第三個階段，由民政局通知票選提案的主責機關，規劃所需預算。如果執行經費需待次年預算支應，或新編次年預算，則依既有預算編列程序辦理。

最後，為確保參與式預算提案能獲執行，民政局並建置一套「提案管理系統」，由研考會管制執行進度和執行金額。

值得注意的是，上述看似靜態的程序說明，的確也就是實際上運作的規範。某受訪的區公所主管，就非常生動地描述了各個階段的進行順序，甚至還透露了所謂「會前會」的實務。例如，在以多數決產生「住民大會」的提案後，因為無法全然排除提案相關機關間，權責歸屬的爭議，而由主其事的區公所，另外召集相關機關，確定「專案管理」的主、協辦者，乃至納入新增機關，以便這些機關，預先就提案是否可行，和提案人溝通。

> 住民大會開始就是多數決成案，成案之後，我們就會進入審議階段。那審議階段的話，……。會先開一個會前會，會前會就是民眾的提案，區公所會去區分一下說，這個案子可能誰是主責機關，誰是協辦機關。然後就找這些機關來開會，先做一個討論，然後確定我們的分工達成共識：誰是主責誰是協辦；或是我們沒列到要納進來的，都可以提。會前會達成一個共識後，就可以請他們去找這些提案人先溝通案子，因為已經都有相關資料了，如果覺得哪裡不清楚、對方提的，（主責機關）可能做不到，或還有其他問題，都可以事先去做溝通。（BD-1）

令人印象深刻的是，臺北市的「參與式預算」在經過幾年下來的實際操作後，顯然在實作的細節上更見周延。一個具體的例子是，民政局在經過檢討後，調整了個階段全程的起訖時間，以利掌握預算的編製和執行時效，加速實現提案人提案的完成。

> 通過 i-Voting（就）都可以做，但我（主責機關）今年沒有錢（預算），我（主責機關）（又）必須編預算，我就明年的預算才可以做，這樣（就會）又延遲一年。但萬一我是在年底的時候，那就（更）要延到兩年了。（DD-1）

> 每一年有每一年的（實施）計畫，它（臺北市政府民政局）會告

訴你今年度的住民大會是何時？審議工作坊是何時？以前住民大會都是在年初，等到（全部程序）辦完後就會（因超過預算年度）影響到編預算，所以，現在都（將整個過程）提前到前一年度的年底 11 月開始。（DC-1）

……作業提前，就不會……一個案子要兩年後才能實現。（DC-1）

對於職司上述「參與式預算」實際運作的臺北市政府公務人員而言，即使泰半係因本身所負責業務涉及而奉命行事，但畢竟也和它共存了好幾個年頭，如能就參與式預算的過往，暢所欲言，盡吐衷曲，應該有助於我們更適切地回應，有關是否以及如何迎接續階參與式預算的問題。

參、公務員如何看待參與式預算

一、肯定贊同的部分

㈠ 參與式預算長遠而言，有其意義

對於實際負責「參與式預算」的公務人員而言，讓市民能夠「由下而上」表達需求的「參與式預算」，長遠來說，是有意義的。

「參與式預算」是什麼？這個「參與式預算」感覺就是，應該要由下而上的一個反應的機制，……對社會長遠來看是好事，其實我覺得（是）有（意義）啦，我認為是有（意義的）！（NC-1）

㈡ 參與式預算多提供了一個參與管道，也不影響代議功能

「參與式預算」固然一度引發議員乃至里長的關切，唯恐削弱彼等的代議功能，然而，事實證明，議員與里長的角色並未遭到取代，而市民卻增加了一個公共參與的管道。

　　讓民眾多一個管道。一開始在推的時候，在議會，每個議員意見都很多，第一個覺得會削弱他們的預算審核權，第二個是說，他的人民陳情案，也就是選民服務案件會變少，因爲他就不會直接去找議員而改走別的途徑。但後來因爲這幾年以後，沒有削弱他們啊，而是提供民眾另一個管道，因爲不是每個人都知道自己的里長住在哪裡啊？議員是誰啊？（DC-1）

㈢ 從參與式運算各階段互動經驗，學習調整心態

　　市府公務同仁因爲在「參與式預算」審議工作坊階段，往往必須就提案是否可行而與提案民眾有所互動，這樣一些實際的經驗，使他、她們較能體會到自我調整心態的重要性。

　　公務員心態要去調整，你眞的有時候要去了解這個提案他背後的需求是什麼？如果你用心傾聽，可能會聽出關鍵點，我覺得這還是比較重要。（NC-1）

㈣ 不斷檢討和持續改善，有助於完善參與式預算的運作成效

　　組織因分工而每每衍生的「本位主義」（departmentalism）副作用，隨著「參與式預算」實施一段時間後，在做法上歷經的數度改變，已有所改善。根據一位出身臺北市政府研考會，一般認爲是市長推動「參與式預算」重要幕僚的高階文官說明，有所改變的關鍵在於：原本就負責管制考核工作的臺北市政府研考會，被要求將前述各「專案管理」局處的「參與式預算」執行情形納入列管。

　　案件會找一個主責機關，那主責機關跟協辦機關，都由主責機關來把這個案子完成，那個排斥就會比剛開始的時候小。那再來就是會列

管，唯有研考會去列管這些案件，就不會說案件成案以後，後續的執行不知道怎麼樣。那研考會列管像我們現在這些案件的話，每個月都會開會。（BD-1）

如果我們進一步檢視臺北市政府，為使區級「參與式預算」提案審議工作坊的提案，能「更具可行性」；提案審查程序「更具效益」，所召開「相關機關共識會議」的會議紀錄，不難注意到，臺北市政府因為重視提案的順利執行，在進入提案審查階段前，就試圖透過共識會議，預先確定提案的主責機關，期能降低分工所可能出現的爭議。

具體而言，上述降低爭議的相關律定包括：1. 賦予區長依據明確條列的四種狀況，指定主責機關；2. 至於提案審議的執行，如經專業判斷不可行，則須提供替代方案；3. 即使無替代方案，甚至是違法或違背政策，也必須向提案人敘明「違反之法律條文」。

二、期許精進的部分

㈠ 市民與公務員在落實民主的過程中，出現主客角色易位？

可惜的是，對於部分公務人員來說，原本應由人民因為自覺而主動參與政府的政策過程，卻似乎變成得要由政府機關出面來拉動市民參與，造成公務人員類似「拉火車」般的負荷。

但變得是，感覺好像是火車很笨重，然後是用人在拉，那種感覺啦！（NC-1）

㈡ **公務員的「政策學習」，知其然，卻未能知其所以然，不利「參與式預算」政策的宣導**

　　雖然主其事的民政局了解這項創新政策，必須進行「政策學習」[2] 以利政策有效執行，因此費心為公務人員就「參與式預算」在臺北市政府公務人員訓練處開課，卻仍有推動主力所在的區公所主管級人員表達，上級甚至包括民選的行政首長，未能就為何要推動「參與式預算」的精神或核心價值，有所說明。

　　我們有時候可能不知道，該怎麼去跟民眾說，就是說，為什麼我們希望公民參與？或者是說，為什麼我們希望有參與式預算？就是說，市長推行這個政策，那為什麼要推這個政策？我覺得這個東西，或許我們沒有很清楚地可以去闡述。（NC-1）

　　也或許就是說，市長他推這個政策，那他當然他是一個大家民選出來的市長，那他推這個政策，他希望整個市政團隊幫他去執行這個政策，我覺得或許他沒有回過頭來告訴我們這個團隊說，為什麼要推這個政策？我們的精神是什麼？核心價值是什麼？（NC-1）

　　如果無法使部屬知其然，也能知其所以然，了解政策的宗旨和意義所在，就可能導致部屬，即使奉命行事，行禮如儀，卻少了些熱忱和信心。畢竟，政策學習涉及的是，改變相對持續的思維，或來自於經驗的行為意圖。這也就是說，如果負責執行的公務人員沒有參與政策規劃的機會，不知「既有的制度是有缺陷的」，或「民眾反映的管道不暢

2　本章將政策學習做如下定義：政府機關無論是因為對於既有政策的後果或新獲資訊而產生自我覺醒，或是因為回應外部環境的刺激試圖自我調適，而重新界定政策題或重購政策目標，以期提升政策效果。參見丘昌泰（2022：214-219）；以及 John Grin and Anne Loeber（2007: 201-219）。

通」，便難以使「參與式預算」的精神或核心價值，成為公務員持續的思維的一部分，從而獲得新的政策取向。

（要）讓下面的人覺得說，我在做的這件事情是有意義的，對，你不能說，那你去做，那我們這些執行的人，不知道為什麼要做嘛！那有的時候就是交功課啊，交差了事啊！（NC-1）

如果你自己的團隊……，或是不了解這個核心價值的時候，這是一個很大的障礙，那比如說，我們今天在做宣傳啊，或者是說（開設有關市民參與的）課程啊，或者是說推廣的時候，我們就想說我們講的（可能就會只是）是一個表徵（象），你們（市民們）趕快來參與啊！希望有公民參與，然後（大家）儘量的提（案），但是為什麼要做這件事情，我覺得才是重點，對啊。（NC-1）

那（是因為）既有的制度是有缺陷的嗎？是有障礙的嗎？還是民眾反映的管道不暢通？所以你才要去做這件事情。對，我們是為了要去彌補或補足現有制度的某些缺陷？（NC-1）

㈢ 相對於區公所，局處的「本位主義」和專業優越感較為明顯

雖然「參與式預算」會指定相關局處負責提案執行的專案管理，但至少在實施這項新政策的初期，市政府的相關局處顯然不太能適應，甚至因為習於既有分工而形成的本位主義，有所抗拒，不願承接。同時，諸如工程、資訊等若干具有「科技官僚」（technocracy）特性的局處公務員，因具有相對優勢的專業技能，也較有可能在與提案人溝通時，難以同理心來對待。

就區公所以外（局處）其實是排斥的，那跟市府分工也有關係，市府會責成某一個機關（局處）去辦理這個業務，但會變成其他機關覺得

這些不關他們的事，爲什麼要來麻煩我？（DD-1）

　　要怎麼讓大家去認同這件課題，或許區公所或民政局還好，眞的是比較反彈的反而是局處，像他們的態度就很容易出現，他們會覺得這個提案或是跟提案人溝通時，會覺得怎樣，他就會覺得你懂什麼這樣，對啊！所以有時候民意的需求，跟專業是某種程度上都會有衝突的。（DC-1）

　　民眾來他當然自私啊，這是應該的啊，他當然是藉由他的需求提出來跟你反應，那難道你希望他，提出一個很有前瞻性的建議？然後做規劃？然後是否（又能滿足）公益或大眾？那不可能嘛！（NC-1）

　　那你這樣去局處，去一階審議去討論的時候，那局處覺得你講的這個東西，覺得很沒有建設性什麼的，或是他們就覺得沒有很 OK，但這又回到頭來說，因爲你是爲了 KPI 去找這些人的，所以他的提案當然不會很好。（NC-1）

　　你到了局處之後，局處的人擁有稍微多一點的專業，就會覺得說你這個題目不是很棒。（NC-1）

　　此外，局處公務員傾向於視「參與式預算」這項政策的執行爲多出來的業務，會增加工作的負擔。一方面，若干「參與式預算」提案人所提案的內容，之前已經在其他參與管道提出，並經評估不可行，此刻卻舊案重提；另一方面，即使可行且經執行完成，卻引發不是那麼正面的評價，也會使局處的公務人員感到難以接受。

　　就我的觀察，各局處之間會認爲，我覺得他們對「參與式預算」都是有抵抗的，就是說他們都覺得這是找工作、找麻煩！（DD-1）

　　……那局處的人就覺得……這提案不可行，還是怎麼樣，跟他們的專業是有牴觸的，又要一直跟你（民眾）溝通，浪費很多他工作的時間！（NC-1）

其實就公務員心態來講，比較排斥是因爲他已經做過了，可能（因爲）被陳情之類的又改掉了，那如果民眾現在再提，他就會想到當初的那個情況。（DC-1）

有時候民眾（的）提案眞的過了，因爲二階過就會 i-Voting 嘛，但基本上進入 i-Voting 的案子大概百分之百都會過，……。那既然過了就要去執行，例如公園的案件來說，很多都是設施的改善或是調整，但設施的調整就見仁見智，有些人會覺得舊的沒有比較差，而依照民眾「參與式預算」改完之後，也沒有比較好，甚至有些公所會面臨到，改的過程中受到質疑，因爲這個民眾提出的案子經過參與式預算，就要去幫他改，但改的過程中，也會有其他人的不認同……。（DD-1）

㈣ 績效標準和公務員的自利動機

在不明政策背景和目的的情況下，官僚式組織「科層」（hierarchy）特性下的公務員，因上級所訂績效衡量標準，檢視的其實只是數量（數人頭），造成公務員有設法「動員」（參與提案和i-Voting人數）的動機，出現湊人頭的現象。

……這就回到我們講的 KPI，長官要的是績效，是量，那我們就變成說要去動員，或是要去找人來參加……，用任何的手段或者是管道去執行，……但是我覺得「參與式預算」公民提案，我覺得 KPI 就只能夠顯示出量，公民提案的量，比如說我今年有多少案子提出來？（NC-1）

這樣一來，上級長官和外界固然會看到一定數量的提案數；但若論及提案的品質，某受訪基層公務機關主管的主觀認定，並不十分肯定多數提案的內容。

……其實我覺得質更重要，你提案的質與量，你 KPI 往往只能知道提案的量，參與人數就是數字嘛，但是有時候我們回過頭來看一下我們提案的質，當然也有不乏優秀的，但是大部分就是比較乏善可陳。（NC-1）

㈤ 被動員參與投票者的代表性以及提案品質值得注意

現行 i-Voting 的投票規則，因為未有區域的限定，可能會導致投票者未必熟悉提案內容所涉時、空，使提案票選的結果，不僅會產生仁智之見的論辯，甚至出現對於投票規則和提案內涵的質疑。

住民大會所提出的案子，能不能代表社區的民意？這是第一點，那 i-Voting 通過的，那是否真的也是代表民意？因為這個投票不一定是為了住附近的這些人嘛，或許你提案的內容，我（可能）完全不知道你在講什麼，我只是拿了一個宣導品，然後我也（就）投了，我也按同意了，我就是覺得兩個代表性都有爭議！（NC-1）

我們今天五桌來，其中一桌，可能是一般民眾，他知道這是參與式預算他覺得很棒，他也提了一個很棒的案子，但他就是一個人來，那另外一邊可能就是團體，或者是就是大家一起動員來的，來了 10 幾個人，那他提的案子，有時就覺得他提的案子，相較之下沒有這麼精彩，但是你過的那個案子，可能是比較不 OK 的那一個，那好的案子就被洗掉了，那可能比較不 OK 的就過關了，我覺得這是一個盲點！因為你在投票的時候拼的是人頭，而不是這個案子的好與不好，就算是我們在二階審議時的那三個指標，公益性和預算可行性，跟適法性，其實我覺得這三個指標也算是很基礎，但是他看不出來這個案子的好與壞！（NC-1）

肆、結語與建議

一、臺北市「參與式預算」的發展歷程，足以顯示專業官僚（特別是高階專業官僚），不僅執行法律，更能制定公共政策。1. 實際負責臺北市「參與式預算」的特定高階文官能夠體會「向上管理」的必要性，取得民選和政治任命行政首長的信任和支持；2. 善用自身對於行政運作（包括預算的編製）的熟稔和足夠的膽識，讓臺北市的參與式預算，從無到有，多所創新，並逐年修正，持續完善制度；3. 尤其值得一提的是，除了有效規劃跨局處的運作平台，設法打破機關間的鴻溝，也懂得結合外部資源，形成「官學聯盟」，建構專業的輔助網絡，減少官僚體系可能造成的「專業知識專制」（tyranny of expertise）的風險。

二、臺北市「參與式預算」的主事者，的確能了解公民參與的重要性和意義所在，但在關於政策執行方面的思考，似乎因為習於科層體制中，指揮命令關係的「組織文化」，較強調對於部屬執行計畫細節的理性規劃與控制，而使「參與式預算」的推動，顯然偏向於「設計的目標是否清晰、執行計畫是否確實」的計畫與控制模式。

三、如果不能賦予（或者所賦有限）公務員真誠檢視前此執行「參與式預算」缺失或不足（implementation deficit）的機會，並就根本原因有所「發聲」（voice），那麼恐怕不免影響到「參與式預算」這項重大政策，能否獲得公務員在執行上的忠誠（loyalty）。畢竟，職司政策執行的公務員，是可能有意或無意地曲解或抵制政策意圖的（李允傑、丘昌泰，2009：100-101）。更何況，「決策者或高層官員愈是致力於控制部屬的行為，部屬就愈會致力於付出更大的心力，去規避或反制這些控制」。就此而言，在臺北市政府主動迎接市民參與之際，做為第一線服務機關的基層官僚們，理應也更有機會透過「組織民主」（organizational democracy），帶來官僚組織的改變。

四、為解決目前似乎是以量取勝的「參與式預算」績效評核問題，或可將衡量指標的焦點或重心置於「結果」（outcome），例如因為主責機關或區公所的主動「回應」（responsiveness），或資訊「透明」（transparency），降低市民與市府間的「資訊不對稱」（asymmetric information），而使民怨大幅減少；或者民眾因有感於基層官僚面對提案的處理「效率」（effectiveness）和權變「創新」（innovation），致使滿意程度明顯提升；而非僅著眼於類似辦理「參與式預算」的場次和參與人數等「產出」（outputs）。

五、我們能夠同意臺北市政府執行「參與式預算」的官僚們，截至目前都顯示了高度的「奉命唯謹」，然而，是否能在「知其然」之外，更能知所「奉」之「命」的「所以然」，恐怕更是臺北市政府推動「參與式預算」能否可大可久的關鍵。就此而言，民選市長以及政治任命的局處長，和這些人以次的各層級官僚，首先要能充分理解民主國家「公民社會」（civil society）「自主性」（autonomy）的意含，次則設法內化聯合國針對各國公務人員所提出的「課責」（accountability）等「公共價值」。否則難免令人擔憂，北市府的公務員在面對「參與式預算」的衝擊之際，雖然選擇受命噤聲、依法行政，卻似乎尚未全然能夠進一步體認方興未艾的「民主治理」的必要性？

參考文獻

1. 丘昌泰（2022）。公共政策：基礎篇（第六版）。
2. 李允傑、丘昌泰（2009）。政策執行與評估（二版一刷）。
3. Heywood, Andrew. (2013). *Politics* (4th edition), Palgrave Macmillan.
4. Grin, John and Loeber, Anne. (2007). Theories of Policy Learning: Agency, Structure and Change, in Frank Fischer, Gerald J. Miller and Mara S. Sidney eds., *Handbook of Public Policy Analysis*. New York: Routledge.

5. Kaufman, Michael. (1997). Community Power, Grassroots Democracy, and the Transformation of Social Life, in Michael Kaufman and Haroldo Dilla Alfonso Edited, *Community Power and Grassroots Democracy: The Transformation of Social Life*. London and New Jersey: Zed Books.

6. Tandon, Rajesh. (1996). *Grassroots Democracy: Governance as If Citizens Mattered*, New Delhi: Participatory Research in Asia.

7. Roskin, Michael G., Robert L. Cord, James A. Medeiros, & Walter S. Jones. (2017). *Political Science: An Introduction* 14E, London: Pearson.

附錄

本章深度訪談受訪人員及其代號

1. 臺北市政府簡任級公務人員 BD-1
2. 臺北市政府簡任級公務人員 DD-1
3. 臺北市政府薦任級公務人員 DC-1
4. 臺北市政府薦任級公務人員 NC-1

Chapter 15

學生的多元參與：
實踐民主等有選舉投票權再說？

陳揚中、陳欽春

壹、前言

　　雖然參與式預算早在 1989 年起就在巴西愉港市實行，且至今包含台灣，參與式預算的推行案例在全球據估計已超過 11,000 件，用於各層級政府、學校、機構或組織的預算決策。[1]但對於台灣而言，參與式預算依然是一種具創新性的民主參與和治理機制。針對參與式預算的推動目標與效益來看，除了追求更貼近地方民意的治理效果外，也被認為具有促進民主的學習與深化作用。

　　以臺北市政府推動參與式預算為例，為了讓參與式民主的理念能向下扎根，擴大青年參與的同時也提升參與者的多樣性，將參與年齡定為 16 歲以上，且居住、就學或就業於臺北市者皆可參與。也積極與各級學校合作，於校園中開辦教育培訓課程與學生的提案競賽，藉此提供學生體驗學習的機會，並鼓勵學生主動參與。不論是在網路票選提案，或者親身參加各行政區的住民大會（圖15-1），試著提出想法經過共同

圖 15-1　本章作者之一於內湖區協助主持參與式預算提案說明會暨住民大會的活動

資料來源：「公民齊參與不能沒有你：臺北市參與式預算」Facebook 粉絲專頁。

---

[1] PARTICIPATORY BUDGETING WORLD ATLAS: DATA- GLOBAL STATISTICSWorld. 網址：https://www.pbatlas.net/world.html，檢索日期：2022 年 9 月 12 日。

討論且獲得支持後成爲提案人。

　　此外，爲了能夠引入大專院校以及地方社區大學師生的參與，臺北市政府建立了「官學聯盟」的合作模式，讓相關學校可以「陪伴學校」的身分參與各行政區的參與式預算活動規劃和執行，使得參與官學聯盟的學校師生能有更多機會直接投入相關活動。例如在各行政區舉辦的住民大會或審議工作坊中，便有許多大專院校的老師與學生負責擔任主持人、桌長與紀錄，以一種引導者（facilitator）的角色協助會議的進行，促進參與民眾的對話、建立友善的討論氣圍、擴大議題討論的空間，或者聚焦討論重點，甚至於嘗試凝聚團體的共識（方凱弘、陳揚中、李慈瑄，2021：2）。

　　因此，在臺北市政府推動參與式預算的過程中，我們也能夠觀察到許多學生參與和投入的痕跡，並在不同的機會與場合中扮演不同的角色。不論是作爲推廣課程的學員、實際制度的參與者、或是協助制度推行的工作人員、甚至是相關的學術研究，學生們投入與接觸參與式預算的過程，不僅能有效連結與體驗民主理論與政策實務的運作，也能帶來多元的成果與貢獻。接下來，本章便將試著介紹在臺北市的參與式預算中，校園中的學生們可能如何透過實際的參與，不僅豐富了自己的學習，也對民主深化和地方治理做出了貢獻。

貳、參與式預算中的民主學習

　　參與式預算開始普遍地被台灣社會所認識與關注，主要因爲柯文哲第一次競選臺北市長時將其作爲政見之一提出後，並在 2015 年於臺北市正式啓動，且同時其他中央或各地方政府，例如文化部、新北市、

桃園市、臺中市與高雄市等，也都有進行不同的嘗試，而一時之間在台灣掀起一波審議式民主及參與式治理變革的風潮（方凱弘、陳揚中，2018：317-318）。其中，參與式預算的核心精神，便在於「公民參與」，重點在於讓民眾參與並了解政府的施政方針，且過程中能得到民眾的聲音與意見，而讓政府的施政更符合民眾的需求（蘇彩足、孫煒、蔡馨芳，2015：8）。

　　不過，更早於 2001 年起，當時「審議式民主」（deliberative democracy）的概念由學術界引進台灣，並基於國外經驗，而開始針對各種重大政策或地方發展的議題，嘗試諸如公民會議、審議式民調、願景工作坊、法人論壇等相關審議會議與活動的操作實驗（陳東升，2006：78-79）。因此，審議民主的理念早已在台灣生根，且作爲促進台灣近年公民參與發展的重要理念之一，也深刻影響著參與式預算在台灣的推動與發展。臺北市參與式預算制度的設計，便帶有讓公民參與、公民審議的精神與概念落實於民眾參與、政府與民眾溝通和行政程序中的目標設定與期許（藍世聰、許敏娟、曾丰彥、林德芳，2018：17）。

　　參與式預算，其實就是讓「公民一起參與政府預算的審議與決定」，是一種以廣泛參與，以及平等與透明的決策機制爲前提，而舉辦的一系列會議，並可成爲一種改善政府行政的方法（Ganuza & Baiocchi, 2012: 7）。也因此，針對參與式預算制度或者類似的公民參與機制設計，很重要的一個問題便是，如何確保民眾能廣泛且平等的參與，且過程能夠符合審議的精神與理想？

　　如果能達到這個前提條件，那麼便可能因爲民眾的直接參與，針對地方發生的問題進行討論，一起思考與提出合適的解決方案，進而編列相關的預算並具體執行，讓政府與民眾能夠直接的對話與互動，共同解決地方治理的問題。而讓民眾直接參與政府治理的過程與決策，也被認爲可以改善或補充代議民主制度，減少政府與民眾對於公共政策規劃，以及該如何執行公共服務的想法具有明顯落差的問題。

但為了達到理想的公民參與和民主審議，除了適當的制度設計外，公民的民主素養以及積極參與，更是形成良好民主運作的至要關鍵。目前的十二年國教課綱（簡稱 108 課綱）針對國、高中生的公民與社會課程，便包含了公民身分認同與社群，社會的運作、治理及參與實踐，以及民主社會的理想及現實等主題（教育部，2018）。在前述主題之中，關於政府運作和民主參與等相關議題，對於學生而言即是重要的學習內容。

此外，針對學生素養（literacy）的養成規劃理念，108 課綱也強調了自主行動、溝通互動以及社會參與（教育部，2021）。學生是否能針對問題進行系統性地探索、思考與分析，並善用資源發展創新的行動因應問題，強調相互包容、溝通協調，以及合作精神與行動，主動關心且參與公共事務，這些都是素養教育追求的目標。

也因此，基於參與式預算內含的民主與參與精神，以及制度本身即是為了集合眾人意見共同決定預算或政策的實務性質，除了吸引熱心地方事務的積極公民（active citizen）參與其中外，人們也開始注意並思考，參與式預算是否適合作為學生自主學習的機會與場域？讓學生投入參與式預算的活動，是否能夠刺激學生發現與思考生活周遭的問題，並進一步試著提出解方的可能性？而在此過程中也能否獲得多元的學習效果，實踐民主生活也為社區做出貢獻？

本章認為參與式預算確實非常適合作為素養教育的機會與場域，而

素養／素養教育

根據 UNESCO 的定義，素養是指「識別、理解、解釋、創造、運算及使用不同資料的能力。為涉及個人實現目標、發展知識和潛能，並充分參與社會的連續學習」（國家教育研究院：雙語詞彙、學術名詞暨辭書資訊網）。
素養教育則被界定為是一種知識、技能、態度與價值觀的整合性建構，目標在於培養人們處理事情的綜合性能力（呂秀蓮、彭心儀，2021：19）。

積極公民

積極公民被認為具備較高的公民技能，特別是認知能力，更主動關心並與他人討論政策議題的訊息，養成對政策議題與爭議的判斷能力，也有較高的政治效能感和公民權意識，願意採取實際行動來影響政府決策（林國明，2003：138-139）。

不論是學生、一般民眾或者公務人員們，所有參與者在參與式預算活動上的參與及表現，也便是最好的回答。因此，接下來我們希望以學生的參與狀況為例，試著更具體的呈現學生可能透過參與式預算獲得怎樣的學習效果，以及他們可能或已經做出怎樣的行動與貢獻。

參、校園培訓與提案競賽：種下公民參與的新種子

　　在前面有提到，臺北市參與式預算有開設一系列的推廣教育課程（包含初階、進階與審議員課程，本書第 23 章並有詳細介紹），一方面作為政策推廣與宣傳的手段，讓大眾能清楚如何投入參與式預算的活動當中，同時也作為民主教育，向各界介紹參與式預算的制度設計與理念，並希望能藉此訓練出一批種子學員，能夠成為住民大會中的桌長、紀錄，或者審議工作坊的審議人員。因此，推廣教育課程並非僅針對學生辦理，除了針對一般民眾外，其實公務人員也是重點培訓的對象。因為公務人員不僅是政策的推動與執行者，同時也是跟參與民眾一起審議提案、規劃預算的關鍵角色。

　　在課程設計上，大致而言，初階課程主要包含介紹參與式預算的精神與內涵、臺北市參與式預算的制度設計，以及住民大會的流程體驗（圖 15-2）。進階課程則將針對住民大會的流程設計，以及如何擔任桌長與紀錄協助參與者進行討論的原則與技巧進行教學和練習。最後，審議員課程則會進一步針對民眾提案的一般狀況，住民大會與審議工作坊的運作有更深入的說明，並且培養學員如何擔任公正的審議員，協助審議民眾的提案是否具公益性、適

圖 15-2　本章作者之一於世新大學講授初階課程

資料來源：作者提供。

法性，與預算可行性。

　　因此，推廣課程的設計便包含了培養學員能夠理解如何參與提案、如何促進更好的審議討論，以及如何公正的審議民眾提案。不過，前述內容只是概略的課程設計方向，實際上根據參與者的身分與特性不同、授課老師的設計差異，以及不同時期的狀況，都可能略為影響實際的課程內容。這一系列課程，除為了推廣參與式預算的政策內容與精神，吸引民眾參與之外，也希望能逐步培養出一群種子人員，能夠共同投入與協助參與式預算的推動。

　　根據臺北市民政局提供的資料顯示，若將 2016 年至 2021 年參與推廣教育課程的所有學員區分為一般民眾、學生（在學之大專院校與高中職學生），以及公務人員的話，可以發現大學生與高中生其實占有相當程度的比例。如圖 15-3 所示，在所有學員當中，參與初階課程的大學生與高中生占了 32.8%，接續完成進階課程的則有 16.5%，而進一步參與審議員課程者，大學生與高中生則占了 33.3%。

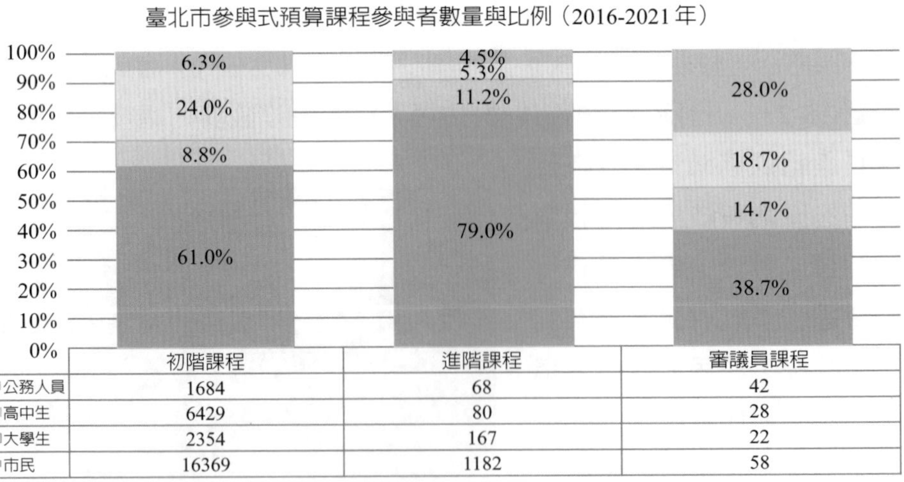

臺北市參與式預算課程參與者數量與比例（2016-2021 年）

	初階課程	進階課程	審議員課程
■公務人員	1684	68	42
□高中生	6429	80	28
□大學生	2354	167	22
■市民	16369	1182	58

圖 15-3　臺北市參與式預算課程參與者數量與比例分布

資料來源：臺北市政府民政局提供。

　　此外，除了在初階課程讓參與學員體驗住民大會的提案討論流程外，爲了鼓勵學生更進一步體驗完整計畫提案，甚至於能夠眞正的參與住民大會，並可能提出符合地方需求也獲得共同支持的提案，臺北市也試著針對高中生舉辦提案競賽，讓學生們可以組隊參加。學生們可在學校老師的輔導下嘗試提出完整提案，臺北市政府並會邀請專家學者進行評比，而若是被認爲眞正具有可行性的提案，臺北市政府也將採納並具體落實。以 2020 年爲例，臺北市各公私立高中職便有 23 所學校學生參與，共 25 項提案參與競賽；2021 年則有 20 所學校參與，共提出 24 項提案（表 15-1）。

圖 15-4　臺北市長柯文哲與西松高中學生交流提案計畫內容

資料來源：2020 臺北市參與式預算論壇實錄―公民參與的年輕新動力 I。

表 15-1　高中推廣教育課程模擬提案競賽統計

年	參賽學校數	參選提案數
2020	23	25
2021	20	24
總計	43	49

資料來源：臺北市政府民政局提供。

　　透過推廣教育課程與提案競賽等活動，臺北市政府積極的於校園推廣參與式預算，參與式預算也因此逐漸受到部分高中老師的注意，將其視爲進行多元學習的教學機會與場域。例如結合公民課作爲教學與體驗的補充活動，或者將參加提案競賽或住民大會融合於學生的自主學習課

程、彈性學習課程或微課程之中，基於自身興趣而參與活動的學生們，自然也更有意願投入，包含對地方議題的探索、問題解方的思考與設計、或實際參與住民大會與其他民眾討論提案，這些經驗與成果不僅能成為學生們豐富的學習歷程，也會是難得的社會歷練。

例如，在 2021 年，便有幾位北一女中的同學們實際參與住民大會，並提出「加速‧減塑－針對外送平台」的提案。最終不僅在 i-Voting 獲得 3,776 票的支持而成功透過臺北市政府設置循環餐具回收機外（圖 15-5），在這之後她們仍持續倡議與推動相關政策[2]，希望能擴展循環餐具政策在臺北市的發展。在這樣的例子中，讓人們看見學生對於處理問題的創意，以及希望能對社會做出貢獻的熱情與毅力。

而且，這並不只是單一的特殊案例。根據臺北市民政局的統計，高中職學生參與住民大會，並擔任提案人的次數，在 2021-2022 年間，共有 41 人次，成案數共 23 個，而最終成功錄案通過，或者因逕予執行而被實際落實的提案共有 14 個（表 15-2）。顯示高中職學生的提案，也確實能一定程度的被地方民眾認同與支持，並在公務人員的協助下得以具體落實。

圖 15-5　設置於北一女中的循環餐具回收機

資料來源：「加速‧減塑」Facebook 粉絲專頁。

2　可參考相關新聞，例如「飲料杯喝完就丟不環保，北一女試辦循環杯外送」，網址：https://udn.com/news/story/7323/5797262，或她們設置的網站專頁，「加速‧減塑」，網址：https://linkfly.to/30702oqYWZz。

表 15-2　高中職學生參與住民大會統計

年	提案人次	成案數	錄案	逕予執行
2021	27	15	6	2
2022	14	8	3	3

資料來源：臺北市政府民政局提供。

　　此外，臺北市參與式預算的推動，除了開設推廣培訓課程外，也會配合像是地方文史走讀的活動，讓參與民眾更加了解地方的發展，或者近年參與式預算的提案帶來了哪些改變。這一系列的活動規劃，有助於參與的學生們理解和重新探索自己生活的地方，並可能透過參與式預算對地方生活提出新的想望。

　　如今我們也確實看到豐富且多樣的果實結成，學生們的參與確實展現出許多具有創意且熱情的行動與成果。參與式預算，不僅可能作為學生們多元學習的場域，藉此機會從不同角度參與社區生活、認識生活周遭的環境，學生們也得以參與地方發展的改變，做出貢獻。

圖 15-6　中正社區大學講師與參加走讀活動的學生
資料來源：「公民齊參與 不能沒有你：臺北市參與式預算」Facebook 粉絲專頁。

肆、陪伴學校的學生：成為第一線的民主工作者

　　另一方面，因為「官學聯盟」的運作，臺北市參與式預算目前共有10 個大專院校系所以及 3 個社區大學作為陪伴學校，這些學校的師生也因此有機會能參與臺北市參與式預算的規劃與推動。以學生為例，在老師的帶領下，便有可能共同參與陪伴行政區之公務人員在規劃與執行

圖 15-7　擔任桌長的政治大學學生與參與
　　　　住民大會的民眾
資料來源：「公民齊參與 不能沒有你：臺北市
　　　　參與式預算」Facebook 粉絲專頁。

圖 15-8　世新大學的學生於初階課程擔任
　　　　課程助教，帶領開南商工學生體
　　　　驗模擬住民大會的演練
資料來源：「公民齊參與 不能沒有你：臺北市
　　　　參與式預算」Facebook 粉絲專頁。

相關業務的過程，例如住民大會、審議工作坊、培訓課程的規劃、籌備與執行，或者協助向民眾宣傳、提供諮詢服務，以及輔導提案計畫書之撰寫等活動。

其中，在各行政區辦理到住民大會和審議工作坊中，便可能看到許多大專院校的學生們，在各分組討論中擔任桌長與紀錄，幫助與會者了解會議進行的方式與過程，也促進與會者能更聚焦的進行審議，推動各方意見的交流與討論（圖15-7）。在許多推廣教育課程中，他們也可能會擔任講師的助手，帶領學員實際模擬分組的審議活動、凝聚提案共識、產出具體的提案構想，並針對如何促進審議討論提供經驗回饋（圖15-8）。

然而，這樣的角色其實並不容易，因為與會的民眾對於地方問題的認識與理解可能大不相同，對於問題的解決方式也可能有不同的看法，現場也可能有不同立場的群體共同參與，因此如何創造良好的溝通氛圍，並且在有限的時間內讓大家共同合作並且聚焦討論，便需要有一定的能力與技巧。

更何況，這些20歲左右的學生，也需要面對許多在年齡與資歷上

已是自己父母，甚至於祖父母輩的民眾或公務人員，他們對地方的認識、對各項問題的理解，以及相關的專業能力，往往也都遠勝於這些學生。因此該如何引領這些背景多元且意見可能各不相同的與會者，便是充滿挑戰的工作。

　　為了能勝任這樣的工作，學生們必須接受完整的推廣教育培訓課程，不僅對於臺北市參與式預算的制度設計與會議流程有清楚的理解，也需要對審議式民主、公民參與的理論與精神有相當程度的認識與體會，並且能夠掌握各種促進審議活動的原則與技巧（圖 15-9）。面對民眾除了需要一點膽識與從容不迫的自信外，更必須能夠友善地與人們互動，傾聽各種意見，刺激多元意見的交流，並即時做出系統性的歸納整合，協助討論過程更為順暢，深化討論的內容與品質。

圖 15-9　進行審議主持培訓會議的世新大學行政管理學系學生

資料來源：作者提供。

　　也因此，藉由學習審議式民主與參與式預算的理論與實務知識，以及審議主持的相關訓練，再加上持續參與各種審議活動或教學現場，學生們不僅能夠讓自己更理解審議民主相關的知識，也可更加熟悉相關理論知識與社會實務的連結，豐富社會歷練。

　　而在擔任桌長或紀錄協助參與民眾或公務人員進行相互討論的過程中，也因為自己必須展現審議式民主的理念精神以及活用促進審議活動的各種技巧，協助人們進行更具民主精神的討論，因此這些學生某種程度而言，便也在不同的討論現場成為了促進民主深化與發展的第一線工作者。

　　除此之外，也有許多臺北市陪伴學校的大專院校學生因為參與式預算或相關活動的發展，而進行相關的學術研究。從 2016 年起，至 2022 年 2 月間，以參與式預算為主題，包含台灣不同地區之案例的博碩士論文便有 54 篇之多，[3] 也為相關學術研究做出豐富的貢獻。自 2020 年起，臺北市政府也針對臺北市參與式預算研究的優秀論文頒發獎勵，鼓勵學生們持續投入更多元且深入的相關研究。

伍、多元參與和融入生活：民主的學習、實踐、擴散與扎根

　　在臺北市的案例中，參與式預算的推動確實提供了公民素養教育的機會，相關政策與活動也建立起多元的活動平台，讓有興趣的學生們能夠參與其中。除了藉由教育課程或活動參與進行學習外，我們也看到學生們也能夠發揮自己的創意與熱情，藉由參與式預算的機會提案，為地方做出貢獻。也可以在熟悉審議式民主的理念原則，以及掌握促進審議的技巧後，成為審議活動的工作者，協助相關會議的推動，協助公眾進行更深入且多元的討論。也能夠發揮自己的學術專長，進行相關的研究，產出有意義的學術成果。

　　這也讓我們再次意識到，民主教育的場域不應只侷限在校園之中，公民意識的培養，自然是和社會參與以及群體生活息息相關，融入地方生活即是培養公民的最佳途徑。而促進民主的關鍵包含了開放與對話，因此不僅是參與式預算，各類型的公民參與機制、審議活動，也都可成為很好的民主教育與實踐平台。

　　參與式預算在台灣的推動，確實引起了新一波民主參與以及民主學習的機會。以臺北市參與式預算為例，特別是學生族群的參與狀況，我們確實能看到非常豐碩與多元的民主果實已經結成，並更進一步的開花

3　以參與式預算為關鍵字，於臺灣博碩士論文知識加值系統搜尋，檢索日期：2022 年 2 月 18 日。

與散播。也期許這些民主的果實能夠透過這些學生的參與，伴隨著他們未來在各領域的發展而散播，並開出更多、更美的花朵，再結成更豐碩的果實，將民主精神深深的扎進台灣社會的土地。

參考文獻

1. 方凱弘、陳揚中（2018）。預算治理：省思臺北市參與式預算之民主與預算意涵，載於紀俊臣、邱榮舉（主編），地方治理的問題與對策：理論與實務分析（317-347頁）。

2. 方凱弘、陳揚中、李慈瑄（2021）。有參與就有審議嗎？臺北市參與式預算審議討論過程之評估，公共行政學報，61：1-38。

3. 呂秀蓮、彭心儀（2021）。素養教育的推動：論大學選才策略與教師素養課程設計能力兩大關鍵，台灣教育研究期刊，2（3）：17-26。

4. 林國明（2016）。審議造就積極公民？公民審議、社會資本與政治參與，人文及社會科學集刊，28（2）：133-177。

5. 教育部（2018）。十二年國民基本教育課程綱要：國民中小學暨普通型高級中等學校─社會領域，https://www.naer.edu.tw/upload/1/16/doc/819/十二年國民基本教育課程綱要國民中小學暨普通型高級中等學校-社會領域.pdf，檢索日期：2022年8月23日。

6. 教育部（2021）。十二年國民基本教育課程綱要：總綱（111學年度實施），https://www.naer.edu.tw/upload/1/16/doc/288/（111學年度實施）十二年國教課程綱要總綱.pdf，檢索日期：2022年8月23日。

7. 陳東升（2006）。審議民主的限制─臺灣公民會議的經驗，臺灣民主季刊，3（1）：77-104。

8. 藍世聰、許敏娟、曾丰彥、林德芳（2018）。參與式預算制度之執行成效─以臺北市推動成果爲例，政府審計季刊，39（1）：13-23。

9. 蘇彩足、孫煒、蔡馨芳（2015）。政府實施參與式預算之可行性評估。國家發展委員會委託研究報告（編號：NDC-DSD-103-020-005），受委託單位：國立臺灣大學政治學系。

PART

4

▼

埋頭苦幹的反思

透過前面篇章的介紹，參與式預算的優點和好處，大家都能津津樂道，也能理解為何參與式預算廣為全世界所推廣。然而，在參與式預算執行的背後，要能完整地順利推進，鑲嵌在既有的代議政治制度中，這段奮鬥的過程有許多扞格和衝突需要有效處理。因此，本篇邀請五位專家學者帶領讀者進一步與相關理論進行對話，審視並省思臺北市參與式預算推動的歷程。

第 16 章主要是討論參與式預算該如何評估，並討論指標的標準沒有一定的目標值，如何看待參與式預算的執行成效，是需要謹慎以對的，對於實務上的推進極具意義。

第 17 章則是進一步探討，當政府施政的過程中納入人民的意見，那麼參與決策的公民是否需要成為課責的對象，本章所提出正、反不同課責的觀點相當值得關注，都揭示出良好公民參與需要具備一些條件。

第 18 章則是進入面對民眾所提跨域範圍的提案，如何有效鏈結行政機關後端的執行。這是很典型公共行政需要處理的跨域衝突的場景，也考驗政府的治理能力。

參與式預算的本質是直接民主，如何與代議政治相融，在第 19 章則做出詳盡的討論。在公共資源的配置決定上，參與式預算需要透過正當程序和制度設計來表達公民的意願，選區所選出的代表和官員面對一定民意的支持，像是 i-Voting 的得票數，仍是需要給予一定的尊重。本章也提供讓直接民主與間接民主共融、共榮的具體方式。

由於行政機關投注在參與式預算的過程中成本很高，也容易衍生出各式各樣的挑戰，而成為行政上的摩擦力，因此在第 20 章主要針對如何運用數位的參與式預算來降低實施過程中的不必要摩擦和成本，本章介紹其他城市的數位參與式預算經驗，讓數位科技為政府與公民之間的協力提供契機，作為線下參與的一種補充。

Chapter 16

參與式預算要怎麼評估？

彭佩瑩、李仲彬

壹、前言

　　一個公共政策、方案好不好，在推動一段時間之後對其評估，是公共管理者的一項重要責任，就好像在高中校內推動一門新課程，上課一段時間之後，也需要透過一些方式來知道這門課程所帶來的效果是好還是壞，而通常用來評估課程的方式，不外乎學生的滿意度、學生的成績……等。參與式預算政策的推動也是一樣，也需要進行評估，只是因為此類政策涉及的面向較為廣泛，因此要討論參與式預算的評估時，背後有三個無法迴避的問題必須先思考，否則容易評估錯了。這三個問題分別是：1. 評估指標應該有哪些？就像評估一位學生，可能用的指標包含操性成績、國文成績、數學成績、美育成績……等，評估參與式預算可以用哪些指標？2. 這些不同評估指標當中有沒有重要性高低的排序？如前面的例子，是數學成績的權重應該高一點，還是國文成績的比重應該重一點？而這個重要性的排序，又應該依照誰的意見來決定？以及，3. 這些指標的最低「及格標準」應該為何？60 分就可稱為及格嗎？本章接下來幾個節次的討論，都會和這幾個問題有關。

貳、評估指標應該有哪些？

　　在討論評估指標的選項之前，有一個很重要的認知必須先出現，那就是參與式預算活動雖然在全球各地開花遍地，但依據不同國家、區域

的條件與背景，參與式預算的推動模式也不盡相同，有的地區主要以行政機關作為主要的推動者，例如我國臺北市政府的作法，參與對象是全體臺北市的市民，且提案主題不限；而有的則是政府內部的單一局處各自推動，例如新北市政府社會局主辦的社會福利參與式預算活動，或是經發局所推動以節能為主題的參與式預算活動。總之，不同模式下的參與式預算活動，所追求的目標與衡量指標也可能會有所差異，本章對於參與式預算目標與衡量指標架構的介紹，主要是以地方政府全府推動的模式為背景。

　　要宣稱一個參與式預算推動的很好、達到成效，可以立基於許多不同角度。舉例而言，學者 Stewart 等人（2014: 193-194）認為，參與式預算有幾個原則，需要包容到被邊緣的弱勢族群，讓他們聲音能被納入審議活動中，也要使公共資源獲得重新分配，當推動過程與結果能夠滿足這些原則，就是一個好的參與式預算。此外，參與式預算常被視為是實踐社會正義目標的開始，因此政策施行之後是否真的有實現社會正義，當然也會是一個重要的評估指標。不僅在結果面向上，在參與式預算的活動過程中，從活動的規劃到結束，可能會歷經活動的行銷推廣、住民大會、審議大會、投票活動直至票選通過的提案執行，每場活動中，參與者的組成狀況、人數的多寡，也都是重要的評斷面向，尤其在審議大會中，是否有更多不同社會背景的民眾一同來參與活動呢？我們可以從統計活動參與者的人數、年齡、學歷、所得收入等的數據分析，去評估參與式預算活動的「包容性」，亦即是否有包容到更多不同社會族群的人來參與？因為唯有更多不同社會背景的參與者才能讓審議過程獲得更多的聲音，使審議後的決策能更加考慮到社會不同族群對公共服務的需求。總之，可以評估參與式預算的指標面向很多，依據彭佩瑩（2022）彙整國內外學者的觀點，以行政機關模式推動的參與式預算評估指標如圖 16-1 所示：

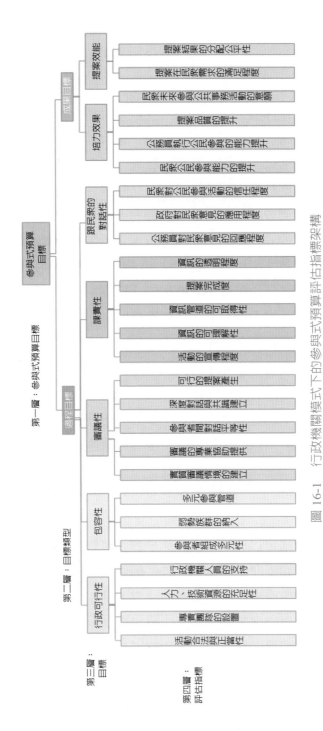

圖 16-1　行政機關模式下的參與式預算評估指標架構

資料來源：彭佩瑩（2022）。

此架構共分四個階層，第一層是參與式預算的目標，第二層爲參與式預算目標類型，共分成兩大類，分別爲「過程目標」與「成果目標」。「過程目標」指的是參與式預算過程中需要被關注與投入的目標，會影響參與式預算活動成果展現；「成果目標」爲活動完成後，期望達到的成效與結果。接著第三層是顯示「過程目標」與「成果目標」應實踐的項目，如活動「過程」中應要注意「行政可行性」，行政機關必須具有相關能力與條件推行活動，確保「包容性」、「審議性」目標的落實，即過程中需要涵納不同族群與聲音、實現理想的審議情境，還有對政府的「課責性」，即活動過程要有課責機制的設計，使大眾能檢視活動的成效，以及「跟民眾的對話性」，政府有積極與民眾對話，回應民眾的意見，此爲活動過程中應展現的「目標」；「成果目標」則是期待活動最後能有「培力效果」、「提案效能」的影響產生，期望培力能對參與者帶來長遠影響，加深民主的深化，有提高民眾未來參與公共事務意願的效果，活動最後產出的提案，確實能填補當地民眾需求，使弱勢族群也能得到公共資源的分配。最後，第四層是各目標的評估指標，例如過程目標中的包容性可以用「參與者組成的多元性」、是否有「弱勢族群的納入」，以評估包容性目標的成效達成。

參、評估指標之間會不會打架？依誰的觀點來決定評估指標的相對重要性？

根據前面的架構可以發現，要評估參與式預算的政策時，可以考量的目標與評估指標類型非常多元，且若仔細看一下更會發現，這些目標或評估指標之間還可能會有一些衝突的狀況。例如，在強調活動過程必須「包容」很多參與者與其聲音（第三層目標當中的「包容性」）的同時，每個提案要能獲得所有參與者們的認可，達到「審議」的「深度對話與共識建立」將會變得困難，因爲一個人做決策永遠都比多數人做決策要容易得多，因爲愈多人，想法與意見可能愈加分歧，如果參與者間

都堅持己見，在未有適時引導下，要產生深度的對話與形成彼此間的共識，需要耗費更多力氣。而且「審議」目標下「深度對話與共識的建立」與「可行的提案產生」，此兩項評估指標也可能呈現衝突狀態，加強其中一個也就可能提升另一個的困難度，會有難以兼顧的狀況。

　　Gilman 和 Hollin（2012）在美國的案例研究中便發現到，審議活動能分成兩個截然不同的審議風格類型，分別為「包容導向的審議」、「效率導向的審議」。「效率導向的審議」是強調耗費更少的成本（如時間），以形成出一個具體可行的提案為主，很顯見地，「效率導向的審議」，較重視的評估指標會是「可行的提案產生」，但也因為過於強調「可行提案的產生」，而重挫到一些參與民眾未來樂意再參加公民參與活動的意願，因為他們意見無法被採納，不是他們的提案不好，而是他們提出的意見或想法比較創新，是過去從未做過的提案，提案的「可行性」明顯較低，導致不容易被接納；而以「包容導向的審議」，審議議題的指導方針是放在「包容」的展現，即討論時需要多方面的考量到不同的族群想法與意見，因此，以「包容導向的審議」活動，可能就較重視對多元聲音的接納，此種風格導向的參與民眾通常都會感到非常開心，自身意見能獲得重視或採納，使他們對於未來再次參加相關的公民參與活動意願非常高，但是他們提出的提案在執行上，就可能會面臨比較多的障礙與困難，或太具有創新性，使大眾還不大能了解，提案投票的通過率就較低。

　　近年參與式預算活動的舉辦現場，就曾發生一個有趣的現象，在某個審議活動才開始時，一位社會團體代表就很開心的向主辦單位表示他們這一小組的討論已經好了，提案已決定，同組的參與民眾開始聊著無關於提案的事情，這讓主辦單位不解，因為他們的「討論」並未真正開始，該提案是那位團體代表事先就準備好的內容，壓根沒有想要接納其他想法，很顯然地，這位社會團體代表對活動的「包容性」目標不是很了解，或許同組民眾當中有些人心裡面有不同的想法，但礙於當時社

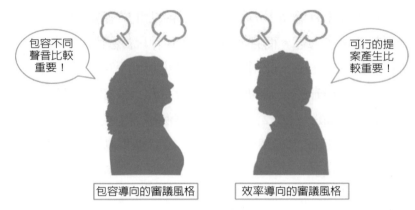

圖 16-2　包容與效率之間的衝突

資料來源：作者自繪，繪圖素材來自優品 PPT。

團代表的強力主導、高度自信與熱情，而選擇「噤聲」。雖然這個社會團體的提案內容「可行性」很高，提案內容都是過去他們團體經常做的事情，但參與式預算中的審議活動是希望透過腦力激盪、討論，在與其他民眾互動過程中，挖掘過去未發現的公共服務需求，特別是在照顧到弱勢族群的需求上，這樣才能使活動產出的提案更加周全、照顧到更多人，而不是只是重複過去當地民間團體就已在這個地區做的事情。因此，這是一個兩難的問題，要如何同時平衡與兼具「包容」與「提案可行性」，對於負責推行活動的人員來說，時常是一大考驗。

　　不僅目標之間的衝突是一個麻煩，依照誰的意見來決定目標或評估指標的優先順序也是個問題。以學術界來說，我們都知道不同領域的學者所研究的問題與內容肯定是不一樣的，如政治公行領域學者會關注政策的可行性問題，社會系領域學者可能會更關注活動過程的對話程度、包容性問題，因此當他們一同到了參與式預算活動中，觀察與感興趣的評論角度就有可能不同，或當他們一同進入參與式預算活動中以協助者的身分幫助活動的推行時，也就會對活動設定了不同的目標。前述還只是學者而已，若再加上民眾、公務員、政治人物、民意代表等……的差

異性觀點，則最終到底要用哪一個評估指標為最優先評估政策好壞的問題，就更為複雜了。

綜上所述，我們可以發現不同社會背景參與者可能會有不同著重的目標，以及部分目標間或評估指標之間可能呈現衝突性，這是參與式預算活動推行時常面臨的困境。在這些困境之下，培力與教育、公民素養提升可能是解決這些問題的一個重要核心，因為透過培力可以讓參與民眾與執行的公務員們了解活動的意義，展現出更加具有包容的胸懷以及良好的審議能力，也可透過培力課程讓提案更加具有執行可行性，促使活動成果能獲得更佳的成效，因此，衡量「培力效果」的成效，是件重要的事情。而這也是參與式預算與其他公民參與活動最不一樣的地方，活動一方面在促進民主的加深，讓參與民眾、推行活動的公務員都上了一堂學習民主的課程，培育他們的公民素養；另一方面，改善了公共服務，使公共服務更加貼近當地民眾的需求，提高弱勢族群獲得公共資源

圖 16-3　參與式預算活動常見的活動參與者類型

資料來源：作者自繪，繪圖素材來自優品 PPT。

分配的機會，實踐社會正義。

肆、如何最終評斷每個指標的分數高低？這是操作化「測量」的問題

在前面圖 16-1 的參與式預算指標架構中，總共有四層，而在第四層的評估指標下，其實還蘊含著第五層，即「評估指標的操作化」，意即評估指標到底該如何「測量」或評斷其高低。舉例而言，包容性目標中的「參與者組成多元性」指必須評估活動參與者是否有呈現多元性，那該如何評估參與者是有多元的組成？如何明確地進行測量？常見的測量方式有「每場活動的參與人數多寡」或「每場活動的參與者的學歷、年齡、年收入等組成之多樣性」，而這也表示評估指標的操作化也有許多不一樣的方式，不同舉辦單位的參與式預算可能著重不同的評估指標外，也可能在同一個評估指標上，有不同的操作化方式，這使得參與式預算目標的評估也更加複雜。

如果能有統一的目標評估架構以及相同的評估指標的操作化，使評估標準在同一系列的目標與評估指標框架下，會使不同時空的參與式預算活動，更加容易進行資訊交流與全方面性的檢討，了解活動的成效是如何、該如何進行改善活動，以作為未來舉行活動的參考資訊，有利於未來活動不再犯下過去舉行活動時發生的錯誤，使活動的運行能更加良好。

操作化與測量

操作化指的是將抽象的概念轉化為能以數值呈現的過程。例如，學校想知道學校的「教學品質」，「教學品質」是個抽象概念，沒辦法進行測量評價。於是，學校透過詢問學生，「您對老師的教學滿意度如何」，那「學生對老師的教學滿意度」就是「教學品質」的操作化；而「學生對老師的教學滿意度」可能分成「不滿意」（-1 分）、「普通」（0 分）、「滿意」（1 分）……等，這個就是操作化的「測量」（資料來源：羅清俊，2016）。

伍、目前實務上常見的評估指標主要在評估什麼？

　　實務上，我們進入政府舉辦參與式預算的相關網站，可能較常發現的活動成果資訊，是「提案的完成度」，總共通過了幾件提案、完成了哪些提案，也有些是用「預算的執行率」代替「提案的完成度」作為評估指標，即核定給提案的預算是否有好好的依照提案計畫的進度，撥款協助完成提案。以上這些評估指標是可以用數字化呈現，讓人能容易理解的評估指標，因此，常常被政府作為評估活動成果的評估指標。然而，若對照前面圖 16-1 的架構就可以知道，以這樣的評估指標，其實不大能完整呈現整體活動的成果樣貌。例如我們以「預算的執行率」來做為評估我們提案成果的評估指標，當「預算的執行率」愈高，代表政府有好好依照提案的計畫執行完成，有達成「課責性」目標的其中一面，但是單以「預算的執行率」的評估指標，作為衡量提案是否真的有依照民眾期望地去做、是否有依照提案規劃的時間去執行，都無法用這個評估指標看到，也不能用「預算的執行率」作為衡量「提案在民眾公共需求滿足」的目標達成。依照圖 16-1 架構的評估指標面向，有許多面向在目前官方的成效評估報告資訊中是缺乏的，例如「包容性」目標的「弱勢族群參與」、「審議性」目標的「深度對話與共識建立」這些評估指標，都是參與式預算活動過程中重要的衡量指標，「提案完成度」、「預算的執行率」確實是可以作為衡量活動的「評估指標」，作為課責性目標其中之一的評估指標，它們易於數字化，讓人容易解讀，但是不能代表這是整體全部參與者認同的活動成效，有些參與者可能更加在乎他們在參與過程中的體驗與感受，例如是否有讓他們在提案討論過程中發揮自己的影響力，大家都願意聆聽他的想法，更加在乎討論結果是否獲得在場所有參與者的認可，而不是在提案進入表決時是否獲得投票者的支持，提案能否通過。更何況前面有提到，審議活動中「包容性」目標的價值意義，與「可行提案的產生」時常產生衝突，通常能提

出在執行上具有可行性的提案，都是具有一定經驗與專業性的社會團體們或者是握有一定人脈、政治資源的里長，也就是說，這容易導致最後票選通過的提案，常常是這些人所提出的提案，而這些提案也可能是過去還未有參與式預算時，他們就已經在當地做的事情，且社會團體與里長通常也有人脈與能力動員支持他們的民眾給予他們提案選票。而這對於一般民眾可能相對上，會導致他們的意見比較不容易被看見與通過票選，這時就有賴於負責推行活動的行政機關，因為他們是活動遊戲規則的規劃者，可以透過一些規則，來想看看如何避免這樣的情況。

　　目前臺北市某些區在住民大會的做法就相當不錯，這些區在住民大會投票時，會請民眾投超過一票，讓投票民眾能再去多看看其他不錯的提案，而不是只因為是自身團體的提案或者是礙於人情只投向那唯一的提案，如此，相對也就能提高其他不錯的提案被人看見的機率，減少這種只是為了個人私益而投票的影響。亦或者是提供扎實的培力課程，讓有興趣提案的一般民眾、社會團體、里長能更加了解參與式預算的包容與審議精神，當這些參與者能理解審議精神與活動的意義，或許能促使他們跳脫出個人利益下的框架，以更加包容、同理的心去聆聽不同意見。這些是推行活動的行政機關可以透過活動規則去努力改善的。

　　總之，真正的活動成效衡量，將不是只有透過「提案完成度」、「預算執行率」，亦或者是「每場活動中參與者有很多人」的評估指標實現，或者只是在「政府官網上展現所有通過提案的成果」，來代表活動富有成效。還有其他更重要的活動過程的評估指標，如是否每個活動參與者都覺得意見獲得重視？參與者透過此次的參與經驗後，未來是否還願意再次參與？培力課程有幫助他們對參與式預算活動更加了解嗎？這些也都是活動中重要的評估指標。因此，當負責推行參與式預算的推行者發現所執行的提案都是過去就有執行過的提案，或許可以想想，為何這些提案內容總是千篇一律的出現呢？是提案真的做的太好了，我們當地民眾都很喜歡，還是其他原因導致這樣的結果，我們可以透過怎樣

的方式去改善這種情況。甚至於政府也應該揭露活動過程的評估指標資訊，如果它們也能被呈現出來讓大眾所看見，才能讓社會大眾更加了解這個活動的意義與價值。

陸、評估指標的「及格標準」在哪？有天花板嗎？

　　從前一小節我們討論了評估活動成效的問題，接著此一節將討論該如何訂立各個評估指標的「及格目標」值，也就是要做到怎樣才算好？

可能會有人好奇，為什麼要訂定及格門檻，不是應該就盡全力愈高愈好嗎？其實這和公務體系通常會需要「課責」有關，白話文來說，就是要給公務員一個推動政策的標準，外界才能去評斷領納稅人薪水的公務員有無在推動這個政策上偷懶或是沒依照民眾的需求來做？問題是，這個及格標準在訂定的時候若訂得太高（例如要求 i-Voting 要達全市 50% 以上人口進行投票），在現實資源、環境的限制之下將無法達成，就容易造成「目標錯置」（Goal Displacement）的狀況，因此必須謹慎以對。

> **目標錯置**
>
> 組織的成員錯把個人的目標或所屬單位部門的目標作為自身所屬組織的整體目標。此現象最著名例子是由學者墨頓（Robert Merton）所提出，墨頓指出在科層體制下的公務人員，會錯把「依法行政」作為主要遵循與實現的目標，而忘記自身所屬單位的使命與整體組織的目標，如公共利益實現、避免人民陷入緊急危難）等目標（資料來源：辭書資訊網）。

　　舉例而言，在評估指標當中有一項就是「參與者組成多元性」，我們當然希望能包容到眾多社會背景的參與者，最直觀的想法就是我們希望有「很多人」來參與活動，那怎麼樣的數據是表示「很多人」？1,000 個人是足夠的嗎？假如，我們推行活動的參與式預算的地區，當地的居民有 1,500 個人，而有 1,000 人來參與活動，當然這可能頗具有社會代表性，已實踐包容性目標了，畢竟有近乎 66% 的當地居民都來參加參與式預算活動了，但如果換個情境，假如當地的居民有 150,000 人，你覺得 1,000 人是足夠的嗎？只有當地 0.66% 的人口來參與活動，

這時活動的正當性可能容易遭受到質疑，難道這 1,000 人是能代表所有 150,000 人的意見？推行活動的行政機關有可能會收到這樣的質疑聲。所以，這讓訂定及格指標的單位傷透腦筋，他們當然知道要愈多人參與愈好，所以應該訂立一個更高的活動參與人數作為及格指標，但是公民參與活動常見的難題就是，民眾參與率通常不是很高，如果訂立的太高，行政機關根本達不到衡量指標的標準，但如果訂立太低，也可能飽受於活動正當性的質疑，這該讓他們如何是好？而且通常人們為了追求進步，每年衡量指標的標準將會一年比一年的高，表示自己跟過去相比是有進步的，就像在學校考試一樣，這次考六十分，就希望下次能考七十分。但實際是，衡量指標的標準是真的有極限的，也就是行政機關投入全部的力氣，也不可能讓一些就是不參加公共事務活動的民眾來參與。

依據李仲彬等人（2019）針對廣義臺北市民公民參與意願研究所做的推估，臺北市的廣義市民當中，除非有非常特殊的原因，否則會主動來參加具有廣泛性公共效果之參與式預算活動的，大概只有整體廣義市民的 10%，換言之，即使公務體系拚了老命、不眠不休的宣傳，都很難超過這個數字，因為那些不來參與的民眾，就是給再好抽獎大禮誘使他們來參與活動，大概都還是會興趣缺缺。在這種情況之下，要是訂立參與人數必須是達到當地人口的 10% 或甚至更高，就容易造成反效果（例如可能迫使公務體系的反彈或甚至膨脹數字），但若只訂立於 1% 人口的參與人數作為指標的及格標準，也是顯見不足的，這個標準太低了，行政機關是有更多能量可以達到更高的標準，總之，如何考量行政的可行性、社會環境的現實訂定一個合理的，又能刺激公務體系動能、努力向上的標準，考驗著各方的智慧。

除了上述問題之外，還有另一個問題也值得討論，「參與人數」真的是愈多愈好嗎？有些人會對此評估方式呈現懷疑的態度，因為當開放人人都對公共預算具有決定權時，參與民眾來自不同的社會背景，也

代表可能有不同的學識經歷、教育水平的差異性，每個人對決策制定不一定都具有專業性，透過多數決的投票方式做出最後決定，聽起來符合民主程序，票決產生的提案結果肯定是獲得多數民眾皆認可的，但可不一定能代表多數人選擇的決策，就是一個好決策，這也是過去在討論「何謂民主？」常發生的兩個爭論點，究竟是大眾民主（Populist Democracy）好，每個人都能平等參與，共同決定公共事務，還是應該是菁英民主（Elite Democracy），強調民眾的參與只在選舉投票過程，展現人民的意志，公共決策應該是交由菁英，才能帶來良好的公共政策制訂（巨克毅，2005：43-44）。這是公民參與活動也會展現出的另一個問題與爭議，有些人並不認為「參與人數」是愈多愈好，而是著重在公共決策是否能產出良好的品質，當懷抱這種想法時，「參與人數」可能本來就該有個天花板限制，甚至可能並不在乎這項衡量指標有沒有達成，更加在意的將會是「參與者具備的知識」或「參與者的教育素質」高低，以及最終決策出的「提案品質」。

　　總之，面對不同的評估指標，每個人想法可能不大一樣，同樣的評估指標對不同參與者可能有不一樣程度的重要性，評估指標的標準也應該有其天花板上限，不宜用太過於苛刻的及格標準對待推行活動的行政機關，否則容易產生目標錯置現象。

柒、結語：參與式預算的潛能與多元目標盤點的重要性

　　參與式預算自 1989 年的巴西愉港市啟動，在歷經幾十年的發展下，我們確實可以從各國舉辦參與式預算經驗中，發現它對於公共政策品質改善、社會目標實踐的可能性與潛能。只是必須注意的是，面對社會上多元的參與者，我們到底應該先實踐哪些目標，如何在可能彼此衝突的目標間取得平衡，都考驗著活動推行者的智慧。當你是代表政府的活動推行者，你可能會優先考慮的是透過參與式預算是否能促進民眾對於公眾事務活動的了解、增加民眾未來的參與意願、民眾對於政府的信

任；如果你是負責提案執行的人員，你可能更加注重的是提案的完成度；如果你是參與民眾，你可能更加感興趣的是活動參與過程的感受，自己意見是否能得到政府官員的回應？每個人的重視面向都不一樣，而參與式預算本身的涵容與多元特質，允許各參與者有不同的期待與想像。

因此，推動參與式預算前務必要去思考，不同的參與者對於活動的期待是什麼、及格標準是什麼，並依此了解他們在結束後的實際感受，再評論整個參與式預算的成效，而不是單以自己設定的目標作為活動的評估標準，檢視活動的成效性，而忽略了其他參與者的想法。就像所有的公共政策一樣，參與式預算應追求哪些目標、評估指標該如何設定，才能最大程度滿足每一種期待，是推動前就必須要釐清的。雖然在多數時候，要同時滿足每一種目標是不太可能的事情，用本章一開始所設定的三個問題來說，每一個問題都會讓評估參與式預算的工作，永遠無法有「完美」的可能性，因此，本章最後要提醒的是，保持視野的開闊性，永遠知道自己正在評估與觀察參與式預算的「哪一個」評估角度，以及「還有哪些」評估角度是暫時忽略掉的，是在下評論之前很重要的認識。

參考文獻

1. 巨克毅（2005）。民主與憲政（三版）。
2. 李仲彬、胡龍騰、黃怡婷（2019）。108 年度臺北市公民參與之意願及特性委託調查，臺北市民政局委託調查計畫。未出版。
3. 陳金貴（2011）。社會課責在公部門的應用，空大行政學報，22（特刊），頁 1-18。
4. 彭佩瑩（2022）。參與式預算制度的目標與衡量指標建立—以臺北市的情境為例，臺北大學公共行政暨政策學系碩士論文，未出版。
5. 羅清俊（2016）。社會科學研究方法：打開天窗說量化（三版）。

6. Campbell,Mhairi., Oliver Escobar, Candida Fenton,and Peter Craig1. (2018). The impact of participatory budgeting on health and wellbeing:a scoping review of evaluations. *BMC public health*, 18(1): 1-11.

7. Gilman, Hollie. R. (2012).Transformative deliberations: Participatory budgeting in the United States.*Journal of Public Deliberation*, 8(2), 1-20.

8. Stewart, L, M., Steven A, Miller, R, W, Hildreth., and Maja V. Wright-Phillips. (2014). Participatory budgeting in the United States: a preliminary analysis of Chicago's 49th Ward experiment.*New Political Science*, 36(2): 193-218.

Chapter 17

當家作主要怎麼被課責？

李俊達

壹、前言

　　公民參與是由民眾直接表達意志與行動，涉入政府公共事務處理的過程，共同分享政府決策的具體行動。從上一個世紀末以來，在政府決策過程中引進公民參與，是政治學的顯學，也是實務上的政治正確，更成為常見的競選政見與執政者的施政指引。公民參與的效益，在理論上存在諸多規範性的優點，例如，提升政治系統的回應性、優化治理品質、增加民眾對政府運作的了解、減少民眾對政府的疏離感、促進民眾之間的合作，以及提升政府的正當性。從實務層面上來觀察，公民參與也有其限制。例如，人性積極參與的虛構性、決策冗長及無效率、參與治理的昂貴代價、民眾意見的衝突與矛盾，以及可能造成參與結果的極端性。既有關於公民參與的限制，大多仍是強調公民參與具有規範性的效益。因此，試圖消除限制，提升參與品質。至於公民參與的過程與結果，後續並涉及公務預算的執行，其所可能衍生的公民參與責任，較少獲得討論。

　　自 1989 年巴西愉港市的成功經驗後，參與式預算成為普遍的公民參與形式之一。柯文哲市長在 2014 年參選時，也首度提出推動參與式預算的政見，並在 2016 年正式上路。參與式預算期望藉由公民參與預算決策，讓政府施政與公共建設支出計畫更能滿足居民偏好，提高政府預算透明度，加強對政府「課責」。「課責」（accountability）的定

義有多種不同的層次，例如國際、國內（政府）、企業。課責也有不同的面向，例如選舉課責（人民對政府）、行政課責（人民對行政機關）。在民主治理的相關文獻中，人民扮演「課責者」的角色，政府則是「被課責者」，兩者之間存在權能關係。即所謂的「人民有權、政府有能」。在這樣的權能關

> **課責**
>
> 課責係指負責對象與負責者之間的關係，以及負責者受制於個人或機構的外在監督機制。狹義的解釋，課責係指向高層權威負責，要求向某個權威來源解釋說明個人行動的過程，處理的是有關監督和報告之機制。

係中，係因被課責者獲得課責者的授權，因此在行動中，被課責者有義務向課責者回答績效相關的問題。

　　值得探討的問題是，公民參與是在政府施政過程中，納入人民的意見，並依照人民的決定進行決策。公民參與是否應該被課責？倘若此決策的過程或結果不符合民主，參與決策的「公民」，是否需要成為課責的對象？以臺北市參與式預算為例，民眾在提案獲得住民大會票選同意之後，倘若未能在後續審議工作坊、公開展覽、i-Voting 階段繼續積極參與。此時，行政機關是否仍需持續鼓勵民眾公民參與？而此種由行政機關鼓勵供民參與的結果，其正當性是否仍在？抑或，參與式預算的提案在經過合法程序後執行，但成果可能是錯誤，或是不符合多數居民需求，而遭到當地居民反對。在這樣的情況下，基於公民參與的正當性，經過法制化的合法程序，參與式預算需要被課責嗎？

貳、公民參與的可能負面效益

　　在一片崇尚公民參與的聲浪中，2004 年出版在《公共行政評論》（Public Administration Review）的一篇文章，〈在決策中引進公民參與值得嗎？〉（Citizen Participation in Decision Making: Is It Worth the Effort?）特別顯得與眾不同。作者 Irvin 與 Stansbury 甘冒此大不諱，係因公民參與的過程與結果可能造成成本昂貴且效率低落的結果。

　　對於民眾來說，整個決策過程的參與耗時費力。一般民眾在參與過

程中，通常需要經過一段時間熟悉程序，才能進入狀況。而當愈多民眾參與的時候，彼此之間的意見是沒有組織的，甚至是衝突的。在此情況下，協調與彙整民意可能延緩政策的制定時程，使決策過程變得沒有效率。再者，若民眾參與的政策方案最後未被落實執行，恐怕更覺得參與過程毫無意義。

從政府的角度來看，民眾參與的成本包括辦理參與程序的活動成本，更重要的，是民眾可能參與規劃不當，衍生出來的補償成本支出。例如，可能因為決策程序冗長所產生的機會成本，或是因政策方案規劃導致的第三方利益損失等。此外，由於政策規劃與執行的預算有限，基於預算可行性可能造成政策方案的範圍或規模遭縮減。又民眾參與的意見可能因法律素養不足，存有適法性或公共性不足的問題。若公民參與的政策方案最後被打了折扣，反而最後引發民眾更多的不滿與敵意。如此一來，公民參與的美意盡失，適得其反。

參、參與式預算是高層級的公民參與，需要被課責

公民參與的本質，是試圖由下而上地影響公共事務的決策。有關公民參與對於政策決定的影響程度，比較常見的是 Arnstein 參與階梯（ladder of citizen participation）。在民主國家中，常見的參與層級包括告知（inform）、諮詢（consult）、涉入（involve）、合作（collaborate）、賦權（empower）。賦權是最高層級的公民參與，民眾可以在政府決策過程終汲取最多權力來影響結果。持平而言，臺北市政府所推動的參與式預算，由於讓民眾直接進行預算運用與分配，已經屬於相當高層級的公民參與形式。

權力的對應是責任，當民眾被賦權愈多，對於決策過程的參與以及決策結果的影響愈深時，代表政府原先自行擔負的政策責任，也不得不與民眾「分享」。原本專以行政機關為對象的課責機制，隨著民眾參與政策決定的深入，公民參與也成為需要被課責的標的。相較於其他形式

的公民參與，如果只是對決策影響層級較低的諮詢，不太會談到所謂的課責。因為民眾參與提供的意見，對於行政機關而言僅供參考。但如果是參與式預算，達到參與階梯的高端，民眾恐怕就需要被課責。

從民主政治的角度來看，課責的對象一向是政府部門，尤其是主導政策規劃與執行的行政部門。民眾做為民主政治的主體，幾乎不可能成為課責的對象。然而，公民參與是由民眾直接涉入政府公共事務的處理，共同分享政府決策的行動。因此，隨著民眾涉入決策過程的程度愈高，不得不共同對決策的結果承擔責任。

肆、民眾在參與式預算過程，可能未善盡「公民責任」

臺北市政府參與式預算建置公民參與的法制程序，分為推廣階段、提案審查階段、預算評估階段、預算審查階段，以及議會監督階段。其中，從提案審查階段開始，民眾的意見正式藉由提案，進入政府「決策」的程序之中。

舉例而言，在區公所所辦理的住民大會之後，獲得表決通過的提案，將進入提案審議工作坊的會前會，指定主責機關，並在第一階段審議工作坊進行提案討論，再於第二階段就公共性、適法性、預算可行性進行提案審議。在實務上，可能出現的情況是，在住民大會獲得表決通過的提案，提案人卻未能持續出席，參與提案審議工作坊，與各機關討論。若提案人未能出席，且未在十日內針對機關修正意見，提出「提案計畫書」，則此提案將視為無效。同樣地，在後續的各階段，提案人皆可能主動中斷參與程序，致使提案無效。（詳見圖 17-1）

• 符合下列條件者，方得以同意撤案，請各主責機關及區公所確實審核並載明於會議紀錄

> 提案人未於規定期限內繳交提案計畫書

> 具相當理由足認提案人已無法續行後續程序，並經本府公民參與委員會參與預算工作小組會議討論通過者

圖 17-1　提案撤案原則

資料來源：臺北市政府民政局提供。

　　民眾以公民身分參與政府決策，並分享到政策責任後，未能完整參與式預算各階段程序的理由，是值得進一步系統化實證研究的課題。常見的原因可能有以下四項：

一、提案未經縝密思慮，提案人在住民大會後中斷參與

　　在蒐集民眾提案的過程中，住民大會是主要的提案場域。各桌組須經討論後，提出議案供住民大會參加民眾票選。獲得在場民眾多數通過的提案，始可進入下一審議工作坊階段。惟同桌組的民眾，未必均有意願、有能力、有準備地提出提案選項。而被「拱出來」的提案人，也可能並未蒐集充足資訊，如實施範圍、預估經費等。申言之，提案人可能是因為「提案主題」獲得「桌組投票」的青睞，非必是因為「提案內容」的設計規劃與效益評估。而在「大會成案投票」階段，除因提案主題具吸引力之外，提案人在報告過程中的口才與渲染力，可能也成為吸票的關鍵。然而，在「大會成案投票」階段熱烈地報告與票選之後，提案人未必願意繼續面對後續的提案審議工作坊，撰寫提案構想書等，而被視同撤案。此種情況，尤其在參與式預算施行多年之後，民眾未必再感到新奇，參與住民大會的意願降低，一方面可能導致提案品質不佳，另一方面更可能造成民眾提案後，未能善盡公民責任。

二、提案內容遭修正，可執行之「成案構想項目」不符期待

　　由於提案人在住民大會階段的原始提案內容過於理想化或實際上未臻周延，在提案審議工作坊階段，經機關修正後，可能已非原貌。在提案的各「成案構想項目」中，部分提案的重要或主要項目，可能被主責機關執行評估為「不可行」（無論有替代方案或無替代方案）。因此，即便「成案構想項目」中次要的方案配套措施被評估可行，最後通過審議、獲得執行，對於提案人而言，恐怕也只是食之無味的「安慰獎」。倘若原始提案內容與審議後修正提案相去甚遠，民眾可能因此半途而廢。

三、成案執行需漫長等待，洽找議員快速有效

　　參與式預算是一個漫長的參與程序，僅有部分提案（或成案構想項目）可能在提案審議階段，經公民參與委員會參與預算組臨時工作會議結論「逕予執行」。對於大部分的提案人而言，在審議工作坊之後，尚有公開展覽、i-Voting 等程序才正式錄案。錄案之後，尚有預算評估、審查等階段。配合參與式預算的期程以及議會預算審議，從住民大會提案到方案確實執行，至少需耗時一年。常見的情況是，若提案人爲里長或其他地方頭人，爲了追求時效與成效，可能直接洽找議員，會同相關局處單位會勘評估辦理。事實上，在住民大會或是審議工作坊，在地的議員辦公室主任或助理，經常全程參與，並樂於向民眾提供即時且迅速的「選民服務」。倘若民眾藉由議員服務，能短期迅速將提案成果執行，等待參與式預算的冗長程序，反而成爲多餘的時間成本。

四、成案執行遭到當地居民翻盤，提案人撤案或提早結案

　　即便參與式預算的提案在經過合法程序後執行，但可能因提案者事前未必與當地居民妥善溝通，成果可能遭到當地人士反對。也或者，提案人並非當地居民，而是生活圈的一份子，例如學生、上班族，甚至遊客等。秉持美意，設身處地將參與式預算成果帶入該社區，但卻被當地居民視爲「外來者」。此類提案的結果，一種情況是，在執行（或施工）期間，因受到居民反對，而限縮實施範圍，與原提案不符。另一種情況是，在執行（或施工）完成後，當地居民認爲不符需求，再透過其他合法程序（例如議員會勘），變更或拆遷原藉由參與式預算提案之成果。甚至，也可能再藉由參與式預算程序，提案推翻同樣經過參與式預算程序通過的提案成果。

伍、結語：透過反覆審議，避免課責情況的發生

　　既有針對公民參與的主題多所從事規範性的研究，亦即在公民社會

下，民眾具備充足的資訊、能夠憑藉智識評斷社會最大化利益、集體做出以公共利益爲導向的決策。因此，公民參與不滿的是，行政部門菁英主義與專家主義的決策過程。希望透過自主參與，使公民、行政官僚與專家之間，可以在民主的情境下，謀求相互理解與共識。在這樣的前提下，萬事具備，僅欠參與的機會。然而，在實務上，當參與機會開放，公民參與尚需考慮「意願」與「能力」，始得分享政府的決策權力與責任。而且，需要經過「反覆討論」的過程，來達到民眾之間的共識，邀請更多民眾共同加入公民社會的行列。

相較於行政機關自行決策，參與式預算最大的差異，是提案非來自於行政機關內部，而是來自於外部民眾。但對於決策的品質，可能也只是納入少數提案者的意見，並未確實進入到社區，將提案者的意見，共同與該社區反覆討論。目前都只是由少數民眾在住民大會提案，可能僅是六個或是四個桌組，然後就直接進入審議工作坊，再由主責機關執行評估。事實上，並沒有反覆審議的過程。倘若未能與當地居民反覆審議溝通，提案者的角色可能成爲另一種的「代議」。而且，可能是不具選舉正當性的代議。如此一來，參與式預算的提案人與參與民眾，更加提升未來被課責的可能性。

儘管在提案審查階段尚有公開展覽、i-Voting 等程序，可以納入更多民眾的意見，但這些程序恐怕未有充足的審議。亦即，提案者的想法並不一定能與方案落實當地的居民充分的溝通。而到了 i-Voting 程序，依據「網路投票作業要點」，政策溝通應採多元管道及方式，議案主責機關需擇定虛擬或實體公民參與溝通方式，以觸及不同特質的民眾，達到充分多元之政策溝通。

臺北市政府參與式預算在錄案之前的提案審查階段，是參與式預算涉及公民參與的部分。在錄案之後，進入後續的預算評估、審查階段，絕大部分的課責，將回復到傳統的行政課責運作模式。事實上，對於行政機關而言，其所在意的，恐怕不是公民參與的過程，或是決策品質的

提升，亦非反覆審議的過程。當公民參與被「制度化」之後，行政機關在意的，可能只是研考會的提案管考機制，以及滿足各局處、公所被匡列設定的 KPI。就「提案內容」的品質而言，當各承辦的區公所被迫滿足 KPI，不得不動用里鄰長系統，請求民眾提案。甚或，根本是民眾毫無準備的提案，或是接受公所人員的建議的提案。如此的提案動機，在後續程序更不可能善盡公民責任，難免出現民眾中斷參與的情況。

公民參與的本意係將原由政府壟斷的決策過程，與民眾分享。當民眾未能善盡公民責任地進行參與式預算的每個環節，提案內容品質不佳的情況下，儘管確實從行政機關手上分享到決策權，但恐怕也只是分享到浪費公帑的權力。如此一來，公民參與的美意盡失。為了確保公民參與的決策品質，避免當家作主卻被課責的情況發生，應讓提案者回到社區與民眾對話。民主是需要成本的，有權力者必須承擔更多義務與責任，建議可在提案審查階段多增加實體溝通管道，如公民咖啡館、公聽會、說明會、座談會、工作坊、現場會勘等，讓提案人加以推廣理念、說服民眾，確保提案符合社區需求。

參考文獻

1. Irvin, R. A., & Stansbury, J. Citizen Participation in Decision Making: Is It Worth the Effort? *Public Administration Review*, 64(1): 55-65.

Chapter 18

跨域的衝突該如何處理？

傅凱若

壹、前言

　　近十餘年來，隨著政策議題範圍擴大、民眾的需求日益增加，政府需要管理的內容也愈趨複雜，傳統的官僚治理模式把公民視為被統治者，透過官僚體制的控制機制支配公民，或者是新公共管理將公民視為被動接受服務的顧客，認為公民參與決策過程徒增交易成本，都已不再符合時代精神；而將公民視為夥伴，將私部門和非營利組織納入公共服務的系統中，成為新型態的治理趨勢。台灣自 2015 年許多都會區採用參與式預算作為都市治理的創新模式，參與式預算讓住民和社區團體可以參與討論公共預算分配的優先順序，或對預算支出項目投票決定，給予地方民眾一種直接參與政府預算決策過程的角色。這種新型態的公民參與模式，主要發生在公民和行政官僚的互動介面上，不僅帶來治理結構的轉變，更重要的是創造了治理的正當性，達到民主的結果。

　　臺北市參與式預算採用的模式相當具有原創性，是全台灣各縣市唯一由行政機關推動且實施範圍涵蓋全市，運用原有公務體系內籌編預算，實踐民眾提案。而由於民眾提案的內容複雜程度不一，執行單位可能涉及單一或數個以上的機關，在執行的過程上常需要進行跨域合作。在目前政府資源有限的情況下，臺北市運用參與式預算方式能更精準地從民眾需求端著手，透過優質的跨域合作方式，提供最佳的公共服務品質，以回應民眾的需求的一種解方。

　　然而，「跨域」卻是一件說的比做得容易的事情，實務上常發生衝突與扞格。當提案由一個行政機關執行時，任務較為簡單，但是當兩個以上不同單位進行合作來解決問題時，事情就會變得比較棘手，常會被行政機關的法規或是標準作業程序所限制，或者是更多複雜原因所影響，投注更多時間進行溝通協調，事情卻不一定會朝預期的方向前進。因此，針對跨域衝突如何處理，本章的組織結構將分成四大部分：首先是說明跨域與公民參與的定義，以及彼此之間的衝突關係；其次，了解公民參與的理想與民主的價值，討論目前臺北市參與式預算的實際運作和制度設計；再者，進一步說明跨域過程的衝突與治理的複雜性，並闡明有效公民參與機制設計作為解方；最後提出結論。

貳、跨域與公民參與

　　所謂「跨域」（across boundary）顧名思義是指跨越領域、或是跨區域，這個名詞近年來被普遍使用，甚至成為政府推動的重要政策方針。對於政府而言，每個行政機關都有明確的組織目標和權責範圍，當彼此之間的業務、功能或疆界相接重疊而逐漸模糊

> **跨域**
>
> 行政理論將「域、疆界」視為是組織職責之所在，也是組織在完成該職責任務所需要的權利和功能。因此「跨域」涵蓋範圍很廣泛，至少包括跨部門、跨業務、跨區域和跨領域等等。

時，就會導致權責不明、無人管理與跨部門之間的衝突。因此，在政府部門之中透過跨轄區、跨專業、跨機關組織藩籬的跨域合作有其重要性，這可以包含與不同政府部門、不同層級機關、乃至與非政府組織間的合作，範圍則涵蓋業務協調與分工、資源整合共享、指揮體系建構等面向才能發揮治理效果（呂育誠，2012）。但在公部門體系執行跨域的任務過程仍極困難，尤其是在制度設計上，政府並沒有強大誘因機制讓行政人員樂意耗時在跨域的協調合作上，而行政專業的堅持、資訊落差、法令疑義、組織生存，以及本位主義，都是政府跨域合作時常見的問題（張其祿、廖達琪，2010）。

　　參與式預算將民眾參與結合公共預算，是典型的公民參與模式，在操作意涵上主要著重在溝通和賦權兩大要素。在溝通面向上，推動參與式預算的過程中會舉辦透明程度較高的會議來決定方案的優先順序，並設計流程公開討論在地居民的需求，以及進行審議的程序；而在賦權的面向上，民眾在提案會議所決定的方案會納入政府決策的機制（孫煒，2020）。也就是參與式預算在機制設計上，透過溝通，政府可以更貼近民眾的需求；運用賦權與培力的方式，讓公民更有能力決定公眾事務的資源分配。而臺北市在參與式預算制度設計上符合以上兩大元素，不僅規劃前端推廣課程（例如，初階課程、進階課程）、民眾參與討論（例如，住民大會、審議工作坊），並且賦權於民，運用制度設計有效連結後端的提案執行，並且可以進行後續的監督，由行政機關完成提案。

　　雖然，臺北市政府運用參與式預算的方式與市民共同選擇目標解決公眾事務的問題，並非只是諮詢民眾意見、單向的回應。然而，參與式預算是由民眾來決定公共預算的分配與使用，在設計中並沒有限制民眾提案的議題範圍，也沒有對預算規模設定上限，其本質是透過民眾的審議與價值排序，這並非理性與專業的決策過程，勢必帶給政府很大的挑戰，也就是說參與式預算其實衝擊政府政策制定與執行，對於行政人員而言，對於原本既有的制度規範就需要進行制度改革，基層官僚也需要調適認知行為以回應民眾的需求。

　　因此在參與過程中，特別是針對跨域的提案，雖然每個提案都會經過住民的討論，再透過 i-Voting 的投票機制確定入選提案，但在執行過程仍然會受到許多外在因素所影響，像是跨越不同行政管轄區、使用不同局處的預算、涉及不同層級政府的管轄範圍，或者是不同的利害關係人專注的焦點不同，像是行政機關之間、行政機關和民眾、民眾與其他民眾或公民團體之間難免對價值的取捨出現矛盾或衝突，繼而影響到後續的執行，這些衝突問題不解決，都會使得執行過程相當棘手，進而阻礙參與式預算的持續發展。譬如，民眾提案要建一座橫跨甲、乙兩個

行政區域的橋梁，希望妝點燈飾美化社區，民眾的提案通過 i-Voting 進入提案執行，卻引起乙行政區的里長和當地居民堅決反對，聲稱燈飾造成光害會影響生活；也有民眾提案希望公園內設置「沙坑」供兒童玩耍，但公園認養人跳腳，聲稱維護困難；為了方便輪椅族使用而開發的 APP，這筆預算究竟應由社會局開發，還是要由資訊局統籌？若是民眾提案的地點屬於國有土地或其他縣市土地，而不是在臺北市府所能處理的權責範圍內，例如蓋一座便橋橫跨臺北市和新北市是否就不處理？

資料來源：https://elearn.hrd.gov.tw/info/10008935

這些問題都揭示跨域衝突的困境，像是行政機關分歧的困境，由於政府組織龐大，專業分工細膩，而當分工的文化形成行政慣性，就容易形成專業高牆和本位主義；而專業知識的困境，主要源於民眾的提案是根據自身的生活環境開始，並不具備專業技術的知識和行政法規的了解，行政機關有時會使用專業術語和知識，難與民眾進行溝通，因此若是彼此無法互相尊重，有可能耗費更多的時間與成本進行溝通與協調；又如公共利益的認知差異，由於參與式預算目標是希望增進公共利益，而公共利益是需要經過參與者的共同協商，雖然參與式預算過程中除了小規模的住民大會討論，也運用 i-Voting 的機制試圖讓參與票選規模擴大，卻也無法達到人人知情討論所得到的共識。上述個案中鄰避設施公園沙坑的設置就容易引發這種衝突，又或者像橋梁裝飾美化，橫跨兩個不同行政區時，就很難實現兩地居民所追求的目標。

參、參與式預算的理想與制度設計

參與式預算是以公民為主體，透過民眾直接參與公眾事務的討論，蒐集相關的知識與資訊，決定預算資源的分配，透過平等、公開的參與管道，可以直接貢獻自己的情感於公共事務中，是公民主體性的體現（Fung, 2006）。因此，公民積極參與公眾事務是有效政府治理不可或缺的要素，尤其是處理與公民息息相關的問題時，公民的涉入顯得格外重要。參與式預算作為有效的公民參與，其對於政策推動的重要性，我們可以歸納出四點：首先是包容性，臺北市參與式預算不僅是居住的在地居民，更擴大在轄區內的就學、就業民眾，只要年滿 16 歲以上的公民就可以參與討論和投票在參與資格上更擴大包容性；其次是正當性，參與式預算就是促使政府傾聽民意，可以及時更正錯誤的政策方向，讓政策更符合公共利益，並且透過例行性的良性互動，可建立起互信關係，政府授權市民共同處理問題；再者是參與的效能，透過參與式預算，市民意識到自己有權力可以決定預算資源的使用，可以提升自我效能感；最後是教育性，參與式預算是直接賦予市民權利，透過參與，民眾可以更加了解公眾事務，而參與經驗的累積，讓民眾可以養成全觀性的視野探討問題、了解行政機關運作程序，克服技術上的困難，因此參與式預算對教育公民有實質的意義（傅凱若，2019）。

臺北市參與式預算為了達到上述的目標與民主價值，並為解決民眾提案執行上會碰到跨域的衝突和困境，完成民眾的提案，在每一年的推動上都有逐步的修正調整，在制度設計相當完整，在提案的審議過程設計以下三大原則：

1. 公共性：個案在執行上符合公共利益的程度、公私產權歸屬對政策的影響。
2. 適法性：個案的權責涉及市府與其他政府程度、行政程序的繁雜性。

3. 預算可行性：預算編列額度、跨局處、跨年度、補助款的情形。

　　根據這三項原則，由公民審議團員[1]進行燈號的評估，綠燈為高度可行、黃燈為中度可行，以及紅燈為低度可行三大類。在公共性面向上，紅燈表示提案內容僅關注個人利益，或者是提案範圍有包括私人所有動產（或不動產）；黃燈是指提案範圍部分區域涉及公有及私有動產（或不動產），或者是提案內容部分關注私人利益；綠燈則表示提案範圍區域全部為公有動產（或不動產），且提案內容關注核心為公共利益。在適法性面向上，紅燈是指提案內容違反法令，或者是提案範圍與權責並不是臺北市政府的權責；黃燈表示提案內容須修改法令或是行政程序才可執行，或者是提案範圍或權責部分為臺北市政府權責；綠燈則是提案範圍或權責全部為臺北市政府權責。在預算可行性面向上，紅燈表示無法源依據編列預算或補助、或者是提案內容是補助款性質；黃燈是指預算編列為單一局處編列跨年度，或是預算需跨局處編列且跨年度；綠燈則是指預算為單一局處可編列且單一年度。

　　對於提案評估的結果認定，以大致上過半數綠色燈號同意為原則，若是未獲半數同意，但高度及中度可行票數大於低度可行，以票數多者為最終審議結果。提案的公共性、適法性和預算可行性三項審議結果都具有高度或中度可行者，即可進入下階段 i-Voting，若其中一項為紅燈則不會進入下一階段。

　　此外，為了確定民眾的提案能有效執行，政府引進專案管理

---

[1] 根據公民審議團作業程序，公民審議團員共計 12 人所組成，擔任資格分述如下：1. 本府公民參與委員會委員 2 人（共同擔任主持人，負責主持會議進行，且為保持中立，不加入實質審議）。2. 審議員 1 人（擔任副主持人，襄助主持人進行會議，且為保持中立，不加入實質審議）。3. 領有進階卡市民 2 人。4. 領有初階卡之市民 5 人。5. 前年度提案人 2 人（排除原提案行政區）。資料來源：https://pb.taipei/News_Content.aspx?n=1EB2B5C16DE8EACB&s=9D1A23B934DD82E0，檢索日期：2022 年 4 月 3 日。

（project management, PM）的方式，在每年度各區辦理完說明會、住民
大會初步票選出提案，進入提案審議工作坊之前，會邀請提案相關的
行政機關開會，初步確認哪一個機關爲提案的主辦機關，即爲「主責
機關」，與協辦機關共同執行並完成提案的任務。在 i-Voting 票選成案
後，就由指定的主責機關作爲單一窗口提出後續案子執行的預算規劃及
施作期程規劃，並向公民參與委員會報告提案執行狀況和成果，爲了達
到課責和監督的效果，建立提案管理系統（pb.taipei），使每一階段的
執行狀況都能被檢視，以保障人民知的權益。

　　因此，上述個案中輪椅族的 APP 有跨局處預算編列的問題，在預
算可行性公民陪審團雖評估爲黃燈，但在公共性和適法性皆無疑義，在
成案之後，透過專案管理制度選定主責機關，執行上就可迎刃而解。而
提案範圍是中央或其他地方政府權責範圍時，若涉及到法規，處理程序
就較爲複雜，需要透過跨地方政府之間，或者是與中央協商的平台上才
能解決，像是上述提案中，有臺北市的居民要求蓋一座便橋，橫跨新北
市，這個提案就需要先釐清橋梁所蓋之處是否屬於國有或私有土地，再
與新北市政府相關局處進行討論；而對於提案範圍都在臺北市的轄區，
像是橋梁橫跨不同的行政區，居民想要針對橋梁進行裝飾，增加觀光意
象，面對不同行政區的居民如何進行美化的方式需要再與兩地居民溝
通，也由於牆面美化涉及民眾的美感或是觀光意象較爲主觀，因此在後
續辦理的參與式預算較不鼓勵民眾提案；或者是公園的改造，設置沙坑
或新型的遊具，在面臨不同的倡議者與在地維護者的權利，像是鄰里公
園的維護者通常是在地里長，當有里民或里長認爲新型遊具有危險性
時，則需要主責機關與利害關係人再進一步溝通協商。

肆、跨域與公民參與如何解套

　　透過公民參與不僅是在解決治理的問題，同時也是在動態的民眾參
與過程中發現問題，在跨域的過程可以看到政府治理的複雜性，像是對

於既定政策中的公民參與困境。例如臺北市自柯文哲市長上任後 2016年起取消重陽敬老金的普發，轉作其他社福利措施使用。然而，在參與式預算的住民大會上屢屢有民眾提出要重新發放，因與既定政策有所違背而無法進入討論。由於民意壓力，在 2021 年臺北市議會針對北市府提出的《臺北市重陽敬老禮金致送自治條例》覆議案進行表決，決定通過重新發放。[2]也會因爲行政機關提供不同的參與管道而導致衝突。例如捷運萬大線的命名爭議，萬大線預計 2025 年開通，捷運局已命名完成，卻有民眾質疑命名過程忽視直接民主，並透過 i-Voting 要求開放全臺北市的民眾參與。然而，捷運的站名是否運用 i-Voting 全體市民就可以決定，還是需要納入在地居民的聲音，如何設計民眾的參與管道，這條捷運路線通過新北市的站名又該如何處理，引發爭議。[3]

　　從以上的個案我們不難看出政策運作的系絡本質上具有複雜性、變動性甚至是衝突性，任何一種公民參與機制都無法保證能有效的發揮作用，並達到民主治理的目標，因此需要尋求多元的制度設計。像是參與式預算這樣的民主創新工程就需要有效能的公民參與制度設計。而何謂有效能的公民參與制度呢？學者 King、Feltey 和 Susel（1998）提出行政系統、行政人員以及公民之間的關係需要重新思考，並調整角色。也就是在政府方面，必須進行管理結構的變革與行政體系的革新，才能形塑出健全的參與制度與程序，並扮演積極促進者與協調者的角色。就公民而言，需要體認到參與是一種權力，也是一種義務。具體的做法說明如下（King, Feltey, & Susel, 1998：322-325）。

---

[2] 資料來源：關鍵評論（2021），〈台北市 1500 元敬老金發定了？柯文哲提覆議案失敗，將祭最後手段向政院函告「條例無效」〉，關鍵評論，https://www.thenewslens.com/article/160600，檢索日期：2022 年 4 月 3 日。

[3] 資料來源：翁浩然（2019），〈北捷萬大線慶安、永和站　命名爭議有解〉，聯合報，https://news.housefun.com.tw/news/article/208799216854.html，檢索日期：2022 年 4 月 3 日。

一、公民的授能與教育

透過參與式預算的推廣教育，讓民眾能夠明瞭專業知識，接受相關訊息。從理解中透過親身參與公眾事務的討論，從社區的關懷起始，對於行政機關或者是政策的計畫都能產生無形的壓力。當然，對於沉默的公民，需要進一步透過教育使其了解參與是一種美德的體現，當其具備公民意識，便可以從個體感受到群體的不可分割，由自身的利益擴大公共利益的範圍。

二、行政人員的再教育

傳統的官僚體系重視的是有效率的管理，從上而下制定政策，缺乏對於公民參與的體悟與理解，而參與式預算實質上是處理行政與公民之間的介面，若是仍用過往消極的心態來面對民眾處理公民參與，不僅無助於業務的推展，更可能造成不利的效果。因此，面對民眾的需求日漸增加，行政官僚應該要轉向治理方面的訓練，尊重社會的多元性、容忍社會分歧的意見，並培養與民溝通的能力。

三、須提升行政系統的能力

參與式預算是一場臺北市各局處機關的聯合行動，面對民眾跨域範圍的提案，如何有效鏈結後端的執行，考驗政府治理能力。也就是政府需要完善制度的設計，並取得參與者的政策支持，行政管理者應該要明確參與式預算的行動目標，安排資源分配並提供技術能力，畫分責任歸屬且建立課責制度，從實務面著手才能達到行政結構與程序改革的目標。

伍、結論

本章主要探討參與式預算所帶來跨域提案的衝突，在既有的政治體系和行政系統中如何實現公民參與的目標。從上述的討論可知，參與

式預算作為一項制度安排，強調公民主體性、直接平等的參與，透過投票決定預算資源的分配，民眾的提案能否執行，端賴政府公民參與制度設計的完整性，以及處理跨域複雜議題的能力。當民眾涉入公眾事務成為常態，政府不僅要將公民參與納入決策過程，更需要強化本身的治理能力，尋求一套有助於公民參與的機制與制度安排。當然，公民的民主素養並非即日可養成，尚需要時間培養，因此，政府與公民需要共同學習，在雙方互信的基礎上，建立良善的協力關係，才能發揮實質的公民參與效果。

參考文獻

1. 呂育誠（2012）。跨域治理概念落實的挑戰與展望，文官制度季刊，第 4 卷第 1 期，頁 85-106。
2. 孫煒（2020）。台灣地方基層官僚推動參與式預算的治理模式：桃園市案例研究，政治科學論叢，第 85 期，頁 139-178。
3. 張其祿、廖達琪（2009）。強化中央行政機關橫向協調機制之研究，行政院研究發展考核委員會研究報告。
4. 傅凱若（2019）。民主創新與公共價值創造的實踐—以台灣都會區參與式預算為例，臺灣民主季刊，第 16 卷第 4 期，頁 93-141。
5. Fung, A. (2006). Varieties of Participation in Complex Governance. *Public Administration Review*, 66 (Special Issue): 66-75.
6. King, S. K., K. M. Feltey, & B. O. Susel. (1998). The Question of Participation: Toward Authentic Participation in Public Administration. *Public Administration Review*, 58(4): 317-326.

Chapter 19

直接與間接民主的尷尬？

胡龍騰

壹、參與式預算中所體現的直接民主

在台灣，由人民透過投票來決定中央政府層級的總統／副總統、立法委員，或是地方政府層級的六都直轄市長、縣市長、直轄市或縣市議員，甚至是攸關重大政策方向的公民投票，早就已經成為國人再熟悉不過的政治參與方式或儀式，也是民主理論中所謂「直接民主」（direct democracy）的體現，也就是人民有權利表達自我意志的一種機制。

而什麼是參與式預算呢？參與式預算又和直接民主有什麼關聯呢？簡單地說，所謂「參與式預算」（participatory budgeting）就是讓人民有機會可以自己來決定政府的預算應該花在哪些地方（施政面向）。畢竟，政府的預算主要來自人民的納稅錢，所以，政府拿出一部分的預算，由民眾來決定該怎麼用？該用在哪裡？讓政府預算「變成人民喜歡的樣子」，應該是件很理所當然的期待。同時，授權人民自主決定政府預算的支出方向，不必經由民意代表或議員決定，也是一種還權於民的表現。

以臺北市政府所推動的參與式預算為例，在 12 個行政區的區級提案和審查程序上，有興趣的民眾可以先參加公民提案說明會，了解參與式預算的概念精神，以及臺北市政府所提供的參與模式和後續程序；之後，可以直接透過提案網路平台、或是直接將提案構想繳交給各區公所的專案櫃檯；各區公所彙集一定數量的提案後，便會邀請提案人和民眾

一起召開住民大會，並且在受過專業訓練的桌長和紀錄人員帶領下，由提案人向民眾分享他／她的提案理念和構想，爭取與會民眾的支持，每次住民大會由獲得當次與會者過半票數的提案，便可進入下一階段的提案審議工作坊。

在審議工作坊中，主要是由提案人、關心提案的民眾和與提案內容相對應的市府權責機關一同來修訂提案內容，提高提案構想的可行性，以及針對各項提案的公共性、適法性、預算可行性，由公民審議團來進行審議討論。為了使更多的民眾（包含在地設籍或就學、就業者）了解各項提案的詳細內容，通過了審議工作坊的審議且經加以修訂的提案，則會在網路平台以及各區公所的公共空間進行公開展覽。最後，則由各行政區符合身分條件資格的民眾（即包含設籍該區或於該區就學、就業之 16 歲以上公民）進行投票，以實體或是 i-Voting 方式來選出自己喜歡以及認同的提案；通過投票門檻的提案，就會由市政府進行錄案，準備交由各提案相對應的局處進行預算評估和規劃，讓提案付諸執行。即便是屬於市級的提案，構想的提出和審議、投票機制也都和區級的模式相同（圖 19-1）。

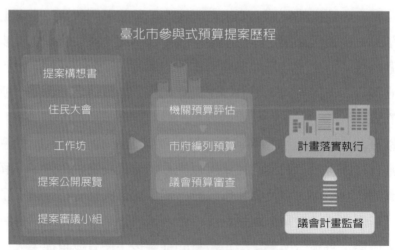

圖 19-1　臺北市參與式預算程序設計

資料來源：報導者（https://www.twreporter.org/a/participatory-budget-challenge）。

　　澳洲學者 Goodin（1993: 229）曾說：「本質上來說，『民主』就是對人民偏好的尊重。」在臺北市政府設計的參與式預算提案和審查程序中，可以看到從一開始的提案構想徵求，到住民大會初步提案投票、提案審議工作坊，到最後的提案票選，都是讓關心市政、關心公共事務的民眾，能夠將自己的想法、偏好、選擇直接表達出來、讓廣大民眾與市政府得以聽見和看見的環節。尤其，等到被錄案的構想實際被執行或施作完成後，民眾更能直接感受到：繳納的稅金不但沒有變不見，而且還變成你／妳喜歡的樣子！這當中所展現的社會影響力和實踐力，可能比投票選舉候選人更為直接。

貳、議會預算審議權的間接民主 vs. 參與式預算的直接民主：兩種民主間的相互碰撞

　　雖然參與式預算看起來把政府預算額度中一部分的使用決定權，交（還）給了人民，讓民眾在一定範圍內可以真正「當家作主」，但是，這樣的制度一開始並不是全面受到歡迎的。

　　舉例來說，臺北市政府在推動參與式預算的初期，便曾遭受市議會議員的質疑和反彈（圖 19-2），議員們質疑的重點在於（徐淑敏等人，2018）：1. 參與式預算是否具有制度上的正當性？2. 參與式預算這項新制度，是否有其必要性？

　　就前者而言，議員們認為，參與式預算雖然以直接民主的形式，授予民眾決定政府公共預算的用途，但是卻也侵犯了《憲法》和《地方制度法》所授予民意機關的「預算審議權」，想要以行政權的使用以及少數人參與的「人民自決」來取代具有選區代表性的代議士的權力，又或者意圖以公民參與之名，來規避議會的合法監督。

圖 19-2　2016 年時臺北市議員質疑 12 個行政區參與式預算的推動情形
資料來源：自由時報（https://news.ltn.com.tw/news/society/breakingnews/1858743）。

　　就後者而言，議員們關切的重點在於，依據臺北市政府所制訂的參與式預算標準作業程序（standard operating procedures，也是俗稱的 SOP），民眾的提案構想如果要走完整個流程，所需耗費的時間不少，不如向議員陳情需求，可能更快能夠獲得滿足，沒有必要再多建立一個民眾發聲的管道。

　　從議員們的質疑來看，代表了參與式預算這個新制度，帶來了直接民主和間接民主（indirect democracy；或稱代議民主，representative democracy）二種不同制度邏輯（institutional logics）間的衝突。事實上，依據我國《憲法》第 63 條的規定，「立法院有議決法律案、預算案……及國家其他重要事項之權」，又依我國《地方制度法》第 35 條，直轄市議會職權的第二項，即為議決直轄市預算；因此，民意機關是具有對行政部門的預算，進行審查與審議的實質權力，而且這項權力也都始終為民意機關所獨有；亦即，以間接民主的形式，在人民的授權下，透過民選的代議士來代替人民監督政府以及把關行政部門預算支出計畫。但是，當參與式預算這個新玩意兒出現在台灣後，卻以公民參與、直接民主之名，且不具有法律上的正式身分，堂而皇之地把憲法或法律所賦予

民意機關的正式權力，給削去了一塊，自然引起了部分基層議員的反彈以及對於參與式預算制度的敵意。

　　尤其，臺北市政府在參與式預算的推動過程中，設計了極為嚴謹且完善的制度和操作流程，希望透過這樣的設計來確保民眾提案的周延性和正當性。但由於對參與式預算有興趣的民眾，從住民大會提案、到審議工作坊的提案修正和審議討論這些必經程序中，常常必須犧牲多個上班日晚上、或是週末假期來參加，而且進入各個階段的討論前，提案人可能還需要做好充分的功課和準備，以求能在面對不同市民或公民審議團提問或爭取支持時，能夠有好的表現，好讓自己的提案能一路過關斬將，順利通過；因此，願意參與而且能夠全程參與的民眾人數，絕對無法與任何一場選舉投票的人數、或是當選人得票數來相比，這也讓議員們質疑這種形式的直接民主提案，背後的代表性是否足夠？

參、通過 i-Voting 投票支持的提案，議員可以推翻嗎？

　　依照臺北市政府參與式預算的制度設計，凡是通過 i-Voting 門檻正式錄案的提案，後續將會由各提案相對應的局處來進行預算規劃，並提報至臺北市政府公民參與委員會參與預算組進行審查。經公參會參與預算組審查通過的提案，會有兩種處理方式：1. 如果相對應的主責機關有當年度的預算可以納入支應的話，則直接由該局處來執行，例如某一提案想要改善鄰里公園的照明或是簡單美化，而市政府工務局公園路燈工程管理處原本就編有鄰里公園改善計畫預算，就可以直接納入施作；2. 如果提案所需要的經費，當年度預算沒辦法納入的話，則編入下一年度預算中，一併在市政府提交給市議會的年度總預算案中，交由議會進行審議；而絕大多數的提案都會是以這種方式來執行。換句話說，在臺北市政府的參與式預算中，原本就相當尊重議會的預算審查權，讓議員們得以針對提案通過、納入隔年度執行的提案經費，進行審查和把關。

　　但儘管如此，因為市政府是以個別局處機關（例如：教育局、交通

局、工務局……）爲單位來編列預算，所以在市政府提供給市議會的總
預算案中，只有民政局和研考會爲了要負責推展參與式預算這項制度，
而衍生所需辦理的教育推廣活動、廣告宣傳活動，或是監督執行進度、
辦理 i-Voting……等業務，能夠特別且具體的匡列出「參與式預算」這
個項目以及搭配的預算，讓議員們清楚看到；但是，如果從那些已經錄
案、準備執行的提案的角度來看，因爲一項提案的執行，可能涉及多個
市府局處（例如一項觀光漁市場的改造，就涉及了臺北市市場處、臺北
市政府工務局新建工程處、臺北市停車管理工程處、臺北市政府觀光傳
播局等多個局處），也因此實際執行這項提案所需要的預算項目也就散
布在相關的局處原本的業務預算中。也就是說，當議員們在審閱各個局
處的預算計畫時，是沒有辦法一眼看出哪一些項目將是用來執行某一個
通過 i-Voting 的提案所需的經費。

　　問題來了，當議員們在審查各機關的預算時，可能陷入一個困境：
已經通過 i-Voting 票選的提案，能夠推翻嗎？提案執行的經費散布在不
同局處的預算中，會不會一個不小心，就把所需要的部分經費給刪去
了，使得這個提案變得支離破碎，反而遭惹到廣大的民眾呢？這個困境
背後所突顯的問題是：身爲代議士、且具有選區民意基礎的議員，能否
推翻或取代人民的直接民主意志？在公共資源的配置決定上，代議士和
人民，孰大孰小？孰重孰輕？

　　基本上，筆者認爲，就算是由選區民眾所選出來的民意代表或議
員，但畢竟仍是間接民主制度下產生的代議士，他們所擁有的權力來
源，仍是來自於一位位選民。當選民願意親身站出來，透過一定的機制
和正當程序表達其當家作主的意志時，民意代表仍然應該要展現出民主
的素養和成熟度，對於「人民的偏好」給予尊重；況且，曾經有某些提
案在 i-Voting 的得票數，還高過於該區市議員當選所需要的票數門檻，
顯示能夠通過 i-Voting 投票的提案，同樣也具有相當的民意基礎。

肆、直接民主與間接民主有沒有相融的可能？

　　雖然參與式預算已經在台灣這塊土地上推動了數年，但畢竟對廣大的民眾來說，仍是一項陌生的新制度；可是，透過這項制度，讓原本只能由政府官員、民意代表或議員來做決定的公共資源配置，能有一部分讓民眾自己透過提案來決定，無疑是一種深化公民參與理念以及實踐草根民主的極佳方式。

> **草根民主**
>
> 草根民主的意涵就是將政治決定的權力，授予給最基層的人民，無論你／妳是士、農、工、商或販夫走卒。在具體的實踐上，便是讓全體民眾能夠在公共事務或是政治決定中，一同參與、表達意見，甚至投票表決。

　　那麼，在參與式預算這件事上，有沒有可能讓原本相互尬車的直接民主和間接民主，變成相輔相成、甚至是共融、共榮呢？筆者認為應該至少可以從下列方式來嘗試努力：

一、邀請和鼓勵市議員到場關心住民大會提案

　　由於住民大會是民眾正式將構想予以提案的第一道關卡，通常也是在地民眾或團體參與最為踴躍的場合，因此，各區區公所應該可以將會議資訊提供給在地選區的議員辦公室，邀請市議員親自或委由議員助理，到場來了解和聆聽民眾的提案內容。因為，民眾之所以希望藉由參與式預算這管道來提案，代表地方上一定有某些未能被充分滿足的需求，例如多次向市政府反映沒有結果的意見，或是曾向里長提出需求、卻苦無足夠經費支應……等；因此，若是市議員們能一同參與住民大會，雖然不適合一起參加討論，但是可以藉由這個機會，了解和蒐集地方上鄉親父老的需求心聲，另方面，也可從那些未能通過住民大會票選的遺珠之憾中，挑選部分具有創意或建設性的構想，從旁相助一臂之力，更可讓地方民眾感受到議員們在地方經營上的用心。

二、透過議會力量監督提案的後續執行

　　如同前面提到，雖然議員們在審查市政府預算時，對於已經通過一連串程序以及 i-Voting 票選的提案，會面臨不知是否能夠翻案的困境，但是臺北市政府目前的做法，還是能夠做到對議員預算審查權的尊重，將絕大多數的提案所需預算，仍然納入次年度的預算中交由議會來審議，並沒有要規避議會監督和審查的意圖。因此，最能展現民主智慧的方法是，議員們一方面應對參與式預算提案之所需經費予以支持，另方面更應該在預算通過後，運用自己手中的監督權，替自己選區所通過的提案，針對後續的執行情況，加以監督，督促行政部門務必落實民眾的構想期望。這樣一來，透過「人民提案、議員監督」的模式，不僅可以深化我國直接民主和公民參與的程度，更可以讓直接民主和間接民主二者相互共融，而且不斷落實完成的提案構想，更是兩種民主彼此共榮的最佳體現！

參考文獻

1. 徐淑敏、高光義、蔡馨芳、李俊達（2018）。推動參與式預算的借鏡與體制磨合之研究，臺北市政府研考會委託研究計畫（市政專題研究報告第 407 輯）。

2. Goodin, R. E. (1993). Democracy, preferences and paternalism. *Policy Sciences*, 26(3): 229-247.

Chapter 20

行政摩擦力如何能控制？

曾冠球

壹、前言

　　公民參與是民主治理的核心。公民對代議政治與民選政治人物的不滿，多體現在選民投票率下降，以及對政治機構抱持懷疑的態度。幸運的是，近年來先進國家與城市大力推動的參與式預算，為參與式治理注入了一股新興的改革力量。參與式預算於 1989 年在巴西首次實施，並以某種管道盛行於全球 1,000 多個都市（Gordon, Osgood Jr., & Boden, 2017）。受拉丁美洲早期例子的啟發，歐洲第一個參與式預算流程始於二十一世紀初（Democratic Society, 2021），而臺北市政府則於 2015 年開啟了台灣地方政府層級參與式預算之先河。

　　參與式預算是一種決策過程，公民透過該過程對公共資源的分配進行審議和協商，這類計畫為公民參與、教育和賦權創造了機會，以期培養一個更有活力的公民社會（Wampler, 2007）。成功的參與式預算計畫有賴公共管理者以新的方式與公民協力。官員們不僅要思考和規劃參與式預算的定位、架構和運作，也要了解如何鼓勵民眾參與、協助民眾思考與提案，並學習與民眾溝通。個別的行政機關亦須整合到政策制定和執行過程中；行政機關不能孤立地運作，而是必須與政策主責機關和計畫參與民眾密切合作（Wampler, 2007）。換言之，相關機關必須共同努力協調計畫的時間安排，確保以最有效的方式落實民眾的提案。

　　儘管如此，參與式預算的批評者仍不忘指出，參與率有限是這類計

畫推動過程的致命傷，而公民參與的障礙不外乎是：缺乏知識、公民的投入不受重視、缺乏信任和合法性、公民冷漠、時間限制，以及公民的自身利益可能會妨礙社區利益（Gordon, Osgood Jr., & Boden, 2017）。有鑑於在成功的參與式預算計畫中，官員們往往要投入大量的精力來發展他們和參與者之間的密切聯繫；從公務人力機會成本的角度來看，若官員們耗費可觀的時間在參與式預算的工作推動上（如動員民眾參與提案和審議），勢必排擠掉原本可以投入到其他業務的時間，進而影響其他業務的推動（蘇彩足，2017）。相關制度與流程若沒有精心設計、配套調整並做足滾動式修正，這類計畫不無可能弊大於利！

　　改善政府績效和提高民主品質往往是參與式預算的重要目標，但實際操作未必能產生這樣的結果，尤其是密集的實踐過程及其衍生的各式挑戰，很可能是參與式預算的創始人當初始料未及的（Wampler, 2007）。事實上，非國家的利害關係人（如社區發展協會、非營利組織、公民團體等）投入參與式預算的過程中，難免會橫生交易問題，如對該制度本身因多元理解、不解與誤解，而影響其參與意願與行為──從官員的角度來看就是一種「行政摩擦力」。行政摩擦力作為一種隱喻（metaphor），意味著在參與式預算相關程序與活動中，行政機關從事內、外部的組織動員、溝通與協調，所耗費的驚人時間與人力成本。學理告訴我們，治理模式的效能可由交易成本來判定，因此，明智的官員自當依據交易成本之高低來決定適切的治理模式（Lee, 2016）。也許基此考量，某些國家或地方政府開始精進參與式預算的實務，以降低實施過程中不必要的行政摩擦力，而「數位參與式預算」便是試圖緩解上述交易問題的一種潛在策略。

貳、數位參與式預算是什麼

　　參與式預算最初的形式旨在讓公民參與預算過程──邀請公民透過重新分配公共資源來影響公共預算，並強化民主的決策過程。幸運的

是，伴隨資通訊科技日益發達，運用這類數位科技將可促進公民參與；是以，倘若政策目標是消除紙本的流程，並透過數位科技來連結網路參與平台，此即為數位／電子參與式預算（digital-/e-participatory budgeting）（Mærøe, Norta, Tsap, & Pappel, 2021）。事實

> **數位參與式預算**
>
> 一種透過數位科技（如數位平台、社群媒體）來鼓勵社區民眾參與公共事務與資源分配，而有別於傳統參與式預算的面對面互動模式。

上，電子參與被視為是一過程，其特點是透過數位科技鼓勵公民更積極地參與這類決策過程。Van Dijk 將電子參與界定為「使用數位媒體來調解和轉變公民與政府和公共行政的關係，朝著公民更多參與的方向發展」（Van Dijk, 2012: 9）。有鑑於數位參與實務可以在一定程度上協助民主的鞏固與推進，故論者建議應將其納入政策制定和決策過程，甚至主張歐盟應利用現有數位參與實務的良好範例之潛力，以促進其快速傳播（Paska, 2021）。

　　近年來，西方國家的政府致力於探索參與式預算結合數位科技應用的可能性。2016 年蘇格蘭政府委託「民主社會」（The Democratic Society）—國際非營利組織協會—就數位參與式預算的採用提出建議，並確定蘇格蘭議會和社區團體可以使用的一套工具。在「民主社會」這類組織支持下，蘇格蘭的議會和社區組織被鼓勵在參與式預算過程中運用數位科技，而這項工作旨在擴大和發展地方當局和社區對參與式預算的使用。在 2016-2018 年間，該方案已使超過 33,000 人能夠使用數位工具參與蘇格蘭的參與式預算流程。此一經驗顯示，在參與式預算流程中整合數位科技將有助於擴大決策參與、蒐集參與過程中更多相關資料，以及增強議會和社區團體在使用數位參與和決策工具方面的專業知識（Democratic Society, 2019）。簡言之，數位參與的成功使用將確保參與式預算流程中涵括更廣泛的聲音。

　　葡萄牙里斯本是第一個引入數位參與式預算的歐洲首都。里斯本的參與式預算被認為是推廣數位參與實務的成功範例，其允許公民共同

管理部分城市預算，而市政府則獲取了評估當地社區優先服務與建設的工具。此外，由於參與這類投票的公民人數穩步地增加——從 2008 年的 1,101 票增加到 2018 年的 34,672 票，儘管後一個數字在 2018 年僅占里斯本居民的約 1%，仍足以證明公民參與度顯著上升中（Paska, 2021）。簡言之，里斯本的參與式預算算得上是國際上一個成功的例子。

　　荷蘭海牙也是一例。Duinoord Begroot 試圖讓更多民眾直接參與決策，並創造一個線上空間來蒐集想法和交換點子，以提高鄰里生活的品質。有鑑於「線下參與」過程（如面對面的實體會議與討論）所呈現的低參與率，而「線上參與」形式（如網絡參與平台的發言與討論）相對來說有助於降低參與成本，從而得以吸引更大規模和更多樣化的民眾目光與投入。相較於傳統欠缺審議過程的投票模式，市政府並不想僅單純加總選民一些膚淺的看法，而是期望透過數位參與平台，允許公民表達其對各式提案項目支持或反對的理由，以便公民和市政當局本身更好地了解人們對各式提案項目支持與否的原因（van der Does & Bos, 2021）。顯而易見地，市政當局試圖激發在地民眾的審議能力，而數位工具則讓這樣的夢想更有機會實現！

參、數位參與式預算的媒介

　　網際網路的架構可以使民主過程更易於管理，並可提升公民參與的可能性。基本上，線上參與工具主要涉及兩種技術：其一，專為公眾參與而設計的網絡導向的工具（如數位平台、MySideWalk、PlaceSpeak）；其二，社群網站（如 Facebook、Nextdoor），這些網站並非專為公民參與而設計，但可用於全球許多城市的參與計畫和活動（UN-Habitat, 2021）。就前者而言，經驗顯示公民參與決策過程是改善地方治理議程的支柱，而「數位參與平台」（Digital Participatory Platforms, DPP）則是改善歐洲參與式預算的數位策略的主要組成部分。

DPP 提供了遞交提案、從不同角度討論其可行性、投票分配資金和執行計畫的機會。DPP 是在數位環境中引導計畫和解決城市問題的有效方式（UN-Habitat, 2021: 27）。就後者而言，社群媒體平台的使用，可以為民眾投入參與式預算和更廣泛的參與過程，燃起新的希望。排除公民參與障礙的一種途徑是善用社群媒體平台。事實上，不少城市正努力透過 Twitter、Facebook、Instagram、YouTube、短訊服務（簡訊）、Pinterest、LinkedIn 和部落格等社群媒體工具，以聯繫相關支持者（Gordon, Osgood Jr., & Boden, 2017）。

儘管這些工具各自展現出不同的品質，但它們為不同利害關係人之間建立共識或學習提供了機會、動員行動和參與在地知識。經驗顯示有些平台會鼓勵對話，而其他平台則提供快速而簡短的回應。同樣地，有的 APP 可使政府能夠檢查該領域刻正發生的事情，有的 APP 則為決策過程提供了寶貴意見。與傳統的參與工具相比，移動參與及其 APP 有望吸引和促成更廣泛的利益團體，尤其是對參與公共事務態度有時比較冷淡的年輕族群（UN-Habitat, 2021）。整體而言，為參與式預算選擇合適的行動 APP 應優先考量參與者的目標和資訊類型。

前述受蘇格蘭政府委託的「民主社會」曾專注於確定合適的數位工具。該組織與蘇格蘭地方當局從事參與式預算工作的官員接觸，試圖了解他們對使用數位參與式預算的需求與期望。嗣後，該組織擬定了一套評估數位工具的標準，以確定最適合用於蘇格蘭地方當局支持參與式預算的標準。這些標準涉及（Democratic Society, 2019）：能夠為議會提供參與式預算流程的關鍵面向，如發想、審議和投票；與離線參與式預算流程整合的能力；易於公眾使用；易於行政人員設置和重用；供應商或開源社群（open source community）的積極支持和開發；先前成功執行的紀錄；提供展示版本的能力；工具的成本和選民的驗證流程。這項經驗顯示，沒有一種單一的數位工具可被推薦為「一勞永逸」的解決方案。因為每個議會的需求是多樣的，故其必須選擇最適合自身的參與式

表 20-1　線上參與工具的優劣分析

	數位平台	行動APP	社群媒體
優勢	• 將線上活動與線下活動相結合 • 流行於許多國家 • 避免社會偏見	• 便於地方政府執行 • 上線容易和使用者界面的直觀使用 • 毋須筆記型電腦	• 易於在當地採用 • 全球流行及上線容易 • 毋須筆記型電腦
劣勢	• 監控和管理系統的成本高昂 • 地方機構的能力、規範和法規 • 工作坊和集會的額外費用 • 管理線上和線下活動的複雜性增加	• 上網和基礎設施的改善 • 社會偏見和技術障礙，尤其是對老年人而言	• 上網和基礎設施的改善 • 社會偏見和科技障礙，尤其是對老年人而言

資料來源：UN-Habitat, 2021: 47.

預算願望和計畫的數位工具，同時尚應考慮所需的時間、資源和專業知識（Democratic Society, 2019）。

儘管創新過程爲地方當局開展參與式預算提供了廣泛的工具，不同的數位工具在促進社區參與方面卻展現出不同的能力（見表 20-1）。爲參與式預算選擇數位工具，應考慮在參與過程中推進創新方法的複雜性，並確保處境不利群體能夠參與並受益於這類科技。地方機關的能力、規範和法規以及公民的理性是關鍵因素（UN-Habitat, 2021）。這意味著綜考公民的特性和技能，以及他們對科技的態度，將有助於提高當局的決策品質。

肆、數位參與式預算會是靈丹妙藥嗎？

數位科技爲地方政府和公民之間的協力創新提供了契機，特別是行動 APP 和社群媒體等科技可以爲不常參與的公民提供參與的媒介，包括年輕人、低收入族群、身障人士、處於社會邊緣地位者，或生活在偏鄉地區的民眾（UN-Habitat, 2021）。數位參與式預算有機會帶來一些好處，特別是克服時間和地點的障礙，以及包括由於各種原因無法親自

參加活動的人。前述蘇格蘭的經驗顯示，倘若擁有正確的設計、工具和支持，數位工具可以非常有效地確保人們可以使用他們的聲音並做出決定，即使彼此無法親自會面（Democratic Society, 2021）。

電子民主的一種具體形式是電子參與式預算計畫，其旨在將公民納入預算過程，從而擁有更為民主的治理實務（Mærøe, Norta, Tsap, & Pappel, 2021）。不過，數位民主也不免引發一些挑戰。例如，公民有可能發現其難以跟上大量訊息和隨時進行的大量對話。許多公民往往沒有時間閱讀重要訊息。此外，由於缺乏面部表情或語調等非語言符號，公民可能難以進行有效的數位溝通。進言之，數位參與存在一系列的問題，諸如：財政資源有限、公民缺乏積極性、機構能力薄弱、缺乏足夠的基礎設施，以及難以納入社經地位相對不利的群體。數位科技的使用引發了關於排他性的問題，因為這些工具的部署將參與限縮於那些可以使用數位設備人士身上。至於特定類別如老年人、身障人士，則可能對使用新興科技抱持某種畏懼感。基於這項原因，新的行動 APP 需要與傳統的參與形式相結合，這意味著工作坊和地方集會對於減輕潛在偏見仍然至關重要（UN-Habitat, 2021）。有研究發現，欠缺參與式預算的基礎設施是一大問題，這包括：限制性政策禁止在參與式預算過程中使用社群媒體平台、社群媒體平台迄未獲得充分使用，以及在擴大社群媒體平台的使用並將電子或數位投票導入參與式預算過程時，對於安全問題的疑慮（Gordon, Osgood Jr., & Boden, 2017）。整體而言，數位參與式預算至少需要考慮設備取得、穩定的網路連線和相關財務成本、數位素養或身心障礙等障礙，以確保線上空間的涵容性（Democratic Society, 2021）。

前述蘇格蘭的經驗顯示，倘若數位參與式預算要定期舉行並成為地方當局一項主流活動，則有待克服一系列挑戰（Democratic Society, 2019）。申言之，和數位轉型一樣，實現這類變革需要仰賴高階官員及作為更廣泛機構變革代理人的基層官員之承諾與投入。其次，由於那些

負責數位參與式預算的執行者經常需要運用到數位技能，因此，建立和定義適當的技能至關重要。復次，有鑑於地方政府的政策和實務可能與新興的數位文化大相逕庭，故需留意數位參與式預算如何識別這類挑戰，而探索最佳實務、蒐集證據以支持變革自然是不可或缺的。再者，社區組織往往連結許多在地民眾，故與社區選擇資助的團體建立牢固的聯繫就變得非常重要，如此其便可在地方當局的支持下因應相關挑戰。最後，在永續發展方面，當參與平台完全融入議會協商和參與過程時，它們可能會產生最大價值。這方面開源軟體提供了一種替代模式；這種方法或許更加永續，因為當局在維護軟體方面獲得了經驗，並發展了使用和進一步開發的技能（Democratic Society, 2019）。

伍、我們從經驗中學習到什麼？

有關數位科技和人類社會之間的關係大致上有三種想像，科技樂觀主義者期望線上公共空間能夠促進公民和政府之間的直接互動。與代議民主的過程相比，數位參與式預算計畫更有助於促成民主治理的實務，總體涵容性也有所提高。其次，數位科技的悲觀主義觀點提到了負面後果如數位落差，且只有一些資源豐沛的團體得以受益。至於實用主義的觀點認為，科技本身並不構成任何威脅，因為重要的是系統實施的環境（Mærøe, Norta, Tsap, & Pappel, 2021）。我們從實用主義的角度出發，持平地針對數位參與式預算的實施條件提出一些討論。

前已述及，社群媒體平台多少有助於參與式預算的推廣，包含臺北市政府在內的（地方）政府當局可以自建或善用既有的網路平台（如公共政策網路參與平台）。儘管如此，國外經驗顯示這類平台的使用率似乎尚有努力空間。好比說，在建立基礎設施方面，政策或應賦予社區領導人更新社群媒體平台的若干行政權力。不僅如此，推廣參與式預算亦須持續培訓內部公務員和外部公民使用社群媒體平台。此外，社區也應規劃、開發和使用社群媒體平台，以補充公民參與和動員所需的其他溝

通形式（Gordon, Osgood Jr., & Boden, 2017）。

　　確保參與式預算的流程具有涵容性十分重要，而這涉及線上參與的良好實務。舉例來說，參與者應有足夠的時間閱讀、發想或了解如何參與審議活動，故可在線上活動之前發送資源、問題和期望。在參與途徑方面，至少應提供兩種參與選擇。如果在網路上工作，可以選擇透過線上通話、發送影片或帶有想法的電子郵件。在一天當中的不同時段提供多重選擇，或可確保上班族、菜籃族、身障人士及學生族也有參與線上討論的機會。此外，線上建立信心和技術支援也很重要。若欲確保任何科技使用的障礙或恐懼都能獲得解決，必須對即將在線上活動中使用的工具進行培訓。最後，傳統破冰活動仍是必要的。透過一些拉近彼此距離的活動或獨特的介紹，或使用一些簡明易懂的東西以試圖凝聚人心、破除審議過程中彼此的心防（Democratic Society, 2021）。

　　事實上，前述荷蘭海牙 Duinoord 提供我們一些寶貴經驗。比方說，發送個人邀請和設定較少的投票要求或可提高線上投票率。在流程初始階段使用較少的參與標準或可蒐集到民眾的多樣想法，以上作法將有助於確保涵容性。至於在促進審議方面，有鑑於線上平台的結構將引導、「輕推」公民進行審議，故在平台中建立誘因和反饋循環將有助於刺激公民的線上討論（van der Does & Bos, 2021）。

　　對於擴大線上參與，論者曾提出以下發現（Gordon, Osgood Jr., & Boden, 2017）：將傳統公民參與管道與多個社群媒體平台結合使用的效果最佳。其次，當局需要做出特別努力，將代表性不足或被排斥的群體納入參與式預算過程。社群媒體對公民的宣傳並不保證就會因此投入參與式預算過程，故行動策略上，應多建立在社區所使用的現有和活躍的社群媒體平台上。再者，社區應找出一些妙招，將社群媒體平台上的被動觀察者設法轉變為積極參與者。最後，社區應記住，公民對特定資訊的反應可能不盡相同。參與式預算的領導者應備妥各種腳本與方案，並根據需要使用。

蘇格蘭的經驗顯示，數位參與不能也不應取代線下參與式預算參與，因爲數位參與可以被理解爲一種對線下流程的重要補充（Democratic Society, 2019）。事實上，歐洲城市多採用混合策略——將線上平台與基於與當地社區的實體接觸的線下工具相結合，因爲常規工具（如工作坊、集會）可以避免將特定目標人群排除在參與之外的風險（UN-Habitat, 2021）。換言之，參與式預算數位流程必須得到離線工具的補充，以吸引那些因任何原因而無法使用它們的在地社區或個人之目光與投入。有鑑於數位科技的潛在缺陷，聯合國的研究報告甚至建議，任何參與式預算流程應使用「數位權利框架」（digital rights framework），以了解哪些人和哪些地方可能無法從此類計畫中受益或參與（UN-Habitat, 2021）。

當前我們生活在一個以數位科技爲媒介的時代，隨著公民透過數位媒介參與公共事務的機會與日俱增，公民的「批判性數位素養」（critical digital literacy）也變得更爲重要。一般資訊素養泛指獲取、定位和評估資

> **批判性數位素養**
>
> 網路使用者對於數位資訊抱持某種警覺的態度，有能力檢視數位媒體的語言和非語言特徵，以指出其根深蒂固的偏見和假定，從而了解真相。

訊的能力，但批判性數位素養應被視爲評估與偏差、偏見和可信度有關的線上內容。這類素養應包括與網際網路有關的社會經濟問題的知識，如所有權如何塑造線上資訊。此外，批判性數位素養還應理解網際網路的民主化潛力和結構限制（Polizzi, 2020），而「網軍」的存在就是一項變數。總而言之，爲了促進資訊流通和批判性自主的公民積極參與數位時代的民主，強化公民的批判性數位素養，將有助於提高數位參與式預算的活動品質，而這也是任何政府當局在數位科技時代都難以迴避的「公民教育」課題與投資。

參考文獻

1. 蘇彩足（2017）。公部門推動參與式預算之經驗與省思，文官制度季

刊，第 9 卷第 2 期，頁 1-22。

2. Democratic Society. (2019). Digital Participatory Budgeting in Scotland. Retrieved Mar 20, 2022, from https://www.oecd-opsi.org/wp-content/ uploads/2019/02/Learning-Report-Digital-PB-in-Scotland-2016-18-The-Democratic-Society-for-publication.pdf.

3. Democratic Society. (2021). *Guide to Deliberation: Participatory Budgeting*. Retrieved Mar 20, 2022, from https://www.demsoc.org/ uploads/store/mediaupload/560/file/Guide%20to%20Deliberation-%20 Participatory%20Budgeting.pdf.

4. Gordon, V., J. L. Osgood Jr., & D. Boden. (2017). The role of citizen participation and the use of social media platforms in the participatory budgeting process. *International Journal of Public Administration,* 40(1): 65-76.

5. Lee, L. (2016). *Designed to succeed: Participatory governance,transaction cost, and policy performance. The Korean Journal ofPolicyStudies,* 31(2): 1-22.

6. Mærøe, A. R., A. Norta, V. Tsap, & I. Pappel. (2021). Increasing citizen participation in e-participatory budgeting processes. *Journal of Information Technology & Politics,* 18(2): 125-147.

7. Paska, I. (2021). Digital Citizen Participatory Practices. TheInstitute of European Democrats. Retrieved Mar 20, 2022, from https://www. iedonline.eu/download/2021/IED_Digital_citizen_participatory_practices_ PASKA_09_2021.pdf.

8. Polizzi, G. (2020). Information literacy in the digital age: Why critical digital literacy matters for democracy. In S. Goldstein (Ed.), *Informed societies: Why information literacy matters for citizenship, participation and democracy* (pp. 1-23). London, England: Facet.

9. UN-Habitat. (2021). Innovation and digital technology to re-imagine

Participatory Budgeting as a tool for building social resilience. Retrieved Mar 20, 2022, from https://unhabitat.org/sites/default/files/2021/08/ innovation_and_digital_technology_to_re-imagine_participatory_ budgeting.august.2021_mp57813rh_1.pdf.

10. van der Does, R., & Bos, D. (2021). What can make online government platforms inclusive and deliberative? A reflection on online participatory budgeting in Duinoord, The Hague. *Journal of Deliberative Democracy,* 17(1): 48-55.

11. Van Dijk, J. A. G. M. (2012). Digital democracy: Vision and reality. *Innovation and the Public Sector.* 19: 49-62.

12. Wampler, B. (2007). A Guide to participatory budgeting. In A. Shah (Ed.), *Participatory budgeting.* (pp. 21-54). World Bank, Washington, DC.

PART
5

運作執行的對策

本篇主要介紹「臺北市」這全臺首座制度化、以行政體系模式推動參與式預算的城市，如何一步一腳印，建構出「民主實驗」的場域，共分五章，先從運作架構及標準作業流程設計談起，再從參與式預算如何規劃、推廣教育課程的角度，並剖析推動過程中，排除困難相關配套的思維，最後探討績效的評估管理，請從中玩味箇中滋味！

　　第21章是「參與式預算的運作總覽」，萬事起頭難，臺北市如何從「做中學、學中做」中，架構出讓公民參與「有序」的歷程，有哪些規劃的邏輯、關鍵的人或事？是本章的重點。

　　第22章是「參與式預算的標準作業流程」，以行政機關為推動主力，並無前例可循，制定SOP（標準作業流程）是個大難題，本章以「SOP各個重大階段」的發展為基礎，輔以說明各流程的設計理念與機制及滾動式修正的重點。

　　第23章是「參與式預算的培力計畫」，「推廣教育」是臺北市參與式預算踏出的第一步，讓民眾和公務員了解其精神是順利推動的關鍵，本章主要是介紹其如何建構「培力制度的教與學」，從課程發展與設計、培力師資的引進、夥伴關係的建立，到扎根於青年學子的發展過程。

　　第24章是「參與式預算的配套計畫」，SOP是政策推動的基本架構，但在實際運作時，必須有更細緻的流程指引，讓參與者在每一個環節中都能有清晰的路徑能遵行，本章主要的內容就是介紹各階段的配套計畫，及運作後因應調整的樣貌。

　　第25章是「參與式預算的績效管理」，對於公共政策來說，其績效管理的核心是績效評估，所以參與式預算政策推動後，同樣會面臨績效如何評估的問題。本章之重點在於探討臺北市政府推動管理過程及績效的展現，包括運作、反饋、指標設計及最終績效檢討等層面。

Chapter 21
參與式預算的運作總覽

藍世聰、許敏娟、方凱弘

壹、前言：莫衷一是的參與式預算

　　「萬事起頭難，沒經驗、沒預算、沒人力，這頭怎麼起？」如果要說臺北市參與式預算的故事，這句話大概是當時民政局同仁在制度規劃與建立的過程中，最早浮現、最直覺、也是最真實的一個念頭。從 2015 年啟動以來，臺北市參與式預算在持續地滾動式修正中，已經逐漸發展為我國唯一以政府機關為主體辦理及執行的參與式預算制度，2016 至 2022 年，經由民眾提出並正式錄案的參與式預算提案共 477 件。

　　雖然參與式預算制度，最早於 1989 年在巴西愉港市出現，但是各國推動參與式預算的系絡與制度設計差異很大，因此參與式預算制度要如何設計才能適合臺北市，在制度設計之初並非顯而易見。我國各地方政府推動參與式預算的主要方式包括議員建議款模式、委外模式與行政機關模式等 3 種模式，其中，又以行政機關模式對於行政部門的負擔與挑戰最大（蘇彩足，2017：4-8）。臺北市政府（以下簡稱市府）在參與式預算制度推動的起跑線上，如何從無到有將制度建立起來並且持續運作，在過程中發生了哪些負擔與挑戰，以及又如何克服這些困難而讓制度能持續發展與深根？本章以下先從制度設計的理念切入討論，再談運作過程中，滾動式精進制度的做法以及團隊網絡的建立與分工；最後再以描述參與式預算對於我們日常所可能產生的影響作為本章的結尾。

貳、無中生有、有中生新

　　依法行政，是政府機關推動各項業務最核心的準則，不過由於參與式預算在我國才開始萌芽，因此中央政府以及臺北市既有的法律與行政命令，自然也不會告訴我們參與式預算應該如何做。在沒有法規可以依循的情況下，市府推動參與式預算除了必須無中生有，從零開始進行參與式預算制度的規劃之外，也必須有中生新，以既有的法令架構與行政流程爲基礎，找到可以嫁接參與式預算的制度切面，讓參與式預算制度，可以在相容於既有法規與流程的前提下，逐漸發展並且穩定下來。

　　臺北市除了擁有高素質的公務人力之外，也是我國擁有最豐沛高等教育資源的地方。因此，主責參與式預算業務的民政局，在制度規劃之初，便積極拜會臺北市公私立大學公共行政與社會學相關領域系所，以及 3 所臺北市特優社區大學，藉由學者專家與民政局同仁的腦力激盪，以及參考國內外推動公民參與、參與式預算之相關經驗，一方面形塑出市府推動參與式預算的願景，另一方面也逐漸發展出民政局與學界共同協力推動參與式預算的夥伴關係與網絡。

　　爲了讓參與式預算的推動，可以落實市長「開放政府、全民參與」的施政理念，因此推動參與式預算的願景，除了讓民衆可以參與預算的過程，決定一部分預算資源的配置外，也希望能夠讓參與式預算作爲改善行政系統體質的催化劑，讓開放、參與成爲市府行政文化的一部分。基於這樣的願景，臺北市參與式預算制度的設計，就必須在符合預算法、地方制度法的前提下，發展出民衆參與、提案發想、提案審議以及提案執行的作業流程。

　　爲了符合預算法、地方制度的規定，讓議會也能針對參與式預算的提案進行審議與監督，臺北市參與式預算制度的設計，就必須配合臺北市政府總預算籌編、審議與執行的流程，在每年 5、6 月間臺北市政府總預算進行最後的彙整前，完成通過提案的確認，並將所需經費編入總

預算中，於 9 月送臺北市議會審議。將參與式預算提案送議會審議的制度設計，也確認了臺北市參與式預算制度的精神，在於以直接民主補充代議政治，而非取代，臺北市議員監督市府的職權不但沒有受到侵害，反而可以透過對於行政部門的監督確保提案能夠被順利執行。

　　在提案審查流程的設計上，除了以住民大會作為民眾提案的場域之外，另外設計了提案審議工作坊，讓提案可以在民眾網路票選（i-Voting）前，藉由機關的評估以及公民審議團的審議而能夠務實可行，符合公共利益。此外，由於民眾與市府同仁皆對於參與式預算的概念不甚熟悉，更遑論具有參與經驗，為了提高各方對於參與式預算制度的認識並進行培力，因此也在制度的流程中，加入推廣階段，透過辦理公民提案說明會，讓民眾了解參與式預算提案的流程；透過初階、進階與審議員等不同課程的辦理，強化民眾與市府同仁在參與式預算過程中提案、擔任桌長、紀錄或公民審議團員等之知識與能力。

參、改變，是唯一不變

　　「滾動式修正」應該是這幾年參與式預算各方夥伴最能琅琅上口的一句話。從 2015 年 10 月 31 日在中正區公所試辦初階課程以來，各式檢討會議的召開以及隨之而來的制度優化，已經變成參與式預算制度設計與執行的日常，而這也使得從無到有的參與式預算制度，能夠隨著實務經驗的累積與各方利害關係人的建議持續、穩健地成長。以下回顧參與式預算過去幾年在制度設計或運作上，較重要的轉折與創新。

一、試辦初階課程初試啼聲

　　由於沒有相關經驗可以依循，因此參與式預算的推動，選擇從試辦 4 場初階課程開始，希望藉由課程實作階段之模擬住民大會，確認住民大會進行的流程與小組討論的方式，並且建立桌長與紀錄帶領民眾進行提案討論的準則。初階課程的試辦，由民政局、中正區公所經建課與中

正區陪伴學校（世新大學行政管理學系）協力，共同規劃課程內容並且同時擬定模擬住民大會的流程。各區公所主辦參與式預算的經建課主管與承辦人員，也在過程中進行觀摩並在試辦結束後參與檢討，爲臺北市各區全面啓動初階課程以及住民大會的辦理進行準備。

二、啓動住民大會開創公參新頁

住民大會是民衆針對公共議題進行討論並且提案的場域，也是參與式預算流程中公民參與人數最多的會議。爲了方便民衆參與住民大會，因此在會議時間的規劃上，便希望能夠兼顧白天與晚上、平日與假日，在會議地點的選擇上，則希望除了在各區行政大樓的場地辦理外，也能走出區公所，在區內其他的適當地點辦理，讓想參加住民大會的民衆，都能挑選自己方便的時間與地點參與，提高民衆參與的意願。

三、建立專案管理制度落實方案執行

由於民衆提案常常涉及不同機關的主管業務，因此爲了強化這些跨局處提案在執行過程中的溝通與協調，確保提案順利完成，民政局建立專案管理制度，針對每一個參與式預算提案指定主辦機關，並由主辦機關主責與協辦機關間的溝通協調，彙整各主協辦機關與提案人溝通的情況以及提案執行的進度，並由研究發展考核委員會列管，直到與提案人確認提案已經執行完成，並經公民參與委員會參與預算組決議同意結案爲止。

四、深入次分區貼近民衆

參與的成本過高，一直被認爲是民衆參加各式公民參與活動的一項阻礙。爲了降低民衆的參與成本，鼓勵更多在地民衆參加住民大會，在參與式預算推動的第二年，便開始將住民大會場次平均分配到各行政區內之次分區，讓住民大會的地點更貼近民衆，降低民衆的參與成本，而

這也使得臺北市參與式預算的提案與市民在
地生活與需求的連結更為緊密。

五、辦理年度論壇反思與分享

　　臺北市參與式預算的各方夥伴，不間斷
地透過檢討、反思、交流與分享，持續進行
參與式預算制度的優化與創新，並從 2016
年起，分別藉由「參與式預算圓桌論壇」、
「參與式預算制度城市交流分享論壇」、
「參與式預算國際研討會」、「臺北民主城

> ### 次分區
> 目前臺北市共有 12 個市
> 轄區，並劃定 68 個次分
> 區。次分區為市轄區輔助
> 功能分組，每一市轄區依
> 據實際發展情形配合當
> 地各里特色，劃定 4 到 7
> 個次分區，將具有鄰近特
> 性，且若干文化、歷史特
> 質的里集結起來，俾以有
> 效利用里鄰資源並凝聚居
> 民的向心力，相互合作以
> 發揮里里自治精神，共同
> 推展市政建設。

市高峰會」以及「參與式預算論壇：公民參與的年輕新動力」等年度論
壇的辦理，讓臺北市參與式預算推動的夥伴，有機會與我國其他地方政
府官員、國外參與式預算學者專家進行交流與分享，將每年制度推動過
程中累積的反思進行彙整，進而發想制度深化與創新的方向。

六、結合社區大學鏈結社區

　　臺北市社區大學在參與式預算的推動過程中，除了南港、北投與
松山等特優社區大學從第一年就加入官學聯盟擔任陪伴學校，並且基於
過去深耕社區所累積的草根能量參與制度的規劃與執行外，為了強化參
與式預算與社區的鏈結，市府也積極借助各社區大學在社區中所建構的
在地網絡，或者協助辦理推廣教育課程，提升社區民眾對於參與式預算
的認識，或者鼓勵社區民眾參與住民大會發想提案，營造更優質的社區
環境，讓參與式預算的推動，可以強化社區民眾對於在地公共事務的參
與，促成改變。

七、進入大學舞動青年

　　為了提升年輕族群對於參與式預算的認識與參與，參與式預算的推
動，在推廣教育課程與提案審查之辦理逐漸成熟後，開始主動走入大學

校園，藉由各類推廣教育課程的辦理，累積大學生參與提案的知能；透過大專校園住民大會的辦理，讓大學生可以就近在校園內參與住民大會進行提案，進而激發出更多年輕人的創意，舞動大學生對於公共事務的關懷與熱情。

八、深耕高中職扎根民主

參與如果要成為我國民主生活的一部分，那麼參與式預算的推廣，就必須從大學往下扎根，因此近年參與式預算青年深耕的觸角，便往高中校園發展。進入高中職校園辦理初階課程，一方面配合高中職的課程時數，將初階課程的時數從 3 小時縮短為 2 小時並調整課程內容，另一方面為了提高學生參與的熱情，鼓勵優質提案的發想，2019 年開始舉辦高中職學生的提案競賽，由各高中職遴選初階課程中提案品質較佳之提案參與競賽，並且辦理優秀提案成果發表會表揚獲獎學生團隊。

肆、一群人的團隊

參與式預算從選舉政見逐漸被落實到市民生活的過程中，除了市長、主責的民政局與各區公所經建課同仁外，包括公民參與委員會委員、官學聯盟陪伴學校師生、提案主協辦機關同仁，以及所有參與提案與審議過程的民眾、提案人與審議團員，都是讓參與式預算得以在臺北市生根與成長的園丁。

一、市長、民政局與區公所組成之工作團隊

任何政策的成敗，首長的支持與否都是最關鍵的因素之一。在參與式預算推動的過程中，市長的支持意味著制度在設計與啟動過程中所遭遇到的種種困難，都可以透過市長的決策與協調獲得解決。以市長為首，民政局自治行政科負責參與式預算制度的設計與推動，而各區公所經建課則負責推廣教育課程與提案審查各項會議的辦理。如果將參與式

預算制度比喻爲一棵成長中的樹木，那麼由民政局與各區公所負責參與式預算推動的主管與承辦人員所組成的工作團隊，便是這棵樹木的主幹，除了透過定期會議的召開，針對執行過程中各項問題進行檢討並做滾動式修正外，也必須串聯這棵樹木其他的分支，共同讓參與式預算這棵樹木逐漸長大。

二、公民參與委員會

　　臺北市政府公民參與委員會由市府相關局處首長，以及外聘之專家學者與社會公正人士組成，由市長擔任主任委員，並設置公民參政組、開放資料及探勘組，以及參與預算組等 3 個工作組，其中，參與預算組負責臺北市參與式預算制度政策、執行計畫及標準作業流程之研議，並由民政局爲主政機關。參與預算組之公參委員，除了不定期參加參與式預算推廣教育課程、住民大會與第一階段審議工作坊之外，也擔任第二階段審議工作坊之主持人，確保會議進行順暢，並讓審議團員能夠在知情的情況下針對提案進行評估。除了上述課程與會議之參與，公參委員對於參與式預算最大的貢獻在於提案通過之後，其主、協辦機關皆須定期向參與預算組報告提案執行的情況與困難，而公參委員便可以在相關會議中追蹤提案的進度，並且協助跨機關之溝通協調，確保提案能夠順利完成。

三、官學聯盟陪伴學校

　　如果說臺北市政府公民參與委員會參與預算組的委員，是民政局工作團隊在市府內部最堅實的支持力量，由 10 所臺北市公私立大學相關領域系所，以及 3 所臺北市特優社區大學所組成的官學聯盟陪伴學校（66 位專家學者參與），便是工作團隊在市府外部最厚實的憑藉。事實上，臺北市政府與上述陪伴學校創全國之先所組成的「參與式預算官學聯盟」（如表 21-1），便是秉持「在地陪伴、積極協助、永續經營」

表 21-1　臺北市參與式預算官學聯盟陪伴學校一覽表

區別	陪伴學校
松山	臺北醫學大學通識中心、松山社區大學
信義	政治大學公共行政學系
大安	臺灣大學社會學系
中山	臺北大學公共行政暨政策學系
中正	世新大學行政管理學系
大同	臺北大學公共行政暨政策學系
萬華	臺灣師範大學社會教育學系
文山	政治大學公共行政學系
南港	南港社區大學、中華科技大學
內湖	銘傳大學公共事務與行政管理學系
士林	臺北市立大學社會暨公共事務學系
北投	陽明交通大學科技與社會研究所、北投社區大學

資料來源：臺北市政府公民提案參與式預算資訊平台，http://pb.taipei，檢索日期：2022 年
6 月 30 日。

之理念，期望透過陪伴學校師資所組成的師資團，提供專業的諮詢指
導，協助推廣教育課程與各項提案審議會議的規劃，並且由陪伴學校師
生與工作團隊，在實際辦理各項推廣教育課程與提案審議會議的過程中
共同協力，讓參與式預算能夠深耕地方，實現草根民主，進而促成參與
式預算之持續推動。

四、提案主協辦機關

　　除了提案的順利提出，通過的提案是否可以被順利執行，也是參與
式預算制度成敗的關鍵之一，亦即負責提案執行的主、協辦機關必須在
提案執行的過程中，積極地進行跨機關聯繫並與提案人溝通，進而促成
提案各工作事項的完成。透過專案管理制度的實施，每個參與式預算提

案都會依據提案中各機關主責工作事項的多寡，指派提案的主辦與協辦機關，由主辦機關負責該項提案執行過程中跨機關的協調，以及提案里程碑與執行進度的彙整，按季向提案人說明執行情形，若在執行過程中遭遇困難，則在公民參與委員會參與預算組會議中，報告並尋求委員們提供建議或協助協調。

五、曾經參與之民眾、提案人與審議團員

　　作為公民參與的一種形式，參與式預算的主角，並不是上述讓參與式預算的制度在臺北市順利生根與實施的市長、民政局工作團隊、公民參與委員會委員、陪伴學校師生、或是提案主協辦機關官員，而是所有曾經在推廣階段或提案審查階段參與的民眾、提案人與審議團員。由於民眾的參與，公民參與的概念與參與式預算提案的發想，可以慢慢在臺北市擴散與發芽；由於提案人在住民大會的發想，以及後續在提案過程中所展現出的熱情與堅持，參與式預算提案才有可能從發想、聚焦、可行到最後實現，進而促成改變；由於審議團員在第二階段審議工作坊的實事求是與腦力激盪，提案才能跳脫提案人與主協辦機關各自的視角，讓提案藉由審議的過程更具公共性、適法性與預算可行性。在臺北市參與式預算推動的過程中，所有參與過的民眾、提案人與審議團員，已經從市府的服務對象轉化為參與式預算團隊的一份子。

伍、結論：公民養成，延續活力與熱情

　　臺北市透過參與式預算補充傳統代議政治的不足，透過民眾主動提案，讓市府看到與解決一些過去沒有被市府各局處、議員、里長以及地方意見領袖所注意到的問題，自 2015 年訂定標準作業程序開始（2016年啟動），從成立「官學聯盟」、「公民審議團」、「深耕校園」，並成為「民主城市國際聯盟創始城市」，循序漸進、逐步推動，截至 2022 年上半年為止，推廣教育課程開辦 455 場（近 3 萬人參與）；公

民提案方面，辦理提案說明會 183 場、住民大會 269 場、提案審議工作坊 192 場（2.9 萬人參與），錄案提案 477 件，其規劃執行預算達 22.8 億元。在參與推廣教育課程或提案審議會議的過程中，民眾重新參與了自己的生活，讓自己生活周遭的環境與設施，得以透過自己的提案獲得改善機會；讓臺北市政府的行政文化，得以在官民密切互動與磨合的過程中催化出變革的契機；讓臺北市的公民文化，得以藉由民眾在提案過程中的學習與年輕新動力的培養而產生質變；也讓臺北市新世代公民的活力與熱情，得以在參與的過程中被激發出來並且延續。

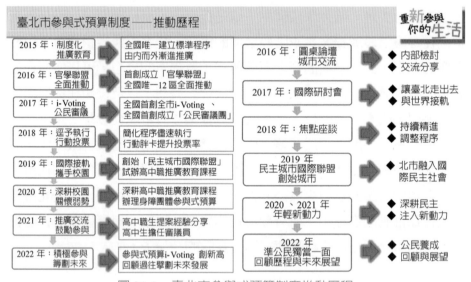

圖 21-1　臺北市參與式預算制度推動歷程

資料來源：臺北市政府民政局提供。

參考文獻

1. 蘇彩足（2017）。公部門推動參與式預算之經驗與省思，文官制度季刊，9（2）：1-22。

Chapter 22

參與式預算的標準作業流程

張德永、方英祖

壹、前言

參與式預算的參與程序，通常包括下列幾個步驟：提出想法、擬定方案、方案展覽和投票決定（林國明，2015），重點在於如何提案和確認，預算的編列和執行也是提案能夠完成的重要程序。

我國推動參與式預算的歷程，於 2014 年九合一大選後，許多縣市陸續推動相關計畫，大多數縣市為特定用途的預算項目和額度，並採用委託專家團隊或民間團體的方式辦理。臺北市自 2015 年起率先以行政體系開始推動參與式預算，是全國唯一不限機關、全市 12 區全面推動的城市，由臺北市政府民政局（以下簡稱民政局）主辦，與學界共同成立「官學聯盟」，從研擬作業流程、局部試辦、檢討精進、持續調整等，以公私夥伴協力的方式，充分發揮全民參與的精神。

臺北市的參與式預算發展迄今，其流程區分為推廣階段、提案審查階段、預算評估階段、預算審查階段和議會監督階段，聚焦在推廣和提案審查的操作流程，擴展至機關處理機制、提案評估與結案程序等，逐步建立專屬的參與式預算的標準作業流程（Standard Operating Procedures, SOP）。

本章以臺北市的發展經驗為例，就參與

> **標準作業流程**
>
> 最早源自工業革命時代，為了加速管理與生產，將所有工作的執行與操作步驟以標準化的方式寫下，形成文件化的工作指引。能夠減少新進人員的學習時間，按照標準化指示也可避免失誤或疏忽，提升工作效率，也確保工作的一致性與品質。

式預算流程的發展、檢討精進調整到標準化操作等，逐項說明，並探討參與式預算標準作業流程的優點及限制。

貳、在做中學——從推廣教育開始到流程的演練

如柯文哲市長陳述臺北市推動參與式預算的兩大特色，第一，注重的是市民教育，把直接民主新的觀念帶進臺北市；第二，是由公務員實際參與，過程中透過課程、說明會，讓公務員直接參與，也增加跟公民團體接觸的機會，努力將這整個制度融入公務體系（民政局，2017）。

自上述的理念延伸，由內而外，對公務員而言，參與式預算可說是嶄新的概念，培力從內部做起，2015 年 5-6 月間，民政局辦理首次的參與式預算培訓課程，共 150 人參訓，包含參與預算組幹事、各局處及區公所承辦人員，成為各局處推動參與式預算的種子人員。

同時，民政局也與專家學者、相關局處研商討論運作的作業流程，並於 2015 年 10 月 22 日於臺北市政府公民參與委員會第 3 次大會審議通過了市級及區級試行版「臺北市推動參與式預算制度公民提案與審查作業程序」（見附錄 1 及附錄 2），在作業流程確定後，為了讓市民了解參與式預算到底是什麼？怎麼參與？有何好處？於 2015 年 10 月 31 日由中正區公所和世新大學行政管理學系合作試辦第 1 場參與式預算推廣教育初階課程，10 至 11 月間辦理 4 場次，運用工作坊的形式，深化參與者對參與式預算議題的認識，藉由實際演練從生活周遭找問題、尋求解決方案，陪伴團隊在討論桌數人數、議題限制與否、投票方式等進行不同的規劃，由此建立模組化的推廣教育課程，並發展出住民大會的雛形，也訓練了陪伴學校學生的桌長紀錄團隊。

從教育訓練開始，首先成立專業師資輔導團，召開共識會議，協助辦理課程，依據課程內容的深度，設計了初階、進階和審議員推廣教育課程，從初步的基礎認知、桌長紀錄的訓練到專業審議員課程，各區公所開始全面辦理。

　　在各階段正式開始推動前，民政局皆會召開會議與區公所研議確認提案說明會、住民大會和審議工作坊操作流程，並考量各區人口結構、地區特色、市容空間等因素下，各區辦理場次、案件數有其差異。在由理論轉實務推動上，建立於理論架構的基礎，希望仰賴學界支援，於2016年4月20日成立「臺北市參與式預算官學聯盟」，由民政局、區公所、陪伴計畫學校，由陪伴學校提供「知識性」諮詢指導和「協力式」的參與，同時宣布開始試辦參與式預算，由中正區開始試辦，檢討調整全市推動，重要試辦情形如表22-1。

表 22-1　臺北市參與式預算標準作業流程試辦期大事記

日期	重要事項	內容說明
2016年4月1日	市長室會議	民政局報告臺北市參與式預算推動內容，確立2016年推動方向。
2016年4月20日	成立「參與式預算官學聯盟」	由市府與學界組成，秉持「在地陪伴、積極協助、永續經營」理念共同推動參與式預算，期望透過專業的諮詢指導，讓參與式預算深耕地方，實現草根民主之目標。
2016年4月25日	第1場提案說明會暨住民大會	於中正區辦理全市第1場提案說明會，同時辦理第1場住民大會，42人參加。
2016年5月10日-5月31日	各區辦理提案說明會暨住民大會。	因大安區報名提案說明會人數眾多，住民大會另行辦理，共計辦理1場提案說明會、10場提案說明會暨住民大會。
2016年5月25日-7月1日	各區辦理住民大會	共計辦理15場次。
2016年6月21日	第1場提案工作坊	於中正區辦理，36人參加。
2016年6月26日-7月18日	各區辦理提案工作坊	共計辦理15場次。
2016年8月8日	第1場提案審議小組會議	於中正區辦理第1場提案審議小組會議（包含中正區、萬華區、南港區提案），邀請民眾代表、專家學者及機關代表共同提供提案建議及可行性評估，18人參加。
2016年8月25-30日	區級提案審議小組會議	合併各區辦理，含中正區第1場次，共計辦理4場次。

資料來源：臺北市政府民政局（2017：176），作者整理。

　　為使市民能具體思考預算的使用和分配，2016年住民大會的討論選定「區民活動中心及公民會館修繕計畫」、「鄰里公園社區環境改善計畫」、「道路及人行道改善工程計畫」、「田園城市社區園圃推廣計畫」及「商圈再造計畫」等5個項目，期盼市民從生活周遭開始，提出改善想法。

　　在試行版的流程中，先徵求市民提案後再召開住民大會，以討論4案為例，當天現場出席須20人以上才能召開，並在小組討論後以1人1票選出「各組最佳方案」，再經由「方案凝聚投票」，也就是與會住民每人票數為討論案數之一半，不得棄權、不得重複投同一案（如：討論4案，1人2票；討論5案，1人3票），得票數前50%且得票數過半，即為成案。

　　成案後則進入提案工作坊，邀集提案相關局處代表和提案人、有興趣的住民討論，了解需求、法律規定和執行現況，計畫進行修改和增刪，同時於提案工作坊中選出參與審議小組會議的民眾代表。最後進入審議小組會議，由公民參與委員會委員主持，提案人說明提案，提案相關權責機關、專家學者、民眾代表提供建議，提出的意見都會紀錄下來，內容的修正、預算的評估或者後續管理的規劃等事項作為機關執行參考。

　　審議小組討論後的提案，會分送各權管機關進行執行期程、預算金額合理性評估，進行預算規劃，接著送交「臺北市公民參與委員會參與預算組」審查，只要沒有違法、不可執行、背離民眾意見，就會通過這些規劃方案，納入當年度或編列下年度的預算執行，經由市府編列預算程序後送交議會審議。

參、精益求精—採滾動式修正

　　在2016年試辦完整的提案審議階段後，民政局於同年9月10日及10月3日，分別舉辦「臺北市政府參與式預算圓桌論壇」和「城市交

流分享論壇」，邀集陪伴學校、各機關代表、各縣市政府，針對推動情形提出檢討建議及經驗交流。民政局每場住民大會皆派員到場觀察，每月召開公民參與委員會參與預算組會議、各區亦與陪伴學校召開會議，經蒐集實務操作經驗後及請益專家學者，在「住民大會普及化」、「產生提案更具代表性」新增提案票選（i-Voting），納入公民審議概念，整併提案工作坊和審議小組，並配合預算期程，調整提案審查時程，說明如下：

一、住民大會普及化

　　2016 年原規劃區級參與式預算住民大會以每區召開 1-2 場為原則，除大安區因參與市民踴躍，共辦理 5 場，全市合計 25 場；為市民參與的便利，並以生活圈為概念，2017 年則以次分區為範圍辦理住民大會，每區住民大會辦理 4-5 場次，合計辦理 58 場，大幅提高參與便利性。

二、新增提案票選程序（i-Voting）

　　試辦時期的提案審查，為召開提案審議小組會議（專業者協助修正計畫），並未以票選方式決定哪些提案出線，而是以審議小組決議處理，但此種方式對於已經住民大會通過成案者，否決正當性有所疑慮；作業程序制訂時也因全市網路投票的系統尚未全市實際運作，擔心風險過大而未納入，僅以大安區單一行政區試辦提案票選（含網路投票和實體投票），投票人數為 3,616 人；經過試辦後對於提案具備市民代表性有所助益，故修正納入提案票選程序，於 2017 年開始辦理。

三、整併提案工作坊與審議小組會議

　　試辦時期的提案審查，召開區民提案工作坊（民眾協助擬定計畫），另在提案計畫公開展覽後，接著召開提案審議小組會議（專業者協助修正計畫），在執行後發生下列爭議：

㈠ 提案工作坊

原設計是期望住民大會提出的案子經由不同住民討論，讓想法更為周全，但經過試辦後，發現不同的參與者並不會聚焦在原先的提案，也無法了解在住民大會時提案的初衷，反造成發散效果，提案從住民大會的原始構想，案子內容反造成質變。

㈡ 審議小組

邀請專家學者提供建議，但卻以審查政府採購案廠商的立場質問提案人或提出建議，對於非專業的市民造成壓力，抹煞了提案的熱情。

為解決上述爭議，合併「區民提案工作坊」和「區民提案審議小組會議」，改為「提案審議工作坊」，區分討論和審議兩階段；「提案討論」，由提案人和權責機關共同討論，促進可行性，不邀請其他市民參與，避免提案內容擴散而增加不可預期性，不新增意見，針對不可行項目，經提案人同意後予以刪除或發展替代方案。

在「誰來審議」方面，現實上，不可能「所有受到決策所影響的人」都來參與審議，因此，有一套招募和挑選參與者的程序，希望使參與者的組成具有包容性，涵蓋不同背景的群體（林國明，2015）。而成立公民審議團，在 2016 年臺北市政府參與式預算圓桌論壇中，專家建議參考審議式民主中公民陪審團的形式，以具代表性的方式組成「公民審議團」。由審議團審議員代表市民針對人的提案內容聽取各方意見後，進行審議判斷；而這些聽證意見來源，除提案人外，尚可包括在地社區鄰里居民、學者專家、政府代表等。惟其重點在於，最終的審議判斷必須來自「公民」或「市民」，而非專家學者或政府代表（105 年臺北市政府參與式預算圓桌論壇會議手冊，第 15 頁）。此創新作法也就是「提案審議」，由參加推廣教育課程或曾提案的市民，經由公開抽籤程序，邀請組成「公民審議團」，藉由指標的設計，包含提案的「公共性」、「適法性」和「預算可行性」，由市民決定預算是否應優先執行在這些提案上。

四、調整提案審查階段期程

　　原提案說明會和住民大會是規劃全年辦理，而由預算評估和審查決定哪些提案納入預算中，但此種規劃與市府編列預算程序難以配合，提案執行時間拉長，為改進此情況，修改提案審查階段為當年度 1-5 月，預算評估階段為當年度 6 月，以當年度錄案編列下年度預算及執行，以符合市民期待與市府運作流程（表 22-2）。

表 22-2　2016-2017 年臺北市參與式預算提案審議及票選期程

年	提案說明會	住民大會	提案審議工作坊	提案票選
2016	2016/4/25～ 2016/5/31	2016/4/25～ 2016/6/15	2016/6/17～ 2016/7/18	2016/7/28～ 2016/8/10 （僅大安區試辦）
2017	2017/2/8～ 2017/3/4	2017/2/16～ 2017/3/28	2017/4/26～ 2017/5/26	2017/6/30～ 2017/7/13

資料來源：臺北市政府民政局提供，作者整理。

　　經由試辦後的修正，於 2016 年 12 月 29 日修正通過「臺北市推動參與式預算制度公民提案與審查作業程序」（附錄 3 及附錄 4），讓過程更為順暢，同時訂定了各流程細部的作業計畫和各項規範，規範各機關及推動的區公所有所依循，進一步在不同階段中彈性調整以因應市民需求和機關實務運作，例如在議題限制上，2016 年議題因討論而有限制性，在 2017 年後則不限議題、不限局處、金額無上限，增加提案類型的多元性；執行面上於納入「共識會」、「會前會」及「逕予執行」等內容，每年的經驗累積，逐步建立標準作業程序和Know-how「秘訣」，也奠定屬於臺北市的參與式預算基礎。

肆、作業流程的標準化與彈性化

一、臺北市推動參與式預算制度公民提案與審查作業程序

　　基於上述的調整進行修正，試行版作業程序於 2016 年 12 月 29 日修正通過「臺北市推動參與式預算制度公民提案與審查作業程序」（附錄 3 及附錄 4）。

㈠ 提案審查

　　由臺北市政府辦理住民大會，邀請提案人及關心提案公民討論公共問題，針對問題提出改善方案，形成提案構想，再由現場參與者票選決定成案。

㈡ 提案審議工作坊

1. 由於民眾對於行政流程的了解有限，在市民進入提案票決之前，若未讓政府各局處介入協助評估提案的實際可行性，則後來的執行階段可能是崎嶇難行的（蘇彩足，2017）。提案工作坊第一階段讓機關代表與提案人面對面溝通了解實際情況，才能順利推動提案後續程序，再請專家學者針對提案內容提供修正方向；第二階段提案審議，由公民審議團針對提案內容，以「公共性」、「適法性」及「預算可行性」三項指標進行審議。

2. 臺北市參與式預算公民審議團，由審議團員 12 人組成，擔任資格分述如下：
   - ・本府公民參與委員會委員 2 人（擔任主持人及協同主持人）。
   - ・審議員 1 人（擔任副主持人，襄助主持人進行會議）。
   - ・領有進階卡市民 2 人。
   - ・領有初階卡之市民 5 人。
   - ・前年度提案人 2 人（排除該行政區提案人）。

3. 「公共性」、「適法性」及「預算可行性」的指標內涵與燈號
   依據提案的內容、法規適用和預算 3 個層面，設計了「公共性」、

「適法性」及「預算可行性」的提案執行影響程度的指標，並創新以「紅」、「黃」、「綠」燈號誌的方式，便於參與的市民了解與勾選，三項指標具有「高度」或「中度」可行性者，即可進入後續票選程序。

㈢ 提案計畫公開展覽

提案票選前，辦理提案計畫書公開展覽程序，包含「線上展覽」和「實體展覽」，市民在票選前深入了解提案內容，亦對提案有發表意見的機會。

㈣ 提案票選

經由參與式預算 i-Voting 程序，設籍臺北市或就學、就業及居住在臺北市，年滿 16 歲以上，均可上網或至區公所認證後上網投票，得票數超過該區門檻，且排序後在錄案上限內者，即可錄案。

㈤ 預算評估、預算審查及議會監督階段

提案經票選通過後正式錄案，民政局會通知各錄案權責機關進行預算評估規劃，涉及眾多機關，則指定一機關為主責機關（Project Manager, 專案管理人），當年度有預算者即可先行執行，提案執行經費如需於次年度預算支應，或新編次年度預算者，則循預算編列程序辦理，再由議會進行預算審定及監督（表 22-3）。

表 22-3　參與式預算相關執行計畫

序號	計畫名稱
1	臺北市參與式預算官學聯盟合作計畫
2	臺北市參與式預算提案說明會執行計畫
3	臺北市參與式預算住民大會執行計畫
4	臺北市參與式預算提案審議工作坊執行計畫
5	臺北市參與式預算提案票選執行計畫
6	臺北市鼓勵各市立高中職學校參與本市參與式預算區級提案票選計畫

㈥ 輔助作業流程相關作業執行計畫

除上述標準的作業流程外，另針對各項階段亦訂有相關執行計畫做細部操作流程及表件規範，以提供權責機關和區公所遵循辦理。

二、標準化下的彈性化

而在操作模式上，各區依據區域特性，除了遵守推動原則外，在執行方式上進行細緻的機制設計。參與式預算的制度不斷地進行調整下，各行政區的操作方式也會不斷的修正和創新，陪伴學校與區公所在操作方式不斷思辯和創新，如大安區和內湖區則在試辦階段就有彈性化的辦理方式。

大安區在 2016 年時由於提案說明會參與人數眾多，陸續舉辦了 5 場住民大會，提供市民參與討論，原統一規劃每桌產出 1 案，陪伴學校希望市民有機會多提案，設計每桌產生 2 案後再行投票取最高票前 50% 入選成案，再者，提案工作坊僅邀原提案人和相關機關討論，未再邀其他市民參加，進一步試辦提案票選（i-Voting），展現出該區的特色。

內湖區融入創新作法，陪伴學校老師引進心智圖電腦補助系統，將參與人員提出的想法輸入，讓討論過程從海報改變為數位化的脈絡分析及呈現；並因參與者建議採取秘密投票，經陪伴學校和區公所研議後設置票匭、遮屏，並在提案工作坊前帶領參與市民實地走訪提案現況後進行討論。

上述區域彈性化或嘗試的創新作法成為後續程序改進的參考和各區辦理參與式預算成果走讀活動的雛形。

除了區域上的彈性化處理外，在提案審議和執行上，民政局也藉由不同方式促使此機制運作的更為順暢，說明如下：

㈠ 召開機關共識會議

民政局每年會召開機關共識會，說明「提高主責機關指定及調整原則」、「提高提案可行性配合事項」、「預算規劃期程」及「提案執行

注意事項」等，以提高各區會前會指定主責機關的共識，使得參與的機關同仁能了解後續程序及機關角色，提供具體詳盡資訊，讓審議團員審慎評估。

㈡ 召開會前會

　　爲使提案及早確認權責機關，事先進行會勘或溝通，各區公所於住民大會後召開審議工作坊會前會，邀集提案相關機關，指定每案的主辦機關。

㈢ 逕予執行機制

　　2018 年加入「逕予執行」，部分提案內容較單純，屬單一權責機關，當年度既有預算可執行，且可於當年度執行完成者，在提案人同意並和權責機關達成共識的前提下，不再進行後續的提案審查和票選程序，由機關於當年度辦理，減少繁複過程而儘速完成提案人的想法。

㈣ 評估處理機制

　　經過多年的運作，提案有如改變交通號誌秒數、人行道設置、閒置空間規劃或環境美化等項目，因具公共性，爲避免個人因素影響區域規劃、城市美學的整體概念，研議並經公參會工作小組會議通過，包含「交通管理」、「閒置空間」、「環境彩繪或美化」等項目，經提案人同意後，交由權責機關進行整體評估處理，當年度 8 月前完成評估，並報請工作小組會議。

伍、臺北市參與式預算的優點與限制

一、推動參與式預算的優點與成功關鍵因素

㈠ 首長支持授權

　　政策的執行需要民選首長的政治支持和資源，要確保執行參與過程後不是白白浪費時間，通過提案而被機關阻擋而無法實際執行，要有可靠的承諾和確實編列預算支持。參與式預算是柯文哲市長於競選期間提

出的政策，「開放政府、全民參與、公開透明」提出的政治理念。柯市長明白的表示想透過實施「參與式預算」，為台灣的民主創立一個新的典範（臺北市政府民政局，2017）。

在推動初期，議員對於參與式預算有所疑慮，負責推動的臺北市政府民政局藍世聰局長為了化解議員疑慮，多次親赴議會向議員說明推動方式和細節，詳細說明預算支出必要性，適時化解直接民主與間接民主的衝突，也是參與式預算能順利推動的關鍵因素。

(二) 容錯修正

官僚體系在實際運作時，對於「創新」經常採取無法容許失敗與錯誤的態度，比如創新失敗恐會遭受到處罰，而此處罰的程度會遠大於創新成功所得到的獎賞，因此降低公部門創新的動力。參與的受訪者指出參與式預算是一項新興政策，承辦人員並無相關經驗，對其在創新過程中出現的失誤如能給予更多的理解、寬容與幫助，對於組織營造鼓勵創新、寬容失敗的文化氛圍是相當重要的（黃琬瑜，2019）。在臺北市推動參與式預算這項全新的政策時，試辦期間與後續調整可看出變動很大，從官學聯盟創立、審議制度修正、提案票選的門檻設定、執行階段的阻礙或議員的意見，各級長官能夠接受許多創新作法，並於辦理後修正的方式，大幅減少推動上的困難，以累積經驗持續修正的方式，較一次到位對於政策的推動更有助益。

(三) 資訊公開透明

參與式預算能否得到提案人的肯定或市民認為提案有其效益，關鍵在於提案是否確實完成，資訊齊全且開放的系統，是能夠持續推動的重要因素。民政局參考生產履歷概念，建置「提案管理系統」（https://proposal.pb.taipei/），從提案歷程、提案內容、會議紀錄、權責機關，執行階段並以里程碑管制，由臺北市政府研究發展考核委員會負責提案執行列管，外部則由公民參與委員會定期了解辦理進度，全面上網，隨

時可供查詢。

同時並建置「公民提案參與式預算資訊平台」（https://pb.taipei/），內容包含參與式預算介紹、推廣教育課程、活動訊息、統計數據及相關研究論文等內容，經營「公民齊參與不能沒有你」粉絲專頁（https://www.facebook.com/pb.taipei/timeline），由各區隨時更新辦理課程、走讀活動、住民大會、審議工作坊資訊和辦理情形，可經由不同管道了解訊息。

㈣ 納入預算程序

就臺北市的情況而論，由於推動初期制度尚未穩定，致部分議員存有空白授權的疑慮。惟近兩年隨著民眾與錄案件數增加，府會之間有關參與式預算的爭議已漸紓緩。相對地，隨著涉入參與式預算過程愈深，部分議員亦樂觀其成，並關注民眾提案在錄案之後執行進度（徐淑敏，2018：201）。

由於作業程序規劃初期就設計每個階段皆歡迎民意代表的參與，不論是議員或里長皆可列席表示意見或共同參與，臺北市參與式預算也並非專款編列，而是於錄案後編列於年度預算中，議會可監督編列情形；由於參與式預算常被外界認為是「直接民主」的展現，而與「間接民主」，也就是代議政治相衝突，而臺北市參與式預算能順利推動，納入預算程序是重要因素，再因臺北市議會全國首善的問政素質，各項程序全面開放議員參與，常可看見議員或主任到場打氣或了解案情，共同推動。

二、臺北市推動參與式預算的限制

㈠ 市級議題的侷限

市級提案以議題方式，陸續專案辦理新移民、身障團體議題，目前市民提案因侷限於區級，要如何由局處設計議題由上而下發展，或開放市民由下而上提案，仍有待後續導出適合的全市級議題。

㈡ 欠缺網路討論模式

目前臺北市參與式預算仍以實地參與討論方式辦理，在朝向年輕化和便利參與趨勢下，能否以網路討論，是值得期待發展超越時間和空間的模式。而在經歷了新冠肺炎疫情期間，各種視訊和數位平台的發展迅速，2021及2022年已有嘗試以網路視訊方式辦理審議工作坊和住民大會，日後或許可進一步思考，如何讓數位成爲一種常態參與的模式。

㈢ 相似提案內容

每年每場住民大會的參與者都是新加入的，曾經參與的市民亦無法得知全部提案內容，造成部分提案內容相似或已完成者，目前於住民大會前已由各區公所報告區域特色的說明和成功案例，加強在地連結性，避免相似提案內容，也是未來可以努力的方向。

陸、結語：回歸初衷—社區意識與公民素養的提升

除了參與式預算的全面推動外，臺北市政府近年來更進一步向下扎根，從高中職學校辦理參與式預算推廣教育課程並試辦模擬提案，甚至許多學生參與正式管道提案。參與式預算是公民參與政治的管道之一，回歸到公民素養提升的初衷是在遵循作業流程之外更應重視的價值。

參與式預算最令人期待、也最具潛力的效益在於社區意識的凝聚和公民力量的培育。多年來，人民對於官僚體系僵化遲緩的無奈和不滿，以及對於公共事務的疏離所產生的民主赤字，或許可以經由參與式預算的逐步扎根而有所改善（蘇彩足，2017）。

綜合言之，臺北市推動參與式預算的過程充分展現出公私協力與官民合作的精神，在資訊開放、多元參與，以及審議式民主的過程中，一方面促進了社區意識，一方面也提升了公民素養，更實踐了「開放政府、全民參與」的參與式預算核心價值。

參考文獻

1. 方凱弘、李慈瑄、林德芳、曾丰彥等（2019）。參與式預算於臺北市的實踐。2019 年 TASPAA 年會，東海大學。

2. 林國明（2015）。參與式預算的國際經驗與實作程序，載於鄭麗君編，參與式預算：咱的預算咱來決定。

3. 黃琬瑜（2019）。臺北市區公所推動參與式預算過程組織與人員調適之研究。國立臺北大學公共行政暨政策學系碩士論文。

4. 蘇彩足（2017）。公部門推動參與式預算之經驗與省思，文官制度季刊，第 9 卷第 2 期。

5. 徐淑敏（2018）。推動參與式預算的借鏡與體制磨合之研究，臺北市政府研究發展考核委員會委託市政專題研究報告（研究主持人：徐淑敏，協同主持人：高光義、蔡馨芳、李俊達）。

6. 臺北市政府民政局（2017），臺北市政府 105 年度參與式預算成果報告專書。

7. 臺北市政府民政局（2021），2020 臺北市參與式預算論壇實錄－公民參與的年輕新動力 I。

Chapter 23
參與式預算的培力計畫

呂育誠、黃琬瑜

壹、前言

　　不同的政治體制下，有著不同的角色扮演。在參與式預算制度裡，公民不再被動接受政府決策，轉而主動出擊、追求心中眞正訴求的實踐，而政府也從傳統「由上而下」的統治者或是「市場導向」的服務者，轉換成爲「公民協調」的角色。對此，北市府決心以「推廣教育、公民學習」的模式，與市民一同攜手，共同迎接「參與式預算」的挑戰！選擇迎戰的第一步，是籌備、執行關於參與式預算的培力計畫：「推廣教育369」系列課程。

> **推廣教育 369 系列課程**
>
> 臺北市政府經由諮詢多方專家學者意見後，所研議出的一套劃分爲三階段系列課程，並按授課內容的繁簡及目的不同，分爲初階課程（3小時）、進階課程（6小時），及審議員（9小時）培訓課程，目的在藉由參與過程，帶動民眾對於公共事務的關心，進而具備「提案」、「討論」與「審議」的核心能力，並於完成每個階段的課程，分別授予認證卡（初階卡、進階卡、審議卡）。

貳、不一樣的角色扮演，不一樣的準備工作

　　當政府與公民在政治中的需求開始有了變化，公民對政治參與的渴望度日益提高，政府就必須積極予以回應。而在能眞正扮演好不同角色之前，有些工作是不得不預先準備，因此臺北市政府決定由培力做起，爲參與式預算打下好的根基。

一、推行於臺北市民

參與式預算的主體精神是公民參與，公民自然是絕對的主角。因此，臺北市政府思考著應該如何協助民眾認識參與式預算、熟悉其操作。考量到新政策的推動，往往必須有相關理論架構作為基礎，最踏實的做法就是尋求學界專業力量的奧援與指導，於是旋即展開一系列的學界請益之旅，對象包含公私立大專院校及各社區大學，建構「培力制度的教與學」。

(一) 漸進式的「推廣教育369」系列課程

參與式預算推廣教育課程應如何提供有系統性、層次性、完整性的一套學習方案，有效連結學習與應用，進而提升公民參與的能力，是相當重要的課題。2015年11月初，臺北市多方諮詢專家學者，召開多次討論會議，共同研議出一套劃分為三階段的「推廣教育369」系列課程，按其授課內容的繁簡及目的不同，分為初階課程（3小時）、進階課程（6小時），及審議員（9小時）培訓課程，藉由參與的過程，帶動民眾對於公共事務的關心，進而具備「提案」、「討論」與「審議」的核心能力，並於完成每個階段的課程，分別授予認證卡（初階卡、進階卡、審議卡），課程規劃詳如表23-1。

同時，培力要深化，關鍵在「實踐」，能力的養成，不單是從「課堂」中取得。由於臺北市參與式預算制度中，提案審查階段與民眾的關聯最為直接，因此，在課程設計上，與現行提案審議階段接軌，提供轉化學習的機會，如完成審議員課程者，取得擔任工作坊「桌長、紀錄」及擔任提案審議小組「副主持人、紀錄」之資格，讓學習者在課程結束取得資格後，能實際進入提案審議階段的場域應用所學，達到訓練移轉的效益。

此外，參與式預算課程中講師大多會講述一些實際成功案例，學習者雖可大致了解案例推動過程，但卻無法深刻體會，因此，臺北市另闢

表 23-1 臺北市參與式預算推廣 369 教育課程規劃表

課程名稱	初階課程	進階課程	審議員培訓課程
教學目的	提供參與式預算及審議民主基礎知識： 1.參與式預算概念建構 2.認識臺北市參與式預算SOP 3.感受並理解審議民主參與模式	具備審議民主之素養，並學習如何操作提案流程： 1.認識市政政策與預算編列 2.具備審議民主相關素養 3.了解提案流程及提案技巧（含提案表撰寫） 4.具備收斂提案發想能力，凝聚提案構想	學習審議員應具備之相關核心能力 1.清楚臺北市參與式預算SOP作業方式 2.具備擔任提案工作坊主持人、桌長及紀錄能力 3.了解提案提供意見表，並具備審議提案的能力
本市參與式預算SOP	各階段流程簡介	1.提案各階段流程及任務說明 2.說明提案說明書必要元素	1.提案審議小組流程說明 2.提案審議重點及提案意見提供表各項評估指標
審議式民主	1.參與式預算概念 2.國外參與式預算案例	1.審議式民主應具備之素養 2.審議民主參與模式 3.模擬會議情境	1.工作坊主持人、桌長及紀錄任務及技巧訓練 2.提案審議小組副主持人任務及技術訓練
實作演練	1.審議民主參與模式各種角色定位及任務 2.熟悉審議民主參與模式（不設定議題，各桌依區特色發想並練習討論、溝通、瞭解及形成結論） 3.繪製海報演練	1.說明提案表並演練撰寫 2.提供議題資訊供學員討論 3.討論擔任桌長遭遇問題如何解決	1.提案工作坊演練，分組擔任主持人、桌長和紀錄，並演練撰寫紀錄表 2.提案審議小組演練，分組擔任副主持人、紀錄
授課時數	3小時	6小時	9小時（＋參加3場提案工作坊或提案審議小組）
取得資格	取得參加「進階課程」資格	取得參加「審議員培訓課程」資格	可擔任提案工作坊主持人、桌長、紀錄及擔任提案審議小組副主持人、紀錄
授予認證	初階卡	進階卡	審議卡

資料來源：臺北市政府民政局（2017：59）。

不一樣的「教室」，規劃參與式預算成功案例走讀活動[1]，將提案現場作為教學的空間與載體，讓案例從書面變成立體，鮮活起來，並邀請提案人、局處代表分享提案成功的元素，期待學習者能汲取成功的經驗，進行「複製學習」，再加以轉化創新，成為日後提案的養分。

(二) 扎根校園

在公民養成系統中，校園教育是至關重要且不可或缺的一環，如何讓學生也能有機會認識參與式預算，學習審議式民主的精神，一直是臺北市思考的重點。因此，臺北市從「走入校園」、「攜手校園」到「深耕校園」，推動了一系列的參與式預算校園計畫（如表 23-2），希望將參與式預算的精神向下扎根於青年學子，主要具體作為如下（臺北市政府民政局，2021：41）：

1. 辦理參與式預算「初階」推廣教育課程：於各區大專院校、高中職、社區大學中，合作辦理參與式預算初階課程，原則每場 3 小時，人數 40 人以上（參與人數及時數，依學校課程規劃調整）。

2. 辦理住民大會：配合每年參與式預算辦理期程，在大專院校、高中職、社區大學舉辦住民大會，每場 2-3 小時並安排桌次分組提案。

3. 宣傳提案票選並鼓勵投票：各區公所於校園內適當場合宣傳參與式預算提案票選活動，並鼓勵學生踴躍投票。

4. 宣傳參與式預算文化走讀活動：邀請各級學校，辦理參與式預算文化走讀活動校園專場，張貼海報、宣傳文化走讀活動相關資訊，鼓勵學生踴躍參加。

---

[1] 臺北市各區公所將參與式預算結合「走讀文化節」，於各區辦理 1 至 3 場走讀活動，藉由參觀參與式預算成功案例，讓市民朋友們能更加瞭解參與式預算。本部分內容，請參考《「重新參與你的生活 公民會館走讀趣」會員專屬好禮三重送 6 個公民會館、4 種主題暢遊 帶您認識臺北市好厝邊》，https://ca.gov.taipei/News_Content.aspx?n=080D7D061A30C74B&sms=72544237BBE4C5F6&s=C2F0AE0D0A683058，檢索日期：2022 年 7 月 9 日。

表 23-2　臺北市政府民政局參與式預算推動校園計畫一覽表

推動時間	階段	行動	目的(重點工作)
2016	走入校園	與3所大學試辦初階課程	「走入校園」的起點
2017		訂頒「臺北市參與式預算走入校園試辦計畫」	1. 辦理校園初階課程 2. 辦理校園住民大會
		訂頒「臺北市參與式預算專案諮詢櫃檯設置及推動計畫」	讓學生實際擔任專案諮詢櫃檯服務人員，了解政府部門運作及參與式預算的運作過程
		提案和投票年齡由原先的18歲降至16歲	吸納年輕人的聲音，並提高參與者的廣度
2019	攜手校園	訂頒「臺北市參與式預算『攜手校園』執行計畫」	「走入校園」執行計畫的延續，增加： 1. 宣傳提案票選，並鼓勵踴躍投票 2. 宣傳參與文化走讀活動
2020迄今	深耕校園	民政局、教育局共同推動「臺北市參與式預算高中職推廣教育執行計畫」	「攜手校園」執行計畫的延續，增加： 學生課程模擬提案進行推薦及徵選
		訂頒「臺北市參與式預算優秀論文發表暨獎勵計畫」	鼓勵青年學子運用政府資料，對參與式預算及公民參與議題進行研究

資料來源：臺北市政府民政局提供，作者整理。

二、奠基於公務人員

　　當政府、公民社會行為者以及公民在治理過程中的角色發生轉變，政府機關的行政人員也需認知自己的角色必須轉換，成為公民參與實踐中的共同學習者（杜文苓、陳致中，2007：33）。亦即，政府想要轉扮公民協調的角色並不如想像中的單純，同樣是要經過學習的歷程，養成專業知能、調整行政心態。故而臺北市政府除了慎重地籌劃「推廣教育369」系列課程，也不忘積極地展開內部訓練作業。

　　對臺北市政府而言，由民政局擔任參與式預算主政機關，且將參

與式預算劃入區公所經建課的核心業務範圍[2]，但各區公所經建課人員的背景大都爲經建行政、或土木工程職系，雖然曾經辦理過鄰里公園社區環境改造，藉由召開社區說明會，有效提高民衆與機關對於地方公共建設事務意見交流，進而帶動使用者、專業規劃者和決策者之間的相互了解，只是這種經驗充其量算是「參與式規劃」（Participatory Planning）。而公共行政及政治領域中所謂的「參與式預算」，卻是以參與式民主（Participatory Democracy）的概念爲基礎，讓公民加入預算決策的範疇中，透過公民討論，共同決定預算如何分配、使用，甚至決定公共支出計畫先後順序的模式，其所需的相關知能大半不存在於經建課人員的專業領域中。

> **參與式規劃**
>
> 指政府規劃相關政策或方案時，開放內部與外部成員共同參與，或是採行「由下而上」方式提供各類意見，以增進政策或方案的包容性。例如臺北市鄰里公園社區環境改造，常藉由召開社區說明會，有效提高民衆與機關對於地方公共建設事務意見交流，進而帶動使用者、專業規劃者和決策者之間的相互了解。

　　爲了加速讓公務員具備參與式預算相關的知識與概念，臺北市2015年5至8月辦理「公務員培訓課程」[3]，以參與預算組幹事、各局處及區公所業務相關承辦人員爲主要受訓人員，並邀集學者與參與預算組委員一同與公務員對話，開啓公務員對於參與式預算的想像，成爲市府各局處的種子人員。

三、專業關鍵的 DNA—組成「參與式預算官學聯盟」

　　如前所述，不論是「推廣教育369」系列課程或是公務人員內訓作

---

[2] 《臺北市各區公所組織規程》於2018年1月16日修訂，將經建課原有的「一公頃以下鄰里公園管理維護、八公尺以下巷弄道路維護管理」的法定職掌刪除，新增「參與式預算」業務。

[3] 本部分內容，請參考《柯P「參與式預算」制度正式啓動 市府首批公務員完成參與式預算培訓》，https://ca.gov.taipei/News_Content.aspx?n=080D7D061A30C74B&sms=72544237BBE4C5F6&s=A683E8C68A9329E5，檢索日期：2022年7月9日。

業，無一不是經由學界力量的協助，方才得以完成。臺北市雖有硬體與行政資源，但受限於專業知能與人力資源的缺乏，實在無法獨立推動參與式預算（許敏娟，2017）。

(一) 把握北市優勢資源、建立專家資料庫

臺北市大專院校之質、量俱屬上乘，社區大學與社區規劃系統的發展也頗具規模。基於此，臺北市政府即打算爭取這些成熟資源的奧援，並由民政局副局長帶領同仁自 2015 年下半年起，熱誠地拜會各大學相關專業的專家、學者。最終，臺北市政府遴聘了雙北市各大專院校政治、社會、公共行政等相關科系學者及臺北市各社區大學、社造中心或臺北市政府各機關推薦之相關專業人士，共同組成專業師資輔導團。當時計有 40 位師資加入，協助辦理參與式預算推廣教育課程的規劃，同時也能隨時提供市府同仁種種關於參與式預算推動上的專業諮詢。

(二) 爭取專家學者認同、厚實雙方合作基礎

臺北市政府評估，爭取各大專院校與社區大學的認同、建立起彼此的互信關係，是能否成功推行官學聯盟的關鍵。故而，民政局即連同各區公所動身拜訪，積極地與各大專院校相關系（所）、社區大學的專家學者對話，瞭解彼此對於參與式預算的推動形式、官學聯盟的合作模型的想法，正式為日後雙方的合作鋪平了道路。

(三) 成立官學聯盟、開展合作新頁

由於參與式預算會在 12 個行政區同步展開，專業知能不足的問題也將於各行政區顯現。以往針對這類問題，經常以「產學合作」或「專業採購、業務外包」的模式來因應，但參與式預算的議題涉及市級以及 12 個行政區，經費與權責的劃分更複雜，且由學界的角度來看，受限於公務體系與法規，協助政府辦理新興業務的意願與能量也不高，故而如何最大程度地釋放專家學者的力量以填補專業知能的不足，是為工作重點。

　　對此，臺北市政府選擇在制度上做出突破，打造一種特殊的「陪伴學校─行政機關」合作網絡，以互信為基礎地和專家學者建構起合作夥伴關係。2016 年 4 月，「參與式預算官學聯盟」正式成立，行政資源與專業能量獲得整合。其中的陪伴學校，係以臺北市各大專院校相關專業科系及社區大學為標的，在每一行政區皆配對有一間學校的原則下，能夠快速、合適地提供參與式預算的相關專業協助。一開始共有臺北市內的 8 所大學與 2 所社區大學、合計 50 位師資願意參與，12 個行政區總算各自擁有專責的陪伴學校。而在推動期間，陪伴學校更陸續增加，截至 2022 年為止，已有 10 所大學及 3 所社區大學投入行列，師資也增加至 66 位（如圖 23-1）。

　　陪伴學校不僅提供「知識性」的諮詢指導，更貫徹在地陪伴的理念，協辦推廣教育課程、提案說明會、住民大會及提案審議工作坊等業務，同時也不忘深耕校園。如此一來，臺北市參與式預算制度的推廣不單獲得普及且得以深化，學界也收獲了鼓舞，更願意參與行政實務，願意持續提供專業協助、釐定協作後續的方案內容，讓參與式預算的推動過程有著最堅實的支持力量。

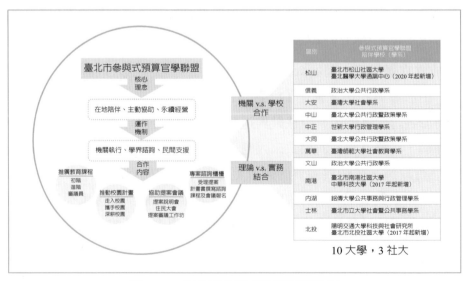

圖 23-1　臺北市參與式預算官學聯盟

資料來源：臺北市政府公民提案參與式預算資訊平台，https://pb.taipei/。作者整理。

參、行動實踐與反思

對臺北市而言，「參與式預算」這樣嶄新政治制度著實令人感覺陌生，卻又蘊含著無窮潛力。無論民眾或公務人員，都是先在課程學習中認識它、再從實務操作中熟悉它，至今也已累積了不少寶貴的經驗與收穫。

一、對市民而言

㈠ 積極公民資料庫有了基礎

參與式預算建立在審議式民主上，以「對話」為基礎，聚焦在公民社會的參與，民眾曾經參加參與式預算培訓課程、或是曾經為提案者、實際參與各階段審議過程者，不只是知識的提升，也包含從參與經驗中獲得理性政策討論的能力，針對共同關心的問題，一起尋找彼此接受的解決方案；同時，對於公共事務的範疇與公務體系的運作也更能理解。

只是值得注意的是，僅透過一次性的審議經驗或培訓課程，或許無法維持公民政治效能感及公共參與意願。因此，政府未來在推動其他政策時，可以將這些名單作為「積極公民資料庫」的基礎，邀請其擔任諮詢的對象，讓施政方向與民眾需求能夠更加地吻合，也能持續提高其參與公共事務的意願，形成一個「正向循環」，將公民社會的參與機會，架構在終身學習的脈絡裡。

㈡ 成功的提案為民眾帶來了幸福的改變，賦予參與式預算後續的強大號召力

臺北市推行參與式預算，自 2016 年起至 2022 年已錄案 422 案，居全國之冠，提案內容多元豐富，含公園改造、環境復育、老幼照護、交通安全及人文藝術等類型，且至 2022 年 6 月底為止，已結案件計有

388案，結案率近92%[4]。提案的成果也非冰冷的文字或數據，而是真實存在於市民的生活周邊，從《參與式預算臺北圓夢故事—重新參與你的生活》（臺北市政府民政局，2017）一書可見一斑。

如信義區的「向下扎根，向上結果—信義區文史調查及推廣」，訪談地方耆老，蒐集文獻加以整理，並透過導覽、影片、手冊、正規學校師資研討方式來豐富信義區文史內涵；文山區的「仙跡岩景東文化廊道」，將原本水泥邊坡美化整治，並拓寬人行道，使其成為景美歷史文化意象廊道；「新移民二代的教育規劃」則是突破新移民教育困境，整合升學管道、多元發展、學校特色、重要時程，辦理現場說明會及放在具有9國語言的臺北市新移民專區網站（https://nit.taipei/），讓新移民家長參考。這些成功案例為居民生活帶來了幸福的正面變革，不僅是肯定了參與式預算的可行性，也賦予參與式預算制度繼續推廣的強大號召力！

㈢ 協助準公民們順利走過「從校園進入社會」的銜接段

1.「視角」漸漸有了轉變

一開始，高中生族群的提案內容大多圍繞在校內事務或是學校周邊事務上，對於大範圍的公共事務關注度較少。然而，近期高中生們的提案已經慢慢開始有了轉變，如2021年北一女中學生提出的「加速。減塑—針對外送平台」提案，即是從循環利用、永續發展的觀點出發，發現外送平台崛起，造成大量一次性餐具嚴重影響環境的問題，進而提出鼓勵減塑、使用循環餐具及設置循環餐具回收機的提案，獲得票選支持，目前臺北市環保局與外送平台及餐飲業者合作，推出「循環杯環保

---

[4] 臺北市政府民政局建置提案管理系統（http://proposal.pb.taipei/publicv2/），包含提案內容及執行進度。本部分統計資料來源：臺北市政府民政局提供。

外送服務示範計畫」，將提案落實執行[5]。足見參與式預算扎根校園，開闊了高中生們的視角，並且他們充滿活潑力與想像力的提案，對於社區、市政的建設性是絲毫不容小覷的。

2. 強調「參與」的課程更為貼近「108 課綱」

臺北市參與式預算自 2016 年起開始推動校園計畫，持續深化向下扎根的可能性，在 2020 年正式將參與式預算初階課程帶入高中校園，讓參與式預算融入高中生的學習與校園生活，並委託世新大學公共管理顧問中心，以過去初階課程教材為藍本，透過諮詢高中教師和陪伴學校師資團，發展《臺北市參與式預算高中初階課程教材》[6]。

高中初階課程的規劃，課程中區分為課堂講授與提案實作 2 個部分，並配合高中課程 1 節次 50 分鐘安排 2 節課，前者主要以授課的方式介紹參與式預算的基本概念，而後者則是透過模擬住民大會的操作，讓參訓學生可以藉由提案，實際經歷提案流程並累積相關經驗。

只是，從學習成效移轉來看，2 節課對於引起高中生實際投入參與式預算活動的興趣效果可能不明顯，因此，可以視高中教學場域的需求，深化課程內容，與「十二年國民基本教育課程綱要總綱」（實務上簡稱 108 課綱）的社會領域做連結，架構在公民與社會選修課程中，以學生自主學習的彈性課程形式規劃中長期課程（如 8 週），包含參與式預算概念介紹，理論教學、實地探查、審議與規劃練習、方案設計等內

5　請見《公民參與 加速減塑 北市循環杯環保外送 北一女示範上路》，https://www.dep.gov. taipei/News_Content.aspx?n=CB6D5C560DE4D2DD&sms=72544237BBE4C5F6&s=337C 9AB67D259E74，檢索日期：2022 年 7 月 9 日。

6　本部分內容，請參考《臺北市參與式預算高中初階課程教材》，https://www-ws.gov.taipei/ Download.ashx?u=LzAwMS9VcGxvYWQvNDg5L3JlbGGZpbGUvNTU5NDcvODM1MDQ5O C81ZGE2NTFkMC0zZjgxLTQ3MWMtODExMy1mMDUwMGEyNjlkN2MucGRm&n=MjAyMD EyMTgg6auY5Lit5Yid6ZqO6Kqy56iL5pWZ5p2QLnBkZg%3D%3D&icon=.pdf，檢索日期：2022 年 7 月 9 日。

容，豐富學習歷程。

　　高中生在參與的過程中，從探究日常周遭、社會等公民議題，發展溝通表達以及參與社會改良的公民行動能力，讓學習不再只是教科書上的「知識」，而是成爲走出教室的「生活學」，讓教育從過去強調的學習「知識」與「能力」，因而加上了「態度」，轉變成培養「素養」的新風貌。

二、對公務體系而言

㈠ 翻轉公務員的任事態度

　　在陪伴學校的協助下，臺北市各局處得以順利地了解參與式預算的理念價值，且因他們對地方、對社會有著使命感與熱情，不斷有創新的想法與建議，進一步感染、激發公務員的熱忱，使得公務員在學習、熟悉參與式預算的過程中，漸漸地愈來愈有主動想法、願意嘗試更多不同的作業手法，也更加願意從民眾的角度思考。

　　很多人都會問，臺北市參與式預算實施後對於公務員最大的進步在哪裡？其實，就是公務員開始會「往前一步」，傾聽民眾的聲音，參與討論、協助，而不是立刻馬上就說不可行，讓政府與人民不再是對立的關係，而是公私協力的精神，拉近了公務機關與民眾之間的距離。

㈡ 促進各局處的組織學習

　　由於民眾在參與式預算中的提案往往牽涉了政策、計畫、預算、執行及管考等層面，負責機關幾乎涵蓋了臺北市各局處。爲求提案能順利落實與執行，彼此之間的溝通協調與解決衝突的「協作能力」就顯得相當重要。

　　參與式預算剛上路時，各機關難以跳脫本位主義，對於提案內容的執行上僅止於本身管轄範圍，彼此間「雖分工卻少合作」，導致執行時程或配合措施多有衝突。經過幾年的磨合，各局處漸漸懂得如何「分工且合作」，彼此間的交流日益順暢，共同找尋最適當的處置方法，以完

成提案任務為目標。

　　易言之，提案的實作不僅是任務，更成為絕佳的學習場域，強化組織內部與協力網絡中共同學習。同時，各局處因為有了共同做事的機會，培養出彼此的合作默契，建構出信任的力量，從而產生新的民主治理文化思維，在無形中改變了臺北市政府的組織文化。

三、對官學聯盟而言

　　臺北市參與式預算官學聯盟應該是國內第一次對特定公共議題進行這麼大規模與人力的「官、學、民協力」合作機制，將大學的學術能量從象牙塔中釋放出來。

㈠ 連結在地、行政陪伴進化

　　在過去，很多時候，大學有專業，卻不知在哪裡應用，而地方有需求，卻不知資源哪裡找，臺北市參與式預算官學聯盟，引導大學及社區大學與地方串連，以「諮詢指導」與「在地陪伴」為核心，為兩者建立起協力的橋樑。

　　在推動的前期，官學聯盟主要扮演著協助政策規劃及諮詢之角色，並協助行政機關進行政策推廣，但隨著參與式預算相關程序逐漸步上軌道，除了延續行政機關陪伴外，加入了「提案陪伴」的目標，讓陪伴學校之老師及學生，可以協助提案人進行提案程序、計畫書撰寫及與行政機關溝通。

㈡ 協助地方發展，實踐「大學社會責任」

　　七年來，陪伴學校走出校園，一方面提供大量的教學資源，辦理各種培力課程，將知識傳遞給社會大眾，也促進學生於場域實作學習。老師們因為有著不同的背景，看待社會問題和參與式預算的角度自然不同，激起不同的火花，有助知識的融合與再生產；學生們因為實際參與，如協助培訓課程工作、擔任提案審議工作坊的桌長、紀錄等，

讓理論與實務有了印證。另一方面，陪伴學校也接地氣的與在地合作，在推動參與式預算的過程中，參與各式提案會議，整合相關知識、技術與資源，陪伴提案成長、協助地方發展，實踐「大學社會責任」（University Social Responsibility, USR），「讓每一次的陪伴，積累成改變社會的力量」。

四、後續課程調整的可能方向

(一) 增加角色扮演的情境模擬，讓議題的更多面向得以思考

在參與式預算的過程中，強調表達自我想法、尊重他人意見，彼此溝通、形成共識。但是，傾聽其實並不容易，協助民眾處理好自我想法與他人意見之間的折衝應該是課程中要更加重視的環節；但是，這些溝通、協調的技巧，對於傳統課堂採用「聽與看」的講述教學方式較難呈現。

未來，課程中除了講授原有的內容，讓學習者能具備一定的先備知識外，還可以增加「角色扮演」（Role-playing）教學，讓學習者扮演住民大會及審議工作坊的主持人、民眾、機關代表、桌長、紀錄、審議員等不同角色，以「情境模擬」加以演示，利用同理心考量彼此的立場，從中體會不同角色對待事物的不同視角，增加洞察力，看見更多以往看不見的細節；而在模擬結束後，進行互動討論，進一步去探討現實可能遭遇的情況，培養「換位思考」的能力。

(二) 走讀活動轉型成「走讀工作坊」，挖掘隱藏的問題與需要的可能性

過去的走讀活動主要是將參與式預算的提案成果與民眾分享，以實際的行動向民眾證明「臺北市參與式預算是玩真的」。於是，成功提案者的現身說法就成為最佳的「隱形傳播鏈」。

　　只是這樣的模式，民眾僅能被動的接收，從「培力」本質檢視，似乎缺少了背後更重要的問題思考脈絡歷程。因此，未來「走動活動」可以逐步轉型爲「走讀工作坊」，將原有的「戶外踏查」與「交流分享」做結合，戶外踏查除了參與式預算成果，還可以開發主題性議題路線，引導參與者一面走讀一面思考，從眞實情境學習思考、從問題探討切入，提升參與者在過程中發覺隱藏問題與需要的可能性，而交流分享時則充分提供參與者抒發意見與討論的管道。深化走讀內涵，不僅「展現成果」，還能「發現問題」，或許能激盪出更多的參與式預算提案構想！

肆、結語

　　參與式預算是一項關乎學習的歷程。臺北市經過八年的實行，不僅提供市民發聲的管道，參與者也在過程中慢慢建立對參與機制的認同和理解，無形中強化了公民的責任感與素養，期待由 369 教育課程所培力的民眾，均能將「知識力量」轉化爲「行動力量」，成爲「積極的公民」，積極參與公共事務，以行動關懷社會，成爲台灣公民社會重要的持續力量。

參考文獻

1. 世新大學公共管理顧問中心（2020）。臺北市參與式預算高中初階課程教材，臺北市政府民政局委託規劃。

2. 杜文苓、陳致中（2007）。民眾參與公共決策的反思－以竹科宜蘭基地設置爲例，臺灣民主季刊，4（3）：33-62。

3. 許敏娟（2017）。臺北市參與式預算之初探官學聯盟－不可或缺的協力，2017 臺北市參與式預算實務座談會。

4. 臺北市政府民政局（2017）。臺北市政府 105 年度參與式預算成果報告專書：重新參與你的生活。

5. 臺北市政府民政局（2017）。參與式預算臺北圓夢故事—重新參與你的生活。

6. 臺北市政府民政局（2021）。2021臺北市參與式預算論壇大會手冊。

7. 臺北市政府公民提案參與式預算資訊平台，https://pb.taipei/。

Chapter 24

參與式預算的配套計畫

陳思先、曾丰彦

壹、前言：細節築起結構

臺北市參與式預算在推動的規劃上，以「SOP」作為主要結構，讓參加者可以「了解」及「預期」整個程序；其次，再規劃外部（市民朋友）及內部（公務夥伴）的「教育訓練」，使「參加者」了解「何謂參與式預算」、「程序規定」及「提案方法」等；接下來，在參與式預算程序的實際運作時，為了因應程序執行中的各式狀況，規劃了一系列的配套計畫，讓執行端（政府機關）可以應付各種狀況，也讓參與端（民眾）了解各流程如何運作，以及遇到狀況可能的解決方案，最終使計畫順利運作。

> **配套計畫**
>
> 政策從規劃進入執行階段，需要一個整體的架構讓執行單位知道如何執行，公部門一般會以「標準作業程序」來呈現執行架構，然而，在執行過程中，會有許多細節、或是突發狀況需要解決，這時候，必須針對細節或狀況再規劃細部的執行或因應對策，而這個對策就是配套計畫。

參與式預算的配套計畫可依據功能劃分為「程序型配套計畫」及「操作型配套計畫」，前者，是針對主要程序的細部執行計畫，目的是針對程序的細節性、技術性給予更明確的規定；後者，則是針對參與式預算制度運作過程中所遇到的痛點，給予明確定義後提出之解決方案，本章節將承接前面已經介紹過的「主框架」及「教育訓練」，進一步介紹相關配套計畫，並希望建構參與式預算更完整的執行面貌。

貳、操作型配套計畫

臺北市參與式預算發展出「操作型配套計畫」有兩個關鍵因素，首先，是因應程序推動過程中所遇到「難題」，或為了讓程序更加順利，所發展的「輔助措施」，如：專案諮詢櫃檯設置及推動計畫、執行階段不同意見協調機制、逕予執行機制及提案排除機制等；其次，是為了讓參與式預算推動更加多元，所規劃的「計畫延伸」，目的是讓參與式預算發展更為多元豐富，如走入校園系列計畫、團體提案計畫，表 24-1 針對「輔助措施」及「計畫延伸」為分類整理。

一、操作型配套計畫：輔助措施

參與式預算推動過程並非一路順遂，因此，專案團隊秉持「滾動式修正」的精神，執行過程中遇到困難或爭議時，一方面針對主要程序進

表 24-1　操作型配套計畫類型整理

類型	計畫名稱	內容概要
輔助措施	專案諮詢櫃檯設置及推動計畫	提供市民參與式預算程序諮詢、協助提案人撰寫計畫書、受理提案。
	參與式預算錄案後執行階段不同意見協調注意事項	提案執行階段遇到地方民意有不同意見時的協調處理程序。
	逕予執行機制	為了促進行政效率，當提案符合一定條件時，可直接執行。
	提案排除、專案評估機制	考量部分提案需以市政整體性角度規劃，或考量市府財政紀律，部分項目不得作為提案或需由機關整體評估。
計畫延伸	走入校園系列計畫	致力民主素養向下扎根，規劃一系列校園推廣方案及活動。
	團體提案計畫	考量特定議題不易在既有參與式預算程序中被關注，因此，規劃非營利或身心障礙團體可針對特定議題申請專案程序。

資料來源：作者整理。

行微調，必要時，也規劃輔助措施，協助程序進行更為順利。以下，將分別針對專案諮詢櫃檯、執行階段不同意見協調、逕予執行及提案排除等機制進一步介紹。

(一) 專案諮詢櫃檯設置及推動計畫

　　參與式預算推動成果的良窳，有賴於市民的積極參與，以及給予參與者完善的協助，因此，結合各區的陪伴學校，在區公所設置專案諮詢櫃檯，一方面，可以做為政策宣導之用；另一方面，也可以提供提案人諮詢提案計畫書。此外，專案諮詢櫃檯服務人員是以大專院校的學生為主，不僅可以讓學生學習公共服務技巧及輔導計畫寫作，也可解決參與式預算推動需大量人力的難題。

　　實際運作上，諮詢櫃檯服務時段分為固定及預約兩種形式，前者，在年度提案期間，每周二、四各服務 3 小時，非提案期間，則每週固定服務 3 小時。除了固定服務時間以外，亦可以透過電話預約諮詢服務。最後，諮詢櫃檯除提供參與式預算相關諮詢外，也提供提案計畫書之撰寫諮詢等，具體服務項目如表 24-2。

(二) 提案「排除」及「專案評估」機制

　　參與式預算推動初期並沒有針對提案「項目」或「內容」進行限制，但歷經幾年的執行，公民參與委員會委員及專案團隊漸漸發現，部分提案「項目」或「內容」不宜作為參與式預算提案，此外，部分提案涉及

表 24-2　專案諮詢櫃檯服務項目

項次	服務項目
1	受理參與式預算提案
2	參與式預算提案構想書及提案計畫書撰寫諮詢服務
3	受理報名培力課程、提案說明會及住民大會報名
4	參與式預算制度等相關事項之諮詢

資料來源：臺北市政府民政局提供。

市政的整體規劃，不宜就單一個案進行討論，因此，衍生出提案「排除」及「專案評估」機制。

提案「排除」機制，是指部分內容不宜作爲參與式預算的提案，其中，2019 年臺北市公民參與委員會參與預算組在工作會議中針對環境彩繪（美化）有過深刻的討論，環境彩繪或美化，涉及到整體市容，如果皆採單一提案，可能反而影響整體美觀，因此，特別決議環境彩繪（美化）不得作爲提案項目。

「專案評估」機制（流程如圖 24-1），是指提案內容需由主責機關進行通盤評估時，審議工作坊第一階段後即改由主責機關進行評估，不再繼續後續程序。該機制於 2019 年參與式預算共識會議中討論，最後，決議提案內容涉及「交通管理」及「閒置空間」時，由主責機關進

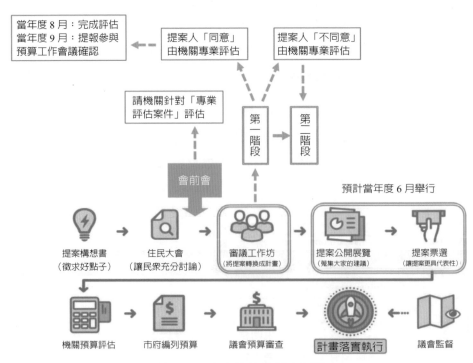

圖 24-1　專案評估機制流程圖

資料來源：臺北市政府民政局提供。

行專案評估。至於，爲什麼是交通管理及閒置空間？是因爲，交通管理
涉及整個區域的交通順暢，不宜單點的調整，因此有通盤評估的必要；
至於，閒置空間（包括市有土地及建物）則涉及市有財產的經營及管
理，須通盤考量市政規劃、市民需求等條件後規劃。

㈢ 提案逕予執行機制

　　參與式預算除了是公民參與的一種模式外，也是對政府部分資源分
配的一種倡議（或是決定），而臺北市參與式預算提案執行經費可以分
爲「當年度預算」及「編列下年度預算」兩類，但原則是編列下年度預
算，然而，綜觀參與式預算程序長達 8 至 9 個月（從提案說明會至完成
法定預算編列程序），因此，民眾提案到落實執行，通常等待時間長達
一年以上。

　　在歷經多年的執行後，專案團隊發現部分提案內容簡易（例如：
環境綠化、積水改善等），而且主責機關單一，在提案執行上主責機關
現有預算可以執行容納，若仍要求該提案必須等到全部程序完成後才執
行，將對於行政效率有所影響，因此，在兼顧「行政效率」及「程序正
當性」的條件下，提案符合表 24-3 的規定下，即可由主責機關逕予執
行。

表 24-3　參與式預算逕予執行條件

項次	逕予執行條件
1	提案具可行性，且無違反本府既定政策。
2	當年度預算可執行，且可於當年度執行完成並結案。
3	提案人與權責機關於提案審議工作坊討論達成共識。
4	提報本府公民參與委員會參與預算組工作小組會議確認。

資料來源：臺北市政府民政局提供。

(四) 錄案後執行階段不同意見協調注意事項

在進入說明之前，先針對「錄案」進行說明，所謂錄案，是指參與式預算提案經過該區票選（以 i-Voting 系統做為投票平台），通過門檻，且排名在該區提案數上限以內的提案，且後續將交給機關執行。因此，提案達到錄案門檻前，已經過住民大會、審議工作坊及提案票選等程序，「理論上」應該具備一定的民意支持，因此，執行上也應該順利無礙。

然而，在實際運作上，提案執行並非都如此順利，有些時候，執行階段才引起不同意見者的注意，進而針對提案提出不同意見，此時，不同方向的民意衝突將導致提案執行陷入僵局，為了解決這個困境，訂定了協調機制。

> **成案、錄案**
>
> 臺北市參與式預算提案程序共分為提案說明、住民大會、審議工作坊、提案公開展覽及提案票選等階段，為了讓大家知道提案進行到哪個階段，因此設計了成案、錄案兩個名詞。
> 1. 成案：透過「住民大會」討論後提出，且可以進入審議工作坊的提案，叫作成案。
> 2. 錄案：成案經「提案票選」階段，符合一定條件（該案的總得票數高於該區可投票人口的 1%、該案總得票數排名在錄取案件上限數內），即成為錄案，並交付機關評估預算。

在不同意見協調機制設計上，分為避免、第一、二階段機制，在避免機制上，主責機關在執行前的規劃設計，須將規劃設計內容與地方意見領袖說明（此處所稱之意見領袖，並不侷限於里長），透過事先說明、聽取意見的方式，避免爭議發生。

然而，若爭議仍發生（例如，有不同意見之領袖出現），則進入第一階段協調機制，此時，由主責機關、其他提案執行機關及提案人與意見領袖協商，並在提案架構下，尋求雙方都能接受的方案。若仍無法解決爭議，則由公民參與委員會委員、民政局、研究發展考核委員會、主責機關、提案人及意見領袖進行二度協商，並研議出大家都可以接受的替代方案（協調程序如圖 24-2）。

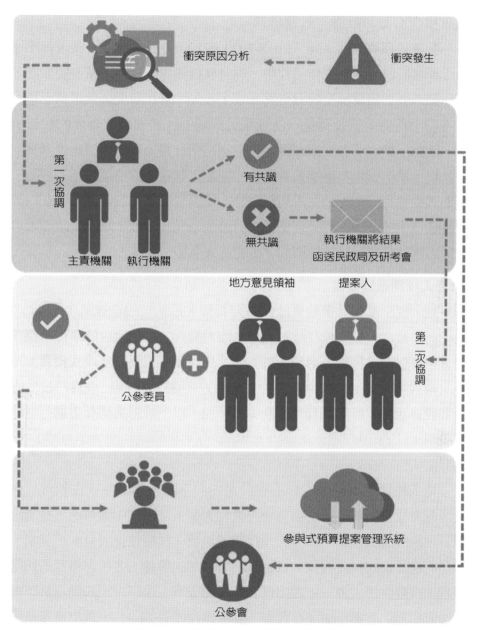

圖 24-2 爭議提案協調機制流程圖

資料來源：臺北市政府民政局提供。

參與式預算歷經 8 年（2015-2022 年）的發展，市級、區級程序運作已漸趨成熟，而在運作過程中，專案執行團隊認為有兩個發展面向，可以讓參與式預算制度建立更為完整，首先，青年參與公共事務已是世界趨勢，而參與式預算是一個實現公民培力、體驗公共參與的良善機制，因此，推出了參與式預算走入校園系列計畫，藉此，讓民主素養向下扎根，並培養青年參加公共事務的興趣；其次，綜整這幾年的經驗，主題式提案（例如：公共設施針對身心障礙者所需的設計）較難在一般討論場域中被凸顯，為了促進提案討論的多元及深度，規劃了讓團體可以針對關注議題討論及提案的「團體提案計畫」。

㈠ 走入校園系列計畫

走入校園系列計畫最早於2017年推動，最初目的是透過在校園（包括：高中職、大專院校及社區大學）培力課程、住民大會的舉行，讓在學青年可以及早接觸「審議民主」、「公民參與」及「參與式預算」等民主模式，隨著走入校園系列計畫的演進，在 2020 年已成為跨校性的提案競賽活動，每年更有多所高中職參加，以下針對系列計畫進行進一步說明。

1. 計畫執行方式

走入校園系列計畫的核心在於民主向下扎根，因此，在執行程序上，先委託官學聯盟師資編寫課程教材大綱，並在高中職辦理「初階課程」，課程流程包含「參與式預算概述」及「模擬住民大會」。其次，為了促進計畫的多元價值，並提升同學參加的興趣，各校在辦理的初階課程─模擬住民大會─中選出代表該校的提案，再經由民政局及官學聯盟師資組成之評審小組進行評審（評審指標如表 24-4），選出特優及優選提案，給予相當獎勵外，並邀請提案學生在成果發表會發表提案（圖24-3、圖 24-4）。

表 24-4　推薦提案評審指標

總滿分		10分	
項次	評分項目	評審重點	配分
1	創新性	1.提案能針對遭遇困難、潛在問題或未來願景進行創意發想。 2.創意發想程度高低。	4
2	可行性	1.提案架構完整、內容豐富。 2.提案針對實際推行及可能遭遇問題，提供具體建議與解決方案。	4
3	影響性	提案推動帶來之校園內部、校園周邊或全市效益。	1
4	專業性	提案項目內容分析、量測、估算經費等專業程度。	1

資料來源：臺北市政府民政局提供。

圖 24-3　成果發表會，獲獎學生團隊向市長介紹提案。　圖 24-4　成果發表會，獲獎學生團隊向市長介紹提案。

資料來源：摘自「臺北市政府公民提案參與式預算資訊平台」，網址：https://pb.taipei/ News_Photo_Content.aspx?n=427D21EF07F457E3&sms=563B035EDC3785B2&s =2D7AC465FD3CB3AB。

2. 計畫執行概況

經過 3 年的執行，已選出特優提案 14 案、優選提案 24 案，這些都是無數高中同學的創意及熱情；此外，已經有提案落實為政策，例如，臺北市政府環保局與北一女學生合作，推動「循環杯環保外送服務」示

範計畫[1]；而該計畫除了讓青年學子可以學習民主素養，以及讓創意有機會與政策結合外，也意外掀起校際間的良性競爭，有高中教師組隊參加，並透過田野調查等方法，讓提案更貼近實際需求，讓青年學子享受一場豐富且活潑的民主饗宴。

(二) 團體提案計畫

依據世界銀行 2007 年出版的《參與式預算》一書中提到（Anwar Shah, 2007: 38），主題式的參與可以讓參與者關注整體市政，進一步使決策民主化，進而避免僅專注參與者所在社區的公共議題。臺北市參與式預算「區級」程序，由於參加者多為鄰近社區居民，關注議題也多聚焦社區軟、硬體建設；因此，民政局規劃團體提案制計畫，讓各類型非營利團體可藉由專場模式，討論其關心的議題，並使提案更為多元且具有深度。

1. 計畫執行方式

「團體提案計畫」採行申請制，由立案的「非營利法人」或「身心障礙團體」向區公所提出申請，但因為政府資源有限，為了使資源做最有效的配置，每場次參加人數須達 40 人以上，經民政局審查通過後，指定區公所及邀請陪伴學校協助後續程序。

至於運作模式上，為了避免參加者僅聚焦於公共資源的獲取，因此，結合「培力課程」及「提案程序」，首先，將「住民大會」與「初階課程」結合，先辦理初階課程，再進行住民大會，藉由這樣的規劃，讓參加者了解參與式預算的內涵，並增加提案的精緻度。其次，將「審議工作坊」結合「進階課程」，藉此，讓參加者更了解市府資源的配置原則，並進一步與權責機關討論，讓提案更為具體（程序如圖 24-5）。

---

[1] 北市推循環杯 北一女、公館設歸還箱，聯合新聞網，https://udn.com/news/story/7323/5798264，檢索日期：2022 年 7 月 10 日。

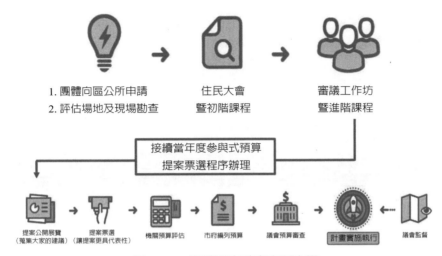

圖 24-5 團體提案計畫查程序圖

資料來源：臺北市政府民政局提供。

2. 計畫執行概況

2020 年 9 月進行第一次團體提案計畫的試辦，起源於身障團體希望他們的權利可以透過參與式預算制度更被看見，因此向區公所提出申請，9 月 5 日下午 2 時，有 27 位身障朋友齊聚於臺北市大同區行政中心禮堂，共同針對無障礙空間、通道等議題討論，最後產出 3 案（如表24-5）。

表 24-5 團體提案計畫提案

提案名稱	提案內容簡介
輪行天下APP	騎樓人行道無障礙路線、大眾運輸無障礙、障礙申訴及回饋管理機制
讓我進去「騎」餘冤談	騎樓統一式臺階或斜坡、各景點無障礙路線的普及推廣、店家入口建置合格的無障礙通行出入口、社區法定空地欄杆影響輪椅族進出，予以改善、電動輪椅、代步車等輔助方式的評估
臺北無礙山林	臺北市環狀步道無障礙設施改善、無障礙地圖及資訊告示、無礙山林推動小組及聯絡窗口

資料來源：臺北市政府民政局提供。

圖 24-6　臺北市新移民參與式預算初階 圖 24-7　臺北市新移民參與式預算提案
　　　　課程暨提案說明會。　　　　　　　　　　審議工作坊。

資料來源：摘自「臺北市新移民專區網站」，網址：https://nit.taipei/Content_List.
　　　　　aspx?n=15D901946B275F5B。

　　此外，為協助新移民圓夢，2020 年 9 月 15 日至 12 月 15 日於新移民會館辦理參與式預算工作坊（如圖 24-6、圖 24-7），邀請新移民共同發想，提出萬華新移民會館未來改善的相關建議與方案，以 5 場輕鬆下午茶交流會為開端，傾聽新移民對於萬華新移民會館空間使用的想法與改善建議，鼓勵新移民發表個人心聲。

　　然而，團體提案計畫讓人感動的，不只是提案本身，還有參加者反饋及工作同仁的感動，有參加的市民說到：「……謝謝您們傾聽我們的想法，社會需要不同的聲音，即便是少數群眾；而國家要進步其中一點就是建立在政府能真正照顧到不同弱勢族群，給予實質幫助，一同成長變得更好。」另有工作同仁說：「……身障者其中反映一項輪椅進出捷運的位置，深深地影響他們的通行權，捷運停靠每站時，門是往左開？還是往右開？車內人潮多不多，都會影響他們是否能順利離開車廂而出站，有時甚至被迫下一站才順利出站！這麼細微的事，對一般民眾無感，但卻深深地影響他們平常的作息……有位民眾講了一句話，令大家非常同感，就是『所謂的無障礙設施，應設計為一個人就可以自行使

用，要不然都只是屬於輔助式設施罷了』……，」這個制度的推動，讓參與式預算不再只是公民參與的程序，更可以作為凝聚社會向心力的一種模式，讓更多不同的聲音被聽見，進一步落實執行。

參、程序型配套計畫

程序型配套計畫是針對參與式預算主框架進行細分，可分為 4 大階段，分別是提案說明會、住民大會、提案審議工作坊及提案票選，每個階段都有其執行計畫，以下，將針對這 4 大階段的配套計畫進行介紹。

一、提案說明會配套計畫

對於程序有所認識，是吸引參加的先決條件，因此，專案團隊程序規劃的第一步，是要讓市民了解參與式預算，因此，除培力課程外，提案說明會扮演著重要的角色；其次，在程序上可分類為公民提案、教育推廣及焦點座談 3 種，公民提案是常見模式，對象是一般市民，通常結合住民大會或推廣教育課程辦理（流程如附錄 24-1、24-2）；最後，提案說明會包括程序說明、表件填寫教學及案例分享，希望透過這個流程，除了吸引市民參加外，也可以對於參加的流程、方式有相當的認識，有助於了解在後續程序中所應扮演的角色及相對應的權利義務。

二、住民大會配套計畫

參與式預算融合「公民參與」及「審議民主」，針對生活周遭公共議題，集結眾人之力提出解方的程序，而參與式預算設定住民大會是作為提供市民提出公共議題，透過討論集思廣益，以及形成解決方案倡議的場域；至於執行流程上，分為「小組討論」（分桌討論形成提案）、「小組提案發表」及「成案投票」（提案得票數符合條件，可進入下個階段）3 個部分（流程如附錄 24-3）。

㈠ 參與者類型及其功能角色

參與者主要分為權責機關與住民大會參與者兩種。依據「臺北市參與式預算住民大會執行計畫」（2017 年 10 月 20 日頒訂）明定，市級參與式預算的主辦機關為議題權管機關，執行機關為權責機關或其所屬，區級參與式預算主辦機關為臺北市政府民政局，執行機關為臺北市各區公所；以上，主辦機關負責研訂執行計畫、必要時辦理記者會或發新聞稿、督導、經費作業，執行機關則負責行銷宣傳、場地安排、報名作業、現場運作等。

住民大會參與資格在市級由各該權管機關自行訂定，在區級原則上為年滿 18 歲且設籍、就學、就業或有實際居住事實於該行政區的市民，在走入校園計畫則年齡規範降到 16 歲，參與住民大會的報名方式可由網路報名或現場報名為之，網路報名可經由臺北市政府公民提案參與式預算資訊平台網站或各區公所網站進行，現場報名則可由電話報名或至區公所參與式預算諮詢服務櫃檯遞交報名表。表 24-6 茲就參與者型態做分類整理：

表 24-6　住民大會參與者類型

市級／區級 參與者類型	市級參與式預算	區級參與式預算
權責機關	主辦機關： 議題權管機關	主辦機關： 臺北市政府民政局
	執行機關： 權責機關及其所屬	執行機關： 臺北市各區公所
住民大會參與資格	由權管機關訂定	年滿18歲且設籍、就學、就業或有實際居住事實於該行政區的市民。 （走入校園計畫16歲）

資料來源：作者整理自「臺北市參與式預算住民大會執行計畫」（2017 年 10 月 20 日頒訂）。

　　另外，依據住民大會流程表及作者在住民大會運作實況的觀察，實際參與人員包括有主持人、各桌住民小組的桌長、紀錄人員、各區的陪伴學校代表、民眾、區公所人員、督導人員及民意代表，陪伴學校代表通常爲國內大學公共行政相關系所的師資，在現場擔任專業諮詢或若有糾紛時的仲裁角色，桌長及紀錄人員則通常由具住民大會參與經驗的公務人員、陪伴學校所培訓的大專生／研究生、具經驗的社會團體人士等，負責帶領及歸納住民小組提案發想的討論，桌長／紀錄工作人員通常被要求爲至少完成初階公民培訓課程（領有初階卡）者，主持人由區公所區長擔任爲原則，民意代表的參與則常見議員本人或助理穿著繡有議員姓名背心，駐於住民大會現場，表達關心之意。

㈡ 行動場域及樣態

　　依據臺北市政府在參與式預算已訂定的配套計畫，住民大會行動場域及樣態都有制式的規範，住民大會辦理的場地主要在公有的公共場域，例如區行政中心的大禮堂空間、區民活動中心、公民會館，或其他適合的場地，實務上亦常見以學校場地爲之。

　　住民大會的宣傳管道，包括網路宣傳（機關官網、臺北市政府公民參與網、公民提案參與式預算資訊平台、相關粉絲專頁等）、新聞稿（主辦機關發布）、海報張貼（里辦公處公布欄、高中／大學發送）、傳單發放（相關諮詢及服務之櫃檯、公寓大廈、學生聯絡簿傳單）等。

　　住民大會的提案行動樣態，依市級及區級而有所不同，在市級—參與人數、提案收件截止時間、提案編碼原則、辦理場次由權管機關訂之，議題由臺北市政府公民參與委員會確認後由各該權管機關訂之。

　　在區級—參與人數有較明確的規定，原則上每場次爲 40 至 60 人不等，住民分桌次進行提案發想與討論，並配有桌長及紀錄人員；提案可依書面、現場提案或網路途徑進行，書面提案以提案構想書交付各區公所諮詢服務櫃檯，或在住民大會現場提案，網路提案則由公民提案參與

式預算資訊平台網站登入後，經「我要提案」介面操作進行，惟，無論是經由何種提案途徑，提案人都必須「親自出席」住民大會參與討論，否則視爲放棄提案。

值得注意的是，在住民大會提案的行動樣態中，有「會前有完整提案」及「會前無完整提案」兩種情況，前者在住民大會現場以一桌一議題爲原則，並可由主持人掌控換桌方式進行，提案人須依現場動態進行換桌，說明該提案的內容並獲取修正建議，後者則依報名的住民總人數進行平均分桌，發揮提案創意發想、討論並進行修改建議。兩種方式的提案人（或是桌長）皆應上台說明提案內容及修正結果，並經由現場票選得出該場住民大會的提案方案。

近年在區級提案的部分，新增了校園場次的住民大會，亦即，在大專院校、社區大學等場域辦理該校學員所參與的住民大會，另外，在公民培力教育的部分更向下扎根至國小活動。

㈢ 實際狀況及因應之道

住民大會執行計畫敘明辦理目標，在於強化由下而上（Bottom-up）的公民參與管道，因此，實際運作應在公開、公共的場域進行討論，這也是爲何無論提案途徑是什麼？最終提案人一定要親自出席住民大會公開討論的原因，因爲沒有公開討論，就沒有理性溝通、追求共識的可能性，也就無法落實由下而上的公民參與。

在市級的參與式預算，成案原則及未成案的處理方式由權管機關自行訂定，而在區級的參與式預算，以住民大會中每桌提出 1～2 案爲原則，實際情況同一場次同一提案人只能提一案，若遇異議則先由桌長進行桌內協調及投票，產出當桌之提案。

住民大會的投票得以不記名投票方式進行，實際上曾見以一般選舉投票時的投票匭爲之，每人可投（圈選）的票數爲所有桌組案數的一半，採多數決，實際上若遇爭議，則由主持人協調當場投票方式。成案

條件為得票數須為總投票人數過半之票數，若沒有任何一案得到過半的票數，則主持人進行現場溝通，以尋求適合的標準訂之，若必要時亦可進行第二輪投票。至於未獲投票通過成案的提案，則可輔導修訂之後再次參與住民大會提案（表 24-7）。

表 24-7　住民大會所遇實際狀況及因應之道

實際狀況	因應之道
同一場次同一提案人只能提一案	若遇異議則先由桌長進行桌內協調及投票
成案之投票標準為多數決	若遇爭議則由主持人協調當場投票方式為之
成案必須得到過半的票數	若無任何案過半，則主持人溝通尋求適合的標準（必要時得採第二輪投票）。

資料來源：作者整理自「臺北市參與式預算住民大會執行計畫」（2017 年 10 月 20 日頒訂）。

　　以上，在辦理住民大會時，配套計畫更明定了所產出的文書紀錄包括：會議紀錄（上傳提案管理系統及公民參與網）、成案內容（上傳提案管理系統）、成案評估表（報主管機關）、活動花絮（上傳粉絲專頁）。綜而言之，所見之相關制度性規範鉅細靡遺，為避免執行爭議及行政裁量的模糊空間，故使操作執行模式都有跡可循。

三、提案審議工作坊執行計畫

　　臺北市參與式預算提案審議工作坊共分為 2 個階段，第一階段為「提案討論」，第二階段為「提案審議」，兩個階段各有不同的參與者及功能設定，其中「提案討論」主要目的是藉由提案人與提案涉及的機關進行討論，讓提案更具備可行性。

　　第二階段的提案審議，則是採取公民審議的方法，審視提案是否具備「公共性」、「適法性」及「預算可行性」，確保提案不僅具備可行性，更必須符合公共性及預算最有效分配等目的。

　　審議工作坊的第一階段，依據提案審議工作坊操作流程之規定，參與者包括主持人、權責機關、提案人、專家學者，其中，主持人所負擔的任務包括開頭的議程說明、過程中的主導提案討論程序及最後的綜合結論—逐案宣布討論結果；權責機關代表人的任務則是針對執行面向，對提案人報告評估結果，並與提案人就替代方案或提案內容當中不可行的部分進行討論，在工作坊中試圖與提案人達成共識；提案人在工作坊中的角色，則是在於補充說明提案內容，言語闡述其提案發想，使執行機關（權責機關）能確實掌握提案意旨，並就最終應執行的提案項目討論出較具體的方案，在工作坊結束後的 7 日內應完成計畫書（初稿），否則視為同意撤案；專家學者在工作坊的任務就是提示注意事項，並在面臨提案人與主責機關（或稱執行機關、權責機關）缺乏共識的情況下，提出修正建議。

　　審議工作坊的第二階段，依據提案審議工作坊操作流程之規定，參與者包括主持人、副主持人、主責機關、審議團員、區公所、提案人，其中，主持人應說明工作坊流程，副主持人則說明審議評估標準，在主責機關逐案報告提案討論的結果之後，由審議團員進行提問並填寫審議表，如果審議員在第一次提案審議結果就「公共性」、「適法性」、「預算可行性」任一項的總和未達實質審議出席審議員 50% 以上，則進行第二次綜合審議，以得出最適審議結果；區公所的任務在於審議表的統計作業，並逐案報告審議結果；提案人應於第二階段審議工作坊結束後 7 日內繳交計畫書（定稿）。表 24-8 整理兩階段審議工作坊的參與者及其任務。

表 24-8　審議工作坊參與者及其任務

參與者	第一階段審議工作坊 （提案討論）	第二階段審議工作坊 （提案審議）
主持人	議程說明、主導討論程序、綜合結論之逐案宣布討論結果	說明流程
副主持人	─	說明審議評估標準
主責機關（權責機關／執行機關）	報告評估結果、討論替代方案或不可行的部分、與提案人達成共識	報告討論結果
提案人	補充說明提案內容、討論出較具體的方案、完成計畫書（初稿）	繳交計畫書（定稿）
專家學者	提示注意事項及修正建議	─
審議團員	─	進行提問並填寫審議表，若有必要則進行第二次綜合審議，以得出最適審議結果。
區公所	（併入主持人項下）	審議表的統計作業、逐案報告審議結果

資料來源：作者整理自「臺北市參與式預算提案審議工作坊操作流程圖」。

(二) 行動場域及樣態

　　審議工作坊運作場域，原則上比照住民大會辦理，以公有的公共場域為之。在第一階段工作坊的現場應以單一提案為一組，重點在於提供主責機關人員及提案人有面對面溝通的機會。

　　實務上運作樣態，最常見是由雙方各自闡述看法，由主責機關提供執行面向的資訊，包括過去可能已有類似的提案正在執行、該提案執行場地是否為市有資產、該提案是否為該主責機關所承辦之業務等；提案人則陳述其提案構想，充分表達其所欲達成之願景或預期效益等，提案的特殊性或許非過去其他案件可以比擬。

　　審議工作坊場域中，公民審議代表常適時提出仲裁式的意見，當主責機關與提案人無法達成修正提案或替代方案的共識之時，或是針對不

可行的部分各執其詞，專家學者則提供專業的建議，幫助雙方得到共同同意的方案，但實際上亦見過雙方始終無法達成共識的情況，則以作者實際經驗而言，是據實將雙方意見記錄下來，待進入第二階段審議工作坊時再決議，而進入第二階段時，則以審議員所填寫的審議表，作為最終結果之依據。

以上，第一階段及第二階段審議工作坊場域中，皆應張貼操作流程圖，另外，第二階段應再加上參與式預算個案執行影響程度評估標準表。

(三) 實際狀況及因應之道

依據「臺北市參與式預算提案審議工作坊後續處理方式」（網頁更新日期：2017 年 5 月 22 日），審議員對提案審議的結果在「公共性」、「適法性」、「預算可行性」三項皆達「中度」以上者，則該提案可進行下一階段的公開展覽，同時，被列屬於後續票選階段的候選提案。

然而，如果在「公共性」、「適法性」、「預算可行性」任何一項被評為「低度」者，應提報臺北市政府公民參與委員會參與預算組確認，必要時得擇期再行辦理一次審議工作坊，並針對「低度」可行性之部分商議解決或替代方案，倘商議結果該「低度」可行部分轉為「中度」可行以上，方可列為票選之候選提案。

四、提案票選執行計畫

程序進入提案票選階段，也到了參與式預算公民參與端的尾聲，提案歷經了住民大會及審議工作坊的討論，也具備相當的可行性，但政府的資源有限，且政府資源配置仍需要具有民主正當性，因此，透過最後全市性的票選，一來，讓提案具備更廣泛民意的支持；二來，讓政府資源可依據民意做最妥適的配置。

臺北市參與式預算提案票選採取「線上投票」為主，「實體投票」為輔的方式進行，線上投票是以臺北市 i-Voting 系統做為平台，實體投

票則是由區公所在合適的地點設置投票站。

在投票條件上，最初規劃是以 18 歲以上，在臺北市就學、就業、實際居住或設籍的市民具有投票資格，但爲配合參與式預算在高中職校園推廣，因此，下修投票年齡至 16 歲。

最後，在錄案條件上，得票數達到錄案門檻〔可投票（16 歲以上）在籍人口數 x 1.8（依前一年投票人口，在籍、不在籍的人口比例加權）x 1%〕且在錄取案件上限數內（千分之一的行政區總人口數 ÷ 培力課程預定授課人數 40），該提案則被列爲錄案，並交由權責機關評估預算及執行。值得一提的是，參與式預算是以編列下年度預算執行爲原則，但如果經機關評估，當年度既有的預算或計畫可以納入時，可利用當年度的預算執行。

肆、結語：結構扎實、讓前行更穩健

「制度化」，一直是專案團隊在推動參與式預算時最核心的目標，但制度化的過程中，除了要有明確的推動程序作爲指引，內部學習更是讓程序穩健的重要因素，本章介紹的配套計畫，包含了讓程序運作有明確指引（程序型），以及透過內部學習，針對程序運作的不斷精進（輔助型）；希望在兩種配套計畫相輔相成下，讓參與式預算推動更爲穩健，並逐步朝制度化前進。

附錄 24-1：提案說明會流程

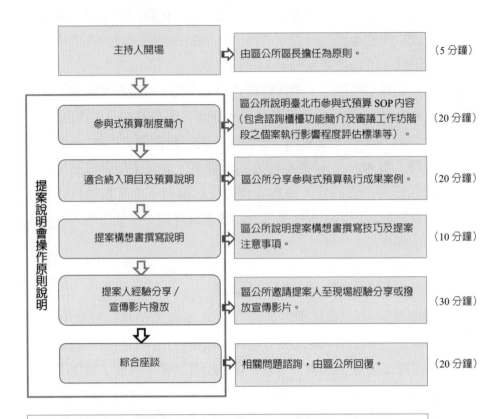

主持人開場 ⇨ 由區公所區長擔任為原則。 （5 分鐘）

提案說明會操作原則說明

參與式預算制度簡介 ⇨ 區公所說明臺北市參與式預算 SOP 內容（包含諮詢櫃檯功能簡介及審議工作坊階段之個案執行影響程度評估標準等）。 （20 分鐘）

適合納入項目及預算說明 ⇨ 區公所分享參與式預算執行成果案例。 （20 分鐘）

提案構想書撰寫說明 ⇨ 區公所說明提案構想書撰寫技巧及提案注意事項。 （10 分鐘）

提案人經驗分享／宣傳影片撥放 ⇨ 區公所邀請提案人至現場經驗分享或撥放宣傳影片。 （30 分鐘）

綜合座談 ⇨ 相關問題諮詢，由區公所回復。 （20 分鐘）

註：1. 人員：主持人、陪伴學校代表、民眾、區公所人員、督導人員、民意代表。
　　2. 地點：以行政中心大禮堂、公民會館或區民活動中心為優先，或特定地點辦理（例如學校、宮廟、里鄰工作會報）。
　　3. 時間：應於一般民眾可參加之時間舉辦，例如平日晚上或假日白天。
　　4. 宣傳：各區公所應於提案說明會前以海報、傳單、官方網頁、FB粉絲團或其他創意方式加強宣傳。
　　5. 督導人員由本局派員，負責督導會議進行；觀察人員原則由陪伴學校擔任，並撰寫觀察紀錄。
　　6. 區公所應於會前進行宣傳及場布，並備妥相關文書用具、餐點、出席費。
　　7. 提案說明會相關辦理細節由區公所及陪辦學校於會前會討論律定。

附錄 24-2：推廣教育結合提案說明會流程

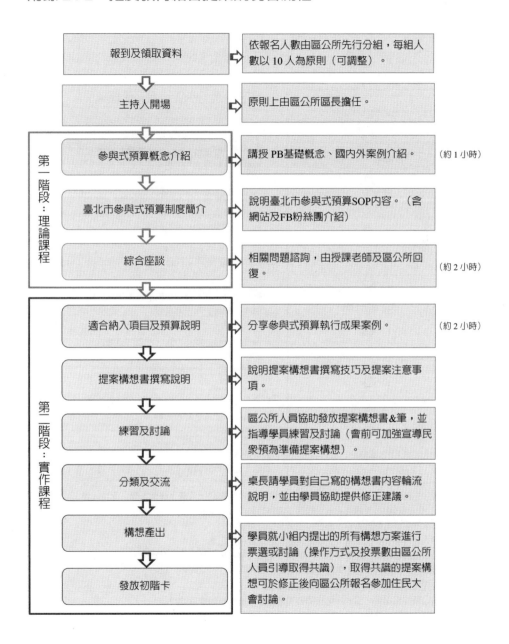

報到及領取資料 ⇨ 依報名人數由區公所先行分組，每組人數以 10 人為原則（可調整）。

主持人開場 ⇨ 原則上由區公所區長擔任。

第一階段：理論課程

參與式預算概念介紹 ⇨ 講授 PB 基礎概念、國內外案例介紹。（約 1 小時）

臺北市參與式預算制度簡介 ⇨ 說明臺北市參與式預算SOP內容。（含網站及FB粉絲團介紹）

綜合座談 ⇨ 相關問題諮詢，由授課老師及區公所回復。（約 2 小時）

第二階段：實作課程

適合納入項目及預算說明 ⇨ 分享參與式預算執行成果案例。（約 2 小時）

提案構想書撰寫說明 ⇨ 說明提案構想書撰寫技巧及提案注意事項。

練習及討論 ⇨ 區公所人員協助發放提案構想書&筆，並指導學員練習及討論（會前可加強宣導民眾預為準備提案構想）。

分類及交流 ⇨ 桌長請學員對自己寫的構想書內容輪流說明，並由學員協助提供修正建議。

構想產出 ⇨ 學員就小組內提出的所有構想方案進行票選或討論（操作方式及投票數由區公所人員引導取得共識），取得共識的提案構想可於修正後向區公所報名參加住民大會討論。

發放初階卡

附錄 24-3：住民大會流程

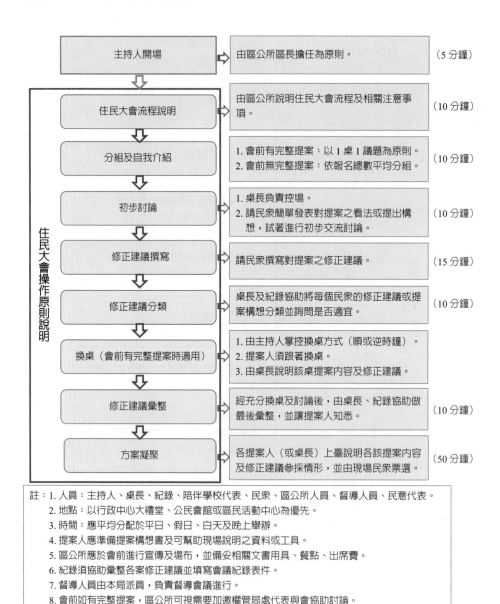

主持人開場	➡	由區公所區長擔任為原則。	（5分鐘）
住民大會流程說明	➡	由區公所說明住民大會流程及相關注意事項。	（10分鐘）
分組及自我介紹	➡	1. 會前有完整提案：以1桌1議題為原則。 2. 會前無完整提案：依報名總數平均分組。	（10分鐘）
初步討論	➡	1. 桌長負責控場。 2. 請民眾簡單發表對提案之看法或提出構想，試著進行初步交流討論。	（10分鐘）
修正建議撰寫	➡	請民眾撰寫對提案之修正建議。	（15分鐘）
修正建議分類	➡	桌長及紀錄協助將每個民眾的修正建議或提案構想分類並詢問是否適宜。	（10分鐘）
換桌（會前有完整提案時適用）	➡	1. 由主持人掌控換桌方式（順或逆時鐘）。 2. 提案人須跟著換桌。 3. 由桌長說明該桌提案內容及修正建議。	
修正建議彙整	➡	經充分換桌及討論後，由桌長、紀錄協助做最後彙整，並讓提案人知悉。	（10分鐘）
方案凝聚	➡	各提案人（或桌長）上臺說明各該提案內容及修正建議參採情形，並由現場民眾票選。	（50分鐘）

（左側縱向文字：住民大會操作原則說明）

註：1. 人員：主持人、桌長、紀錄、陪伴學校代表、民眾、區公所人員、督導人員、民意代表。
　　2. 地點：以行政中心大禮堂、公民會館或區民活動中心為優先。
　　3. 時間：應平均分配於平日、假日、白天及晚上舉辦。
　　4. 提案人應準備提案構想書及可幫助現場說明之資料或工具。
　　5. 區公所應於會前進行宣傳及場布，並備妥相關文書用具、餐點、出席費。
　　6. 紀錄須協助彙整各案修正建議並填寫會議紀錄表件。
　　7. 督導人員由本局派員，負責督導會議進行。
　　8. 會前如有完整提案，區公所可視需要加邀權管局處代表與會協助討論。
　　9. 每案報告時間得彈性調整之。

Chapter 25

參與式預算的績效管理

黃榮護、林德芳

壹、前言

各種管理理論都會談到績效以及績效管理，績效簡言之就是成果，績效管理就是如何訂立目標、進行工作管理及最終成果的衡量與展現。政府部門也大量引用績效管理的概念，如我們熟知的「關鍵績效指標」（Key Perfence Indicators, KPI），應用於政府各種

> **關鍵績效指標**
>
> 績效指標是指用來衡量工作效益的標準，而其中最重要的指標會被稱之為關鍵績效指標，指標必須要跟策略目標能有效連結，並能具體展現執行之成果。

不同政策推動過程及產出成果的衡量，參與式預算作為政府政策推動的一環，自然不能除外。參與式預算的成效良窳，也是檢視政府績效成敗的一種途徑。

總體來說，績效管理理論上是以成果為主要管理標的，但這種來自於績效檢證的管理理論，與其後續發展的管理技術如平衡計分卡、360度評估等，應用在公部門上會有績效難以量化的水土不服情況，往昔政府部門慣性以投入面為績效衡量成果，如投入多少經費、人力或辦理多少場活動，但如以這些作為績效衡量標準，難以得知後端管理流程及政策達成效果為何。

本章不以前述人力或辦理場次數字作為臺北市推動參與式預算的績效管理標準，而是著重於以參與式預算錄案後，如何進行案件管理、討論修正及最終產出成果的論述。

　　承上，如果我們要檢視參與式預算管理過程及績效，須先整體檢視北市府當初對錄案後制度創設及後續運作過程，才會從中窺見參與式預算後端真實面貌並了解其管理過程與最終的績效。

　　因此，本章將以制度設計的觀點，從制度創立開始，逐一檢視參與式預算於臺北市政府推動的管理過程以及績效展現。參與式預算提案管理設計包括制度創立、運作、反饋及最終績效檢討及指標設計等層面，如以下介紹：

貳、制度創立—公民參與委員會的創立及主責機關的設計

一、行政流程中的他方代表

　　臺北市政府在 2015 年成立公民參與委員會（以下簡稱公參會）下設公民參政組、參與預算組及開放資料組後，原本由行政端市府負責執行，立法端市議會負責監督的廣義政府運作現況產生了變化，來自於民間的專業代表，以一種非「政務官」但有「政務指導」的運作型態及他方代表身分，參與了行政端的案件執行過程，帶入不同的思維想法，也刺激行政部門有更多的案件檢討與周全機會。

　　這在行政端引入他方代表的過程，確實也衝擊了原本行政慣常運作的內容與邏輯，同時，也讓參與式預算的個案討論過程中，容易產生品質不一成果，但目前這樣的情況尚無法有效解決，只能以個案處理的方式漸進調整，逐步形成後續執行的標準規範，以確保案件最終品質。

二、導入委員專業素養設計

　　公參會的委員來自民間，有各種不同包括工程、藝術、醫療等專業，行政機關在執行錄案案件時，較容易落入只求「預算執行完畢」的舊有思維，而忽略這些來自於市民提案的「使用者導向」需求，只求預算執行完畢與使用者導向勢必會有所差異，於此公參委員就可以發揮各自專業，從一般市民使用者的觀點對案件執行過程提出建議，讓個案執

行情況更貼近需求。

三、專責機關的課責設計

　　柯文哲市長任內引進專案管理制度的內涵，在北市參與式預算制度中，每個錄案個案都會有專責執行的機關，這些專責機關負責全案的執行，他們可以指定誰是協同機關，並協調共同參與機關的進度，未來案件執行完畢的獎懲，也由專責機關提報。專責機關的設計確保執行責任的落實，不會出現錄案後無人負責的結果。

參、制度運作──不為人知的深水區

一、制度設計下的質量審決

　　公參會對於經由參與式預算錄案案件，有審決的權力，也就是說，如此的制度設計，影響了參與式預算案件不僅是提案的執行數量績效，另外也有決定與影響提案的執行品質，舉例來說，公參會的公參委員針對提案是否有符合無障礙設施進行建議與討論，有助於提升該類案件執行的品質。

　　往昔政府執行案件，通常只問完成的量，而藉由這樣的組織設計功能，會讓政府端的執行者開始關心質的問題，這對於績效的完成度會更周全，而真能達成所謂成果的要求。

二、跨部門協力的推進與偵錯

　　公參會的另外一個設計，就是在這個平台上提案涉及的各機關須統一協力完成提案，這不僅是涉及提案完成與否的量，同時各機關協力結果，也會影響提案完成的質，單一機關特別是主責機關執行過程中，借重不同委員的專業素養，可以提醒與糾正機關

> **跨部門協力**
>
> 組織間因為專業設計與部門分工而各有權責，但面對環境多方需求，各組織間必須要相互合作以符合此等需求，並共同齊力完成一致性的目標。

執行上的盲區與錯誤，而在跨機關案件上，可以統合不同機關執行進度，讓包含不同執行機關樣態的錄案案件，可以獲得較為平均的執行速度，避免案件各項執行不一導致整體落後的困境出現。

三、預算及案件追蹤與協調性

另外，在整體參與式預算的流程設計部分，著眼的不僅是「參與」的「P」（participate），也包括「預算」的「B」（budget），此處的 B 包括錄案案件數及所需的預算，這些都在北市府的流程設計中逐案都有追蹤進度及執行過程中困難的協調，這些包括主責（PM）機關、協同機關與幕僚機關（包括民政局、主計處及研究發展考核委員會）等。

四、錄案管理的反省與持續力

綜上所述，參與式預算錄案後，往昔進入封閉性官僚體系（俗稱黑箱）的政策運作場域，沒有人知道發生了何事，而現今透過公參會的平台設計，所有案件都可以進行討論與修正，並且在外部委員的各種不同專業協作下，會讓案件的執行層面更具有外部意見的修正結果，讓整體案件更趨向完整性。

肆、制度反饋——動態修正與系統磨合

一、修補案件的不足與優化執行

即便經過住民大會、會前會審議及專家審議團的討論過程，提案的內容還是需要更精細的修補與優化，並且透過不同專業的委員及不同角度的機關建議，會讓整體案件的內容更加完善，而讓未來執行時能夠有底氣。

二、系統回饋與流程再檢視推動

在個案討論的過程中，會從個案執行過程的檢討，逐步發展出共同性的處理原則，如對無障礙設施標準的廣泛應用，不管在道路或者公園

上，而同時，也發展出檢視行政流程原本慣性運作的盲區，逐漸從「辦公室角度」資源分配模式，轉成「使用者角度」的需求滿足模式，也同步思考原本流程運作上應可以如何修正，這對於原本慣性由上而下決策的官僚運作朝向由下而上的完整回應性前進。

三、逕予執行的設計與公務體系

在臺北市參與式預算是透過提案開始啓動後續的程序，但來自於各方提案人的提案，跟實際公務體系的運作間會有資訊落差的問題，某個提案內容可能公務體系可能早就納入規劃或預備執行，因此在滾動修正的參與式預算的作業程序中，納入了逕予執行的機制，即如果提案內容恰巧是該標的權責機關可以立即在年度內完成或準備完成案件，在流程進行的一開始就由機關肯認，直接納入年度執行項目中。而觀察這樣的情況，逕予執行帶來的思考就是，公務體系在執行面上，的確存在著與使用者的期待與需求有落差之處，而這個落差可以透過本機制進行修補，另逕予執行案件也會在後端納入公參會的工作組中進行案件追蹤與管理，同時兼顧效率與品質。

伍、制度績效檢視——績效檢視與指標設計

一、績效成果——提案執行的分析與思考

根據臺北市政府民政局資料，在 2016 至 2021 年這六年總共錄案 422 案，除 34 件尚在執行中，其餘案件已經全部執行完畢及結案，結案率達 91.9%[1]，以數字來說，這些錄案案件在目前的案件管理上是全部都處理完畢的；而在執行的行政機關上，根據林德芳（2018）的研究，在 2016 年至 2018 年，一級機關多爲文化局與觀傳局，二級機關則多爲新工處與公園處，以上數字與說明可以告訴我們，北市對於參與式預算

---

[1]　臺北市政府民政局參與式預算結案統計（截至 2022 年 6 月底）。

的提案管理是有效的，另外各案執行的機關也反映出市民提案還是多著重於日常生活慣行的層面。

從績效管理的思維來看，管理過程的有效性，會是讓成果是否可以順利產出的重要關鍵，以上述三年案件處理情況來看，在「量」的達成上是沒有問題的，而關鍵在「質」的確認上，一般來說，公務機關慣常用測量質的指標是以滿意度來作為衡量標準，但滿意度無法涉及行政流程的改善作為，也無法測量預算等資源分配的過程，因此，預算會是開始檢測「質」的重要切入點。

二、績效的另一面──預算資源的投入與限制

每個提案都需要預算投入，臺北市參與式預算是由行政機關負責執行，因此在初期提案的金額會隨著後續執行過程進行修正，根據林德芳的研究，分析 2016 至 2018 年提案金額數（林德芳、曾國俊，2019），扣除部分極端值，第一年平均金額為 160 萬，第二年為 300 萬，第三年為 565 萬，從此金額來看，市民對於自身提案金額，並非是以大型項目為思考基礎推估所需費用，且金額也都在臺北市各機關預算可以容納的額度內，這也表示一開始許多專家學者擔心參與式預算會造成政府預算資源的排擠，這種情況尚未在現時發生。

另如果是結合目前的預算程序，這無可厚非的將會把整個執行程序拉的很長，根據方凱弘等人（2019）的研究，在 2016 至 2018 年，平均執行完畢期限最多者會落在 15 個月至 21 個月，意即為 1 年 3 個月至 1 年 9 個月，這樣的時間讓整體參與式預算從最初提案到最後案件執行完畢會歷時相當久的時間，對於一般提案人來說會有正義遲到的感覺，甚或可能會懷疑臺北市府執行案件的誠意與能力，不利建立信任關係，臺北市政府也看到此問題，故於 2018 年訂定提案逕予執行機制，以即時回應民意。

三、指標的建立與成果評估

　　在投入面如人數及經費等量化指標，行政機關對此並不陌生，建立該等量化指標也不困難，但如果以績效管理的角度來說，投入面的量化衡量效果並不好，無法具體彰顯參與式預算真正成果，試想，一個市民本於初衷前來參與，最想看到的無非是其所提出的構想能夠獲得實現，因此，「提案完成率」會是一個適合衡量的成果指標。

　　再者，如前所述，我們對於「質」的要求，應該也是大家關心的焦點，行政機關慣常用的品質衡量是對使用者進行滿意度評估，但滿意度評估只能評價當下對某項服務或者措施的「感受程度」，而無法真正評價出該等服務或措施的品質改善或提升程度，因此，在參與式預算個案的討論過程，藉著對不同個案執行過程的理解與修正，發現局處可以藉著個案的修正，回頭省思原本程序上的不足或者盲區，藉此讓後續一體適用的案件能做得更好，因此，可以發展出「作業程序修正率」這項指標，以跟對服務或措施的滿意度等感受有別，而從制度設計上來調控案件品質，應該是未來可以持續努力的目標。

　　最終，績效管理下的任何指標達成，都應該考慮「預算耗用度」，因為預算是有限的，同時預算使用具備排他性等機會成本概念，績效管理除了重視管理過程中的手段應用外，手段所需的預算耗用程度，也當是衡

機會成本

在決定做某件事情時，同時間放棄去作的最高價值之另一件事情，這另一件事情就會被稱之為機會成本，就是指犧牲的代價為何。

量成果的重要參考項目，預算包括人跟業務，在官僚體系上，即包括人事費與業務費。是故，我們應該往計算參與式預算所需耗用的人力預算成本與業務預算成本來當作預算耗用程度的基礎數字，不僅可以看出參與式預算對於整體預算分配中所占比例，同時也可以知道未來可以調控的方向與額度。

綜上，「提案完成率」[2]、「作業程序修正率」及「預算耗用度」這三項指標的建構，是未來參與式預算可以努力的方向。

陸、小結──參與式預算改變了什麼？

臺北市政府在參與式預算推動初期，引發立法端臺北市議會的緊張與排斥，特別在預算審查權力點上，後經臺北市政府行政端努力說明消弭立法端的疑慮，並設計可融入原本立法端預算審議流程，經過這幾年的實際驗證運作，大抵獲得解決。制度影響產出，現行制度運作目前穩定良好，從績效管理的成果觀點來說，臺北市參與式預算推動的改變如下述：

一、改變行政體制運行的慣例──從內部決定到外部協力

在沒有參與式預算之前，行政體制不管在資源分配、政策規劃與執行，甚或走到政策評估階段，多是體制內的相關權力者進行分配與執行，而在推動參與式預算之後，在政策規劃時就有錄案後要採行的設計，在執行時有公參會外部委員的參與，而最後對案件成果的檢視上，透過多方檢討與修正，回頭檢視現行程序上應如何改進，這些都是在過去幾年中不斷在臺北市政府各行政機關中發生的現實場景。

二、相互對話與落實多元思考──一種「真」回應性的習慣改變

來自於層級節制設計的公務體系，一個口令一個動作的文化，已經很難回應時代變遷下的多元需求，以及需要經過討論而能磨合到各方都能接受的結果，目前臺北市參與式預算的機制已經讓相互對話成為標準動作，從住民大會的提案討論，審議工作坊及後續成案後的執行及結案需提案人簽名的確認等流程設計，都提供提案人、公參委員、執行機關

2 目前臺北市是以「結案」作為提案完成的衡量標準，另兩項指標尚未發展。

等各方意見交流與彼此修正的機會，而能真正建構出需求實質回應的新習慣。

三、重新改變你的生活──一種重新投入公共事務的文化改變

　　從歷年成案的結果來論，市民對於道路與公園的提案比例相當高，也就是從日常生活的使用開始，對公共服務的提供有不同於以往的想法，這種從生活上去實踐公共性的作法，也賦予往昔學界在討論定義所謂的「公共性」上，提供了一種學術定義上的具體事件內容，另外，我們也從這些實踐經驗上可以理解，公民社會的養成，不是來自於某些學術定義，而是落實於市民生活之中的每個動作，這些才是能夠繼續往前走向美好社會想望的基礎。

參考文獻

1. 林德芳（2018）。參與式預算成案類型化分析與比較─以臺北市為例，第四屆地方治理與發展學術研討會暨七校聯合行政管理專題研討會，東海大學。
2. 林德芳，曾國俊（2019）。參與式預算實踐過程的反思─以臺北市2016年至2018年成案分析為例，第十五屆海峽兩岸暨港澳地區公共管理學術研討會，天津大學。
3. 方凱弘、李慈瑄、林德芳、曾丰彥（2019）。參與式預算於臺北市的實踐，2019年TASPAA年會，東海大學。

國家圖書館出版品預行編目資料

參與式預算：一本公民素養的全攻略／陳敦
源，黃東益，董祥開，傅凱若，許敏娟主
編. ——初版.——臺北市：五南圖書出版
股份有限公司，2022.09 面； 公分
ISBN 978-626-343-344-1（平裝）

1.CST: 政府預算 2.CST: 預算監督

564.35   111014333

1PTQ

參與式預算：
一本公民素養的全攻略

主 編 群 ─ 陳敦源（252.6）、黃東益、董祥開
　　　　　 傅凱若、許敏娟

校 閱 群 ─ 方凱弘、胡龍騰、曾冠球

助理編輯群 ─ 方英祖、林德芳、曾丰彥、陳揚中

發 行 人 ─ 楊榮川

總 經 理 ─ 楊士清

總 編 輯 ─ 楊秀麗

副總編輯 ─ 劉靜芬

封面設計 ─ 姚孝慈

出 版 者 ─ 五南圖書出版股份有限公司

地　　址：106台北市大安區和平東路二段339號4樓

電　　話：(02)2705-5066　　傳　　真：(02)2706-6100

網　　址：https://www.wunan.com.tw

電子郵件：wunan@wunan.com.tw

劃撥帳號：01068953

戶　　名：五南圖書出版股份有限公司

法律顧問　林勝安律師事務所　林勝安律師

出版日期　2022年9月初版一刷

定　　價　新臺幣480元

經典永恆・名著常在

五十週年的獻禮 ── 經典名著文庫

五南，五十年了，半個世紀，人生旅程的一大半，走過來了。
思索著，邁向百年的未來歷程，能為知識界、文化學術界作些什麼？
在速食文化的生態下，有什麼值得讓人雋永品味的？

歷代經典・當今名著，經過時間的洗禮，千錘百鍊，流傳至今，光芒耀人；
不僅使我們能領悟前人的智慧，同時也增深加廣我們思考的深度與視野。
我們決心投入巨資，有計畫的系統梳選，成立「經典名著文庫」，
希望收入古今中外思想性的、充滿睿智與獨見的經典、名著。
這是一項理想性的、永續性的巨大出版工程。
不在意讀者的眾寡，只考慮它的學術價值，力求完整展現先哲思想的軌跡；
為知識界開啟一片智慧之窗，營造一座百花綻放的世界文明公園，
任君遨遊、取菁吸蜜、嘉惠學子！